AKDENİ

Predrag Matvejević 1932'de .
badan, Bosna-Hersek'te Mostar'da doğan Predrag Matvejević, günümüzün önde gelen yazarlarındandır. Zagreb Üniversitesi'ndeki Fransız Dili ve Edebiyatı profesörlüğü görevinden Yugoslavya'daki kardeş kavgasına karşı çıktığı için ayrılmak zorunda kalmış ve kendi deyimiyle "sürgün ve sığınma" yeri olarak gördüğü Avrupa'ya yerleşmiştir. Lyon, Milano, Moskova, Kiev, Leningrad, Yale, UCLA, New York, Oxford, Cambridge, Budapeşte ve Viyana üniversitelerinde de dersler vermiş olan Matvejević, halen Paris Sorbonne ve Roma La Sapienza üniversitelerinde Slav Dili ve Edebiyatı profesörüdür.
Ülkesinde aykırı düşüncelere sahip bir aydın olarak görülen Matvejević, Berlin Duvarı'nın yıkılmasından önce Doğu Bloku'nun Sakharov, Soljenitsyn, Brodsky, Siniavski, N. Mandelstam, D. Kiš, V. Gotovac, V. Havel gibi "aykırı düşünceli" aydınlarının yanında yer almış ve o günlerin iktidar sahiplerine açık mektuplar yazmıştır. Ülkesinden ayrılmak zorunda kalmadan hemen önce, yaklaşan savaş tehlikesini görüp yine bir açık mektupla Milošević'i intihara davet etmiştir.
Yapıtlarını Fransızca ve Hırvatça yazan Matvejević'in en önemli yapıtları arasında *Akdeniz'in Kitabı* (En İyi Çeviri Kitap Ödülü, Paris, 1993; "Charles Veillon" Avrupa Deneme Ödülü, Cenevre, 1992; Malaparte Ödülü, Capri, 1991), *Epistolaire de l'Autre Europe* (Fayard yay., 1993); *Entre asil et exil* (Stock yay., 1995); *Le Monde ex* (Fayard yay., 1996); *La Méditerranée et l'Europe – leçons au Collège de France* (Stock yay., 1998) sayılabilir.
Predrag Matvejević Napoli'deki "Laboratorio Mediterraneo" Vakfı'nın yönetim kurulu başkanı, Londra'daki Uluslararası P.E.N. Yazarlar Derneği'nin başkan yardımcısı, Paris ve Roma'daki "Association Sarajevo"nun kurucu üyesidir.

Tolga Esmer 1966'da Istanbul'da doğdu. Boğaziçi Üniversitesi'ndeki İnşaat Mühendisliği eğitiminden sonra, İtalya'da Bocconi Üniversitesi'nde Uluslararası Ekonomi ve İşletme dalında yüksek lisans yaptı. Bir süre İtalya'da yönetim danışmanı olarak çalıştı. Halen Türkiye'de yönetim danışmanlığı yapmakta, İstanbul Bilgi Üniversitesi İletişim Fakültesi ile Marmara Üniversitesi Fransızca Kamu Yönetimi bölümünde ders vermektedir. "Kibele: Türk Kültürünü Araştırma Projesi" adlı çalışması 1997 yılında *Radikal* gazetesinde yayımlanmıştır. Özel ilgi alanları farklı kültürler ve Akdeniz'dir.

PREDRAG MATVEJEVIĆ

AKDENİZ'İN KİTABI

İTALYANCA VE FRANSIZCADAN ÇEVİREN:
TOLGA ESMER

YKY
İSTANBUL

Yapı Kredi Yayınları
Cogito - 86

Akdeniz'in Kitabı / Predrag Matvejević
İtalyanca ve Fransızcadan Çeviren: Tolga Esmer

Kitap Editörü: Barış Tut

Genel Tasarım: Faruk Ulay
Kapak Tasarımı: Nahide Dikel
Baskı: Şefik Matbaası

Hırvatça ilk baskı: Mediteranski Brevijar, Zagreb, 1987
Fransızca ilk baskı: Bréviaire Méditerranéen, Librairie Arthème Fayard, 1992
YKY'de 1. baskı: İstanbul, Temmuz 1999
ISBN 975-08-0126-1

Yapı Kredi Kültür Sanat Yayıncılık Ticaret ve Sanayi A.Ş.
Yapı Kredi Plaza E Blok Manolya Sokak 1. Levent 80620 İstanbul
Telefon: (0 212) 280 65 55 (pbx) Faks: (0 212) 279 59 64
http://www.ykykultur.com.tr
http://www.shop.superonline.com/yky
e-posta: ykkultur@ykykultur.com.tr

İÇİNDEKİLER

Türkçe Basım İçin Önsöz

Kendi kitaplarım için önsöz yazdığım çok enderdir. *Akdeniz'in Kitabı*'na gelince, *Tuna*'nın yazarı Claudio Magris'in önsözü neredeyse kitapla birlikte doğmuş, onun ayrılmaz bir parçası olmuş ve sayısını bilmediğim pek çok dildeki çeviride bu yapıta eşlik etmiştir. Şimdiye kadar bu kitabın yalnızca bir tek basımına kendi önsözümü eklemiştim, o da doğduğum yer olan Bosna-Hersek'te, eğitimimin bir bölümünü yaptığım Saraybosna'daki yakılmış ya da yıkılmış kütüphaneler için basılan *Akdeniz'in Kitabı* içindi. Bu önsöz ile Türkçe basım için yazdığım önsöz arasında, şimdi ortaya koymaya çalışacağım bir ilişki söz konusu olabilir.

Eski vatanımın yaşamış ve halen yaşamakta olduğu trajedi sırasında kurbanlardan yana oldum: Vukovar'da Hırvat kurbanların, Kosovalı kurbanların, Krajina'nın Sırp kurbanlarının ve en başından beri Müslüman Boşnak kurbanların hep yanında yer aldım. Yugoslavya'yı, savaşın ortasında saldırganlara karşı çıkarak, "sürgün ve sığınma" arası bir konumda yurtdışında kendimi özgürce ifade edebilmek ve suçları kınamak amacıyla terk ettim. Bin bir geceden (!) fazla süren Saraybosna kuşatması sırasında Sırp milliyetçiler tarafından bombalanan kente, Boşnak dostlarımın yazgısını bir süre için de olsa paylaşmak için, bir Birleşmiş Milletler uçağıyla geri döndüm. Hırvat milliyetçiler Mostar'da doğduğum kente adını veren Eski Türk Köprüsü'nü yıktıklarında bir suçlama mektubu yazdım ve pek çok dilde yayımladım. Bu olaydan sonra bir mülteci olarak yaşıyorum ve kitaplarım artık kendi ülkemde yayımlanmıyor (bugüne kadar yalnızca biri yayımlandı, o da uluslararası bir vakfın yardımıyla).

İşte böylece "*Kitap*"ım farklı ve yabancı bir yaşama başladı. Paris'te Sorbonne'da, Roma'da "La Sapienza" Üniversitesi'nde çalışarak, Akdeniz'de yaptığım yeni gezilerden de yararlanarak kitaba yeni bölümler ekliyor ve eski bölümleri değiştiriyordum. Bu büyük yolculuk öyküsü yerleştiğim ülkelerin dillerinde yeniden yazılmış oldu; öyle ki kitabın Fransızca ve İtalyanca uyarlamaları, 80'li yılların sonunda eski Yugoslavya'da yazılmış olanından daha iyi hazırlanmış ve belki de daha bütünsel bir *yeni kaynak metin* oluşturdu. Neredeyse tüm çeviriler bu metinden yapılmıştır. Sürgün yaşamı bu tür tuhaflıklarla doludur.

Akdeniz'e yaklaşımım yalnızca kıyının dar bir kesimiyle sınırlı değildir; iç bölgelere, hattâ bazen ana karanın derinliklerine kadar uzanır. Benim Bosnam da burada yer alır, ayrıca Balkanların bir bölümü ve Türkiye'nin pek çok bölgesi de. Öte yandan deniz kenarında olmalarına karşın kıyıda öyle kara uzantıları vardır ki bana Akdeniz'e aitmiş gibi gelmezler.

Herkes kendi Akdeniz yolculuğunu "uzatabilir", bu kitapta sözü edilen deneyimlere kendisininkileri de ekleyerek bu yolculuğu sürdürebilir. Ben de Türk okurlarım için neler ekleyebileceğimi düşündüm. Doğduğum kent Mostar, Neretva Irmağı kıyısındadır. Burada, Kanuni Sultan Süleyman zamanında, miladi 1566, hicri 944 yılında, Mimar Sinan'ın öğrencisi Hayrettin, Balkanların en güzel köprülerinden birini yapmıştı. Hersek'in beyaz taşlarıyla yapılmış bu başyapıt, mimarisinin gözü pekliği ile hemen göze çarpardı. Çocukluğumda ondan bir dost, bir baba gibi "ihtiyar" diye söz ederdik: "ihtiyar üstünde" buluşulur, "ihtiyar"ın altında yüzülür, en yürekli olanlarımız "ihtiyarın tepesinden" "dünyanın en yeşil ırmağı" Neretva'ya atlardı. Kıyılarında Mostarlıların "kovuk" adını verdiği yüksek ve düz kayalıklar vardır: Yaban inciri ve kuşburnu ağaçlarının tutunduğu "Yeşeren Kovuk", ("kapak" denen) tehlikeli bir burgaca benzeyen "Çukur Kovuk", küçük bir kolun ırmağa karıştığı yerdeki küçük ve büyük "Şahin Kovukları", Adriyatik iskelelerine benzeyen "Reis Kovuğu", küçük çocukların "ihtiyarın tepesinden" atlamaya cesaret etmeden önce atlama çalışmaları yaptıkları "Duradzik Kovuğu" (bu sözcük dilimizdeki pek çok sözcük gibi Türkçeden gelmektedir) gibi... Yakındaki denizden gelen martılar kayalıklara, hattâ köprünün üstüne konardı. Burası hala Akdeniz'dir. İçeriye kadar ırmağın yatağı boyunca sokulur.

Biz Müslüman, Ortodoks (Sırp) ve Katolik (Hırvat) Slavlar, aramızdaki farklılıklara karşın, burada uzun süreden beri barış içinde yaşıyorduk. Komşu bölgelerden gelip bu farklılıkları, özellikle de dinsel farklılıkları, aramızdaki bu barış ortamından daha önemli sayanları pek sevmezdik. Bu bölgede yeni bir çatışmaya hazırlanabilecekleri, hattâ bizim "İhtiyar"ı bile yıkacakları aklımızın ucundan bile geçmemişti. Rus bir babadan ve Hırvat bir anneden doğmuş olan benim, Mostar'daki en yakın arkadaşlarımdan bazılarının adları Vahid, İsmail, Mustafa, Emir'di, hâlâ en yakın arkadaşlarımdır; savaş bizi ayıramadı.

Doğu ve Batı, güzel Akdeniz kentimizde el ele vermişti. Dostluğun nefreti yeneceğine ve aklın deliliği alt edeceğine ilişkin umudumuzu hâlâ koruyoruz. Bunu, *Akdeniz'in Kitabı*'na önsöz olarak eklenen bu küçük metinde Türk okurlarıma da aktarmak istedim.

Predrag Matvejević
Roma, 1999 Yazı

Denizin Dili Üzerine

Bu kitabın enfes bir sayfasında Predrag Matvejević İskenderiye'de, eldeki bilgilerin son derece sınırlı oluşuna karşı sabırla ve titizlikle mücadele ederek, Halife Ömer tarafından yıkılan* antik dünyanın en büyük kütüphanesinin kataloğunu bir araya getirmeye çalışan bir Katalan saatçiyle tanışmasını anlatır. Matvejević'in zeka ve şiir yüklü bu büyüleyici kitapla bir örneğini sunduğu Akdeniz'in dili hakkındaki bu çalışma, kesinlikle gözü pekliği, bilimsel açıklıkla sonsuzluğun idrakini bir araya getirmesiyle, Katalan saatçinin sistemli ve akıl almaz çabasına benziyor.

Deniz bilimi deyince akla rotaların ve akıntıların araştırılması, tuzluluk oranlarının kimyasal analizi, toprak katmanlarının jeolojik haritaları, deniz dibinin ve tüm ışık geçirimi dereceleriyle açık denizin haritaları, sıcaklıkların ve rüzgâr hızlarının ölçümü gelir; ama deniz bilimi aynı zamanda gemilerin batış öyküleri, denizkızlarına, batık kalyonlara ve eski çağlardaki devlere ilişkin masallardır; deniz insanlığın döl kesesi, uygarlığın beşiği, Afrodit gibi denizden doğan kusursuz Yunan estetiği, Musil'in söz ettiği büyük ruhsal sınama, sonsuzluğun simgesi ve inanışla, bir başka deyişle anlam zenginliğinin ve bozulmaz bir saflıktaki şimdiki zamanın içinde yansımasını bulan yaşamla bir karşılaşmadır. En büyük olgunlaşma romanı, tüm dünyayı gezdikten sonra eve ya da kendine dönen bireyin en büyük öyküsü, Odysseus, denizsiz düşünülemez. Bununla birlikte bu deniz, Akdeniz, aynı zamanda tarihimizin ve uygarlığımızın da dölyatağıdır.

* İskenderiye Kütüphanesi'nin nasıl yıkıldığı henüz tam anlamıyla bilinmiyor (ÇN).

Orta Avrupa'dan -Hırvatistan'ın Pannonia ovalarından, kıta içlerinden- yüce bir ses, Akdeniz hakkında, çoktan karanlıklara gömülmüş olanlara kafa tutacak kadar göz alıcı binlerce yıllık şiirsel hazineleriyle deniz edebiyatını olduğu kadar kültür tarihini de zenginleştiren, dahice, beklenmedik ve baş döndürücü bir kitap yazmış. Ama -Zagreb Üniversitesi Latin dilleri profesörü, Paris Sorbonne Üniversitesi öğretim üyesi ve önde gelen Avrupalı aydınlardan biri olan- Predrag Matvejević aynı zamanda bir kıyı insanıdır; Adriyatik'ten elli kilometre kadar içeride Hersek'te Mostar'da doğmuştur; Akdeniz ırmakları ve kıyıları daha çocukken onda hayranlık uyandırmış, kıyı şeridinin neden bazen daha dar ya da daha geniş olduğunu, kıyılarda yaşayanların neden farklı âdetlerinin olduğunu ve neden başka şarkılar söylediklerini merak etmiştir. Küçük çocuğun şiirsel merakı, araştırmacı, büyük edebiyatçı ve aydın kimliğiyle büyüyüp olgunlaşarak, bu beklenmedik kitapta son derece özgün, yeni bir biçim yaratmıştır.

Alçakgönüllü bir ağırbaşlılıkla bildiğimiz edebiyat türlerine meydan okuyan bu kitap nedir aslında? Matvejević'in Akdeniz'i, kendinin de dediği gibi, ne yalnızca Braudel'in büyük bir ustalıkla ve belki de başka bir araştırmaya gerek bırakmayacak şekilde araştırdığı tarihi-kültürel alandır, ne de Gide ya da Camus'nün yücelttiği mistik-lirik alandır. Gerçeğe tam anlamıyla sadık kalmayı temel alan, deniz haritası, sözlük, deneme-roman arası bir tür olan Matvejević'in kitabı, tam özerkliği ve çeşitliliği ile Fransa ve Fransız Devrimi tarihini inceledikten sonra yorulmaz dikkatini kıyıların jeolojik katmanlarına, deniz fenerlerine, kabuklu deniz hayvanlarına, okyanus bitkilerine, denize girilen yerlere ve denizkızı öykülerine çeviren büyük bir tarihçinin, Michelet'nin aynı ölçüde alışılmadık ve dahice kitabı *La Mer*'e benzetilebilir.

Bu kitabı okurken bazen anlatıcının kitapta sözü edilen, deniz kenarında bir fenerin bekçiliğini yaparak ve denizcilik sözlüğü hazırlayarak yaşayan biri olduğu sanısına kapılabilir insan. Ama Giorgio Bergamini'nin yazdığı gibi, günümüzde her gerçek Ulysses kaptan kazağı yerine rahat bir ev elbisesi giyip kayıp adalar arasında dolaşmaktansa bir kütüphanede macaraya yelken açmalıdır; çağdaş Ulysses mitolojiden uzaklaşmanın ve doğa sürgünü olmanın ustası, gerçek yaşamın ıssızlaşmasının ve yokluğunun kaşifi olmalıdır.

Predrag Matvejević ne bir kaptan ne de bir fener bekçisidir; belki de bunlardır ama her şeyden önce çağdaş entelektüel tartışmanın en önde gelen aktörlerinden biridir. Yapıtları bu kitabın adından çok farklı adlar taşır. Avrupa ve Amerika'nın pek çok saygın üniversitesinde dersler veren Matvejević, temelini devrimci özlemlerin oluşturduğu ama tüm bağnazlık ve ideolojik dogmadan bağımsız bir eleştirmenin sesini duyuruyor. Sayısız denemesinde, özellikle de bir başyapıt sayılabilecek olan *Pour un poétique de l'événement* (1979) adlı yapıtında Matvejević, Sartre'ın "*engagement*" kavramını derinlemesine yeniden ele almış ve büyük bir özgünlükle yenilemiş, güdümlülük ve edebi özgürlük konusundaki uluslararası tartışmaya mutlak bir biçimde damgasını vurmuştur. Bugün de – hattâ belki de en çok bugün – özellikle Batı'da çağdaş bilinç, kabul edilemez ve ölümcül bir çıkmaz sokakta, Skylla ile Kharybdis arasında, insancıl özlemlerin çağdışı ve baskıcı bir tutuculuk içinde hapsedildiği gerçekçilik ya da ilerici klasisizm ile itkisel, geriye dönük ve belirsiz bir yayılma biçiminde değerini yitiren özgürlük istemleri arasında bir tartışmaya tanık olmaktadır.

Kültürünün kozmopolitliği, az rastlanır enginlikteki entelektüel birikimi – ve yaşama, olgulara, tarihe ilişkin yaklaşma / uzaklaşma diyalektiği – ile, evrensellikten vazgeçmeden öznelliğin yanında yer alan, gerçekliğin küresel bakış açısını gözden kaçırmadan totaliterliğe karşı koyan Matvejević kadar bu çalkantıya meydan okumaya yardımcı olan başka bir yazar az bulunur. Bunlar, edebiyat denemelerinden etik-politik konuşmalarına ve özgürlüğün, daha doğrusu özgürlüklerin ve iktidarın somut kurbanlarını savunmak için dünyadaki pek çok iktidar sahibine çok güç koşullar içinde ve kendi hayatını tehlikeye atacak biçimde yazdığı ünlü ve yürekli "açık mektuplar"a kadar pek çok yazısında gündeme getirdiği tavırlardır.

Öte yandan Stalinizm'e, tüm stalinizmlere yani totaliter tüm anlayış ve resmi söylemlere karşı mücadele eden Matvejević, bugün tüm kültürel birlikleri ve değer sistemlerini yok eden, abartılmış bir bölgecilik ve bölücülüğün de bu tehlikeye karşıt ama bu tehlikeyi tamamlayan bir tehdit olduğu uyarısını ortaya koymakta ve bununla da mücadele etmektedir. Olağanüstü alacalı bulacalı ve kimi zaman merkezkaç özellikler gösteren karmakarışık bir mozaik olan Yugoslavya ve Orta Avrupa üzerine uzman olan yazar, "özgüllük tek başına, henüz bir değer sayılmaz" anlatımıyla kendi kimliğimizin ve varlığımızın saplantılı, içsel ve bölücü bir biçimde yüceltilmesine karşı bizi uyarır.

Büyük sistemler arasındaki diyaloğun çevirmeni *Akdeniz'in Kitabı* adlı yapıtıyla, ne doğasını ne de yönelimini değiştiriyor; yalnızca büyüleyici bir ezgi yakalayarak şarkısını farklı bir tonda söylemeye devam ediyor. Bu kez önceki yapıtlarında olduğu gibi yalnızca kitap okumuyor; yaşamı, gerçekliği, insanların hareket ve sözlerini, liman şeflik binalarının stillerini, doğanın tarihe ve sanata o tanımlanamaz sokuluşunu, kıyı şekillerinin mimari biçimlere kadar uzanmasını, zeytin yetiştiriciliğinin yapıldığı bölgelerin sınırlarını, bir dinin yayılmasını ya da yılan balıklarının göçünü, denizcilik sözlüklerinin ve ölü dillerin gizledikleri yazgılarla öyküleri, dalgaların ve iskelelerin dilini, *chiacchiera, ciacola ve ćakula; scirocco, šilok ve široko; neve, nevera ve neveria; barca, barcon, barcosa, barcusius, bragoć* örneklerinde olduğu gibi zaman ve mekan içinde hiç durmaksızın değişim gösteren deyiş ve lehçeleri okuyor. *Akdeniz'in Kitabı*, denizin dev bir arşiv gibi sakladığı sayısız yazgı için büyük bir sevecenlik ve saygı ile dolu destansı bir kitap ya da dev bir etimolojik sözlük olarak görülebilir. Deniz dipsiz bir kuyu kadar derindir ama Matvejević'in anlatımı bir tüy kadar hafiftir; büyük derinlikleri dalgaların parlak köpüklerinde yakalar, içerdikleri kadar acıklı enginliklere karşın kırılan bir dalganın hafifliğini taşır. Akdeniz'in çekiciliğini Raffaele La Capria'nın o güzelim *Armonia perduta*'sındaki gibi konuşturmayı bilir.

Kültür ve tarih gündelik eşyalara, taşlara, insanların yüz çizgilerine, yağın ve şarabın tadına, dalgaların rengine doğrudan siner. Matvejević Akdeniz'i kavramayı, bu sözcüğün çekiciliğine kendini bırakmayı deniyor, yine de aynı zamanda anlamını sıkı sıkıya sınırlamayı, sınırlarını belirlemeyi de ihmal etmiyor. Amber ticareti yolları, Seferad Musevilerinin göç yolları, üzüm bağlarının ulaştığı yerler ve ırmakların yatakları gibi pek çok farklı Akdeniz rotası izliyor; çizdiği sınırlar oynak ve dalgalı; tutarlı ve tek merkezli olmalarına karşın bu sınırlar basınç eğrileri ya da dalga uçları gibi kusursuz eğriler oluşturuyor.

Matvejević, iskeledeki halatların kokusu ve bunlar etrafında oluşturulan uydurmaca öyküler, denizden denize farklılık gösteren köpükler, deniz üstündeki farklı tonlardaki koyuluklar, çok çeşitli balık ağları ve aldıkları farklı adlar, bir ülkeden diğerine değişiklik gösteren boyalar, denizin adları ve rüzgâr güllerinin biçimleri, denize ibadet edercesine bakıp dalıp gitmek gibi kavranılması için anlatılmaları gereken somut olgular üzerinde uzun uzadıya duruyor. Küreğin sapı için bir sözcüğü olan ama küreğin kendisi için bir sözcüğü olmayan Berberi dilinden yola çıkarak örneğin, bu halk ile deniz arasındaki ilişkinin tarihini inceliyor.

Gerçek tarihle kurmaca öykü arasındaki sınırı aşan Antik Çağ deniz seferleri hakkında söyledikleri kendi kitabı için de geçerli. Haritacılığa ayırdığı enfes bölümde deniz haritalarının yazgısı, kesin doğrunun peşinden büyük bir yaratıcılıkla ve yüreklilikle giden çizerlerin yazgısına karışıyor: Issız çöl kenarındaki inzivasında Aziz Simon'un yaşamını kaleme alan Keşiş Ireneos'la karşılaşmasını, sulara gömülmüş iskeleleri ziyaret ettiği yolculuklarını, doğal ve kültürel manzaralarla karşılaşmasını, çölde edilen duaları ya da Gürcistan dağları ile şairlerini anlattığında yazarın kendisi kitabının kahramanlarından biri oluyor.

Bu Akdeniz kitabı gerçeği dile getirirken, kültürü kurgusal bir çağrıştırmanın çerçevesi içine yerleştiren bir anlatıdır. Bugün, büyük bir olasılıkla, en azından anlatı alanında, en canlı, en doğurgan edebiyat türüdür; X Bey'in Y Hanım'ı baştan çıkartıp çıkartamadığını ya da nasıl ve neden baştan çıkartıp çıkartamadığını anlatan "roman"lardan daha canlıdır. *Tuna*'nın denize, özellikle de Adriyatik'e olan büyük özlemini ifade eden ırmakbilimci yazarı, denizbilimci Matvejević'e kardeşçe gıpta ediyor; Tuna'nın ne yazık ki Akdeniz'e değil de Karadeniz'e dökülmesine karşın denize kavuşmasından mutluyum.

Claudio Magris

Çevirenin Önsözü

Bu kitabın en güzel sayfalarından birinde "Akdenizli doğulmaz, Akdenizli olunur" diyor, Predrag Matvejević. Bu kitapta da en çok Akdeniz'in nasıl Akdeniz olduğunun, Akdenizlilerin nasıl Akdenizli olduklarının anlatımlarını bulacaksınız. Yazarın dediği gibi Akdeniz ne yalnızca coğrafya, ne yalnızca tarih, ne yalnızca ulusal kültürler, ne de yalnızca gündelik yaşam. Zaman zaman görüntüleri değişse de Akdeniz aslında bunların hepsi. Belki Akdeniz bile Akdenizli olarak doğmamıştır.

Akdeniz'in Kitabı alışık olduğumuz kitaplara benzemiyor. Onu Akdeniz'in dili (ya da dile getirilme biçimleri) hakkında bir çalışma, bir kültür ve tarih araştırması, bir gezi günlüğü, bir sohbet, bir günlük, bir seyir defteri gibi görebiliriz. Bu kitapta Akdeniz'in kendisini bulacaksınız: Akdeniz halkları, kıyılar, manzaralar, kentler, limanlar, denizciler, adalar, adalılar, şamandıralar, halatlar, kayıp denizler, diller, dalgalar, rüzgârlar, batıklar, akıntılar, köpükler, gündoğumları, günbatımları, yağmurlar, kayalar, mağaralar, fenerler, manastırlar, balıkçılar, martılar, toprak, denizin rengi ve kokusu, sözcükler, kaçıklar, küfürler, ölçüler, ölçüsüzlükler, pazar yerleri, tuzlalar, zeytinyağı, şarap, gemiler, balık ağları, gemici düğümleri, tersaneler, deniz seferleri, süngerler, mercanlar, akarsular, incir, üzüm, kum, âdetler, göçler, ilişkiler, denizin adları, deniz savaşları, haritalar, haritacılar, yolculuk öyküleri, kutsal kitaplar, gezginler, söylenceler, rüzgâr gülleri, sürgünler, cezaevleri, akıl hastaneleri, inançlar, balıklar, çamlar, ağustosböcekleri, düşler...

Predrag Matvejević, Hırvat asıllı bir Boşnak yazar ve öğretim görevlisi. Ana uzmanlık alanları dil ve edebiyat. 1932 yılında Mostar'da dünyaya gelmiş. Annesi Hırvat, babası Rus asıllı. Henüz Uluslararası P.E.N. Yazarlar Derneği'nin Yugoslavya başkanı iken, Eski Yugoslavya'yı kana bulayan savaş başlamadan hemen önce, yaklaşan savaşı önleyebilmek için Slobodan Milošević'i bir açık mektupla intihara davet etmiş. Bu arada o sıralar hapiste bulunan Bosna'nın şimdiki cumhurbaşkanı Alija İzzetbegovič'in salıverilmesini sağlamış. Ülkesinden savaş sırasında ayrılmak zorunda kalmış; şimdi son kitaplarından birinin başlığındaki gibi, kendi deyimiyle "bir sürgün ve sığınma" yeri olarak gördüğü Avrupa'da yaşıyor. Uzun yıllar Zagreb Üniversitesi'nde ders verdikten sonra bu sıralar Paris Sorbonne Üniversitesi ile Roma La Sapienza Üniversitesi'nde ders vermeye devam ediyor. Ayrıca Lyon, Milano, Moskova, Kiev, Leningrad, Yale, UCLA, New York, Oxford, Cambridge, Budapeşte ve Viyana üniversitelerinde de dersler vermiş. Fransa'da 1979'da Légion d'Honneur nişanıyla ödüllendirilmiş. İlk olarak 1987'de Zagreb'de (*Mediteranski Brevijar* adıyla) yayımlanan *Akdeniz'in Kitabı* on yedi dile çevrilmiş; Fransa'da 1993 yılında En İyi Çeviri Kitap Ödülü, İtalya'da 1991 yılında en iyi çeviri kitap dalında Malaparte Ödülü ile Boccacio Ödülü kazanmış. Matvejević 1986'da Uluslararası P.E.N. Yazarlar Derneği Başkan Yardımcısı seçilmiş.

Akdeniz'in Kitabı Türkçeye, yazarın ikinci anadili saydığı ve çevrilmesine katkıda bulunduğu Fransızca ve kitabın Hırvatça baskısı kadar özgün ve önemli gördüğü İtalyanca basımlarından çevrildi. Kitabın İtalyanca basımındaki eksiklerini Fransızca, Fransızca basımındaki eksiklerini de İtalyanca basımlarından yararlanarak tamamlamaya çalıştım. Bu sayede sanıyorum aslına çok yakın bir çeviri yapma fırsatım oldu. Kitabın Türkiye'de yayımlanma öyküsü de oldukça ilginç. Bu kitabı okuduktan sonra çevirip bastırmayı düşündüm. Büyük bir şans eseri bu kitabın aynı zamanda Yapı Kredi Yayınları'nın çeviri listesinde olduğunu öğrendim ve hemen çevirmeye talip oldum. Ancak yazara ulaşmak son derece maceralı oldu. Onu önce Boşnak arkadaşım Dino Bojčič aracılığıyla Mostar'da aradım. Bu arada Zagreb'deki yayınevinin de savaşta yıkılıp kapandığı ortaya çıktı. Son umut Fransız ve İtalyan yayıncılardı. Tam o sıralarda Türkiye'ye bir film festivali için gelmiş olan bir Boşnak kadın yönetmenden yazarın o sıralarda İtalya'da olduğunu öğrendim. O da İtalyan devlet televizyonunda çalışan (ve rastlantı sonucu tam da o hafta Matvejević'le söyleşi yapmaya giden) bir program yapımcısı aracılığıyla benim dileğimi yazara iletti. Sonuçta eski devirlerin deniz yolculuklarına benzer bir maceradan sonra elinizdeki kitabın çevrilmesi işi başladı (o da ayrı bir yolculuktu benim için).

Umarım bu kitaptan, benim çevirirken aldığım keyfi siz de okurken alırsınız; iyi yolculuklar.

Ne mutlu Akdenizliyim diyene!

Tolga Esmer
25 Aralık 1998, İstanbul

I
GÖZLEMLER

CAVRVS CHORVS VEL IAPIX SIVE ARGESTES
CIRCIVS
FAVONIVS ZEPHIRVS
mare glaciale
EVROPA
LIBIA INTERIOR
AFFRICA
ETHIOPIA INTERIOR

Ptolemaios'un Dünyası; Ulm'da 1482'de yayımlanan *Cosmographia*'dan.

Akdeniz'e doğru yola çıkarken önce kendimize bir başlangıç noktası seçelim; kıyılar ya da manzaralar, limanlar ya da olaylar, deniz seferleri ya da anlatılardan yola çıkabiliriz. Bundan sonra nerelere vardığımız, bu yolculuk sırasında gördüklerimiz ve onları nasıl algıladığımız, yola nereden çıktığımızdan daha önemli olacaktır. Kimi zaman, hele bir de deniz seferimiz uzun sürerse, bütün denizler birbirlerine benzer; bazen de bu denizlerin her birinin kendilerine özgü tarafları olduğunu fark ederiz.

Yolculuğumuza örneğin Adriyatik'in doğu kıyılarından başlayalım. Buradan kuzey kıyısı boyunca Malaga ve Boğaziçi'ne daha kolay ulaşabiliriz. Hayfa'dan Septe'ye kadar güney kıyısında daha az körfez ve liman vardır. Önce Adriyatik'teki daha sonra Ege ve İyon denizlerindeki adaları dolaşırken, benzerlikleri ve farklılıkları bulmaya çalıştım. Sicilya ile Korsika'yı Mallorca ile Minorca'yı birbirleriyle karşılaştırdım. Gittiğim her yerde karaya ayak basmadım. Irmak ağızlarının olduğu yerlerde biraz daha uzun süre kaldım. Akdeniz'i her yönüyle tanımak güçtür.

Aslında Akdeniz'in nerelere kadar uzandığını; hangi kıyıları kapsadığını, kıyılardaki etkisinin iç bölgelerde nereye kadar ulaştığını kestiremiyoruz. Eski Yunanlılara göre Akdeniz, doğu-batı ekseninde, genellikle kuzey ve güney sınırları göz ardı edilerek, Kafkasya'daki Phasis'den Cebelitarık'taki Herkül Sütunları'na dek uzanırdı. Antik dünyanın bilgeleri, Akdeniz'in zeytinin yetiştiği bölgelerle sınırlı olduğunu öğretirdi. Ancak bu, her zaman ve her yerde doğru değildir; kıyıda olmasına karşın Akdenizli sayılamayacak yerler olduğu gibi, biraz içeride olmakla birlikte, az da olsa Akdeniz özellikleri gösteren bölgeler vardır. Kimi yerlerde kara, denize ayak uyduramaz, uzlaşmaları zor olur. Başka yerlerde ise Akdeniz özellikleri karanın büyük bir bölümünü kucaklar, çok çeşitli etkileriyle içine kadar sokulur. Akdeniz yalnızca coğrafya değildir.

Akdeniz'in sınırlarını ne zaman, ne de mekan belirlemiştir. Bu sınırları nasıl, neyi temel alarak çizebileceğimizi bilemiyoruz. Bunlar ne tarihe, ne soylara, ne uluslara, ne de devletlere dayanan temellerdir; dalgaların ve rüzgârların, yapıtların ve esinlerin bir genişletip bir daralttığı, sürekli silinen ve yeniden çizilen tebeşir dairelerine benzerler. Unutmayalım ki İpek Yolu Akdeniz kıyılarından geçmiş, tuz ve baharatın, yağ ve esansların, amber ve takıların, el aletleri ve silahların, bilim ve sanatın yolları buralarda kesişmiştir. Yunan kolonileri bir zamanlar hem pazar yerleri, hem de yönetim merkezleriydi. İktidar ve uygarlık Roma yolları boyunca yayılmıştı. Asya topraklarında doğmuş peygamberler ve dinler Akdeniz yoluyla bize ulaştı. Avrupa Akdeniz'de doğdu.

Akdeniz mozaiğinin yeniden oluşturulmasına, Akdeniz'i oluşturan unsurların bir kez daha sınıflandırılmasına; Avrupa, Mağrip ve Doğu Akdeniz; Musevilik, Hıristiyanlık ve İslam; Tevrat, İncil ve Kuran; Atina ve Roma; Kudüs, İskenderiye ve İstanbul; Venedik ve Cenova; Yunan diyalektiği, demokrasisi

Hartman Schedel'in yeniden çizimiyle Salomon Tapınağı (*Liber chronicarum*, Nuremberg, 1493).

ve sanatı; Roma cumhuriyeti, hukuku ve *forumu*[1]; Arapların bilimi; Provence ve Katalonya şiiri; İtalya'da Rönesans; değişik dönemlerde görkemli ya da acımasız İspanya; Güney Adriyatik Slavları gibi öğelerden her birinin özel anlamının ya da diğerleriyle olan ilişkilerde aldığı değerin ortaya konmasına, her zaman olduğu gibi bizi bugün de çekenin ne olduğunu açıklamak çok güç. Bu güçlü unsurların ikili ya da üçlü ilişkiler çerçevesinde sunulması ya da başkalarından daha ayrıcalıklı bir yere oturtulması, Akdeniz'in zenginliklerinin tam anlamıyla ortaya konmasına engel olur. Halklar ve ırklar yüzyıllar boyunca, dünyanın başka hiçbir yerinde görülmemiş bir biçimde, burada birbirlerine karışmış, burada birbirlerine yaklaşmış, burada karşı karşıya gelmiştir. Akdeniz yalnızca tarih değildir.

Akdeniz'in kendine özgü yönleri başka bağlamlar içine kolay kolay oturtulamaz; bu özellikler kıyının karayla, güneyin kuzeyle, doğu veya batının güneyle sürdürdüğü ilişkilerin hepsinde kendini göstermez. Akdeniz kıyılarının eski ve yeni uygarlıklarını birbirlerinden ayıran farklar sayılamayacak kadar çoktur: Eski Yunan ve Roma'dan sonra Bizans, İtalya, Provence bölgesi ile Fransa, Katalonya ve İspanya, Mağrip'den Doğu Akdeniz'e kadar Araplar, Dalmaçya'dan iç bölgelere kadar Hırvatistan, kıyıdan Alpler'e kadar Slovenya, Karadağ ile Sırbistan, Makedonya, Bulgaristan, Arnavutluk, Romanya, Türkiye ve şüphesiz Yunan-Roma döneminden önce veya sonra daha niceleri... Akdeniz kültürleri yalnızca ulusal kültürler değildir.

Akdeniz'i ancak kendi ölçütleriyle değerlendirebiliriz, onu dar kalıplara sokamayız. Onu, sadece Latin ve Romalı ürünü olarak gören Avrupa-merkezcil bir bakış açısıyla değerlendirmek; panhelenik, panarabik veya siyonist bir görüşle incelemek; etnik, dinsel veya politik herhangi bir tavırla yargılamak, Akdeniz'e ihanet etmek olur. Akdeniz imgesi, ateşli fanatikler, taraflı yorumcular, hiçbir konuda fikir sahibi olmayan bilim adamları, inançsız kahinler, resmi tarihçiler ve sıradan şairler tarafından sık sık saptırılmıştır. Devletler ve dinler, hükümdarlar ve kilise, laik ve dini yasa yapıcılar, mekanı ve insanları akla gelebilecek her biçimde bölmüştür. Özdeki bağlar bütün bu ay-

1 *forum*: Eski Roma'da halkın bir araya geldiği yer, meydan (ÇN).

rımlara direnmiştir. Akdeniz basit bir "ait oluş"tan öte bir olgudur.

Akdeniz söylemi, Akdenizli konuşkanlığından zarar görmüştür: Güneş ve deniz, kokular ve renkler, rüzgârlar ve dalgalar, kumsallar ve mutluluğun egemen olduğu adalar, erken olgunlaşan genç kızlar, karalar giyen dullar, limanlar, gemiler ve bilinmedik kıyıların çağrısı, deniz seferleri, batan gemiler ve bunların öyküleri, portakal, mersin ve zeytin ağaçları, palmiyeler, çam ve serviler, şatafat ve sefalet, gerçek ve yanılsama, yaşam ve düş... Edebiyatın basmakalıp düşünceleri, bu konuları yığınla betimleme ve usandırıcı tekrarla iliklerine kadar sömürmüştür. Akdeniz söylemi demokrasiye olduğu kadar demagojiye, özgürlüğe olduğu kadar baskı ve zorbalığa da hizmet etmiştir. Bu söylem *forum*un, tapınakların, adaletin ve vaazların içine işlemiştir. Arena'nın sesleri Bilgeler Meclisi'nin ötesinde bile yankılanmıştır. Akdeniz ve Akdeniz söylemi birbirlerinden ayrılamaz.

Bibliotheca Alexandrina.
ſita parte Mareotim lacum, quem alij Mabrum, & ex eo mari nauigatur in
urbis pulcherrimũ aiunt eſſe mari
ſpectu inſula eſt Pharos nomine,
hu
ma
late
Qu
inſi
feci
tale
tum
troi
per
etia
tra
inſi
u ros & doctores eccleſiaſticos. Nempe Marcum Euangeliſtam, Amanum
Clementem & Origenem presbyteros, Athanaſium epiſcopum, Didymum,

Antik İskenderiye Kütüphanesi ve Feneri; Sebastian Münster, *Cosmographia universalis* (1559).

Akdeniz kıyılarında her dönemde çelişkilerle karşılaştık: Bir yanda berraklık ve biçim, geometri ve mantık, yasa ve adalet, bilim ve şiir, öbür yanda ise tüm bu kavramların karşıtları. Sevginin ve barışın kutsal kitaplarına karşı haçlı seferleri ya da cihat. Birliğe karşı ayrımcılık ve aforozculuk. Evrenselliğe karşı yerellik. Agoraya karşı labirent. Dyonissos neşesine karşı Sisyphos kayası. Aletheia'ya karşı enigma. Atina'ya karşı Sparta. Roma'ya karşı Barbarlar. Doğu İmparatorluğu'na karşı Batı İmparatorluğu; Doğu'ya karşı Batı Uygarlığı. Kuzey kıyısına karşı güney kıyısı: Avrupa'ya karşı Afrika. Hıristiyanlığa karşı İslam. Katolikliğe karşı Ortodoksluk. İsa'nın öğretisine karşı Musevi soykırımı. Büyük kentlere karşı bir zamanların küçük kolonileri. Rönesans, Akdeniz'in her yerinde Ortaçağ'ı aşmayı başaramamıştır.

Akdeniz manzaraları da son derece göz alıcıdır. Konumu, görüntülerin taşıdığı ortak özellikler ve bütün bunların dar bir alan içinde yer alması, bizde Akdeniz'in bir zamanlar başlı başına bir dünya olduğu ya da dünyamızın merkezi olarak görüldüğü izlenimini uyandırır; o karalarla çevrili bir deniz ve denizle sarılmış bir karadır. Güneş gökyüzünde yalnız onun için varmış, yalnız ona aitmiş gibi parlar (Antik Çağ gökbilimcileri ve coğrafyacıları, kuramlarına ve haritalarına bu yanılsamadan bir parça katmışlardı). Güneş ışınları geçici ya da kalıcı psikolojik etkilere neden olur. Göklerin bu uçsuz bucaksızlığı ve berraklığı, mistik durumlar ve bilinmeyene karşı duyulan korkular doğurur. Akdeniz hem inanç hem batıl inanç, hem yücelik hem hiçlik adına anıtlar dikmiştir.

Akdeniz kentleri hakkında söylenebilecek her şey söylenmiştir. Uzmanlar Akdeniz kentlerinin başka yerlerde olduğu gibi köylerin büyüyüp gelişmesiyle oluşmadığını, tersine kendileri için çevrelerinde köyler yarattıklarını ve köyleri kendilerine çektiklerini savunur; *polis* ve politika, plan ve kadastrolar, yapılar ve stilleri, taş ve taş yontma, heykel ve mimarlık, tapınaklar ve törenler, meskenler ve kamu alanları, duvarlar, merdivenler, kapılar, fasadlar ve evler, caddeler ve Akdeniz caddelerindeki yaşamdan çok söz edildi. Kıyı kentlerinin kendi yönetim ve yargı kurumları, yasaları ve armaları, mühürleri ve bayrakları vardı. Limanı olan kıyı kentleriyle liman kentlerini birbirlerinden ayırmak gerekir. Limanlar ilkinde bir gereksinim dolayısıyla yapılmıştır, ikincisinde ise söz konusu yerin doğal konumu gereği kendiliğinden doğmuştur. Limanlar ilkinde yardımcı ve tamamlayıcı, ikincisinde asıl ve merkezi bir rol oynar; ilkinde yalnızca bir demir atma ve yükleme-boşaltma yeri olarak kullanılır, ikincisinde başlı başına bir evrendir. Doğal limanlarda akla gelebilecek her yerden, kara ve deniz yoluyla, her türden insan ve mal bir araya gelir: Bunlar serbest limanlardır. Her gerçek liman serbest liman olabilmek için elinden gelen her şeyi yapar, onlar gibi olabilmek için gerekli koşulları yerine getirmeye çalışır. Yöneticileri karantina yerleri inşa ettirir ve karantina kararları alır. Aklını kaçıranlara ve çapasını kaybedenlere kucak açan ilk akıl hastaneleri de Akdeniz kıyılarında ortaya çıkmıştı.

Limanları kökenlerine göre de sınıflandırabiliriz: Bir akarsu tarafından mı açılmışlardır, artbölgenin hattâ karanın seçimi midirler, yoksa denizin kendi arzusu yönünde mi oluşmuşlardır? Bir limanın doğasını belirleyen denizdir; Atlantik ve Pasifik uzaklık denizleridir, Akdeniz komşuluk denizi, Adriyatik ise içtenlik denizidir. Denizin varlığı en çok serbest limanlarda kendini hissettirir. Buralarda yalnızca –en kârlı– ticari etkinlikler söz konusu değildir (az tanınan Yunan adalarından çok yakın bir geçmişe kadar yalnızca, genç kadınları süsleyecek deniz kabukları ve mercanlar ihraç edilirdi). Akdeniz'deki batık kentlerin her birinin kendisiyle aynı yazgıyı paylaşan bir limanı olduğuna inanılır.

Mendirekler, limanların en saygın "koruyucu"larıdır (bu yüzden bazı yerlerde mendireklere "liman koruganı" da denir). Limanlar gibi onlar da birbirlerinden farklıdır. Bazıları kıyının doğal bir uzantısı gibidir ve sırtlarını karaya dayar; bunların üzerinde aylak aylak dolaşılıp oyalanılır; aldıkları adı hak eder gibidirler. Diğerleri kim bilir nerelerden getirilmiş ve denizin dibine atılıvermiş kaya kütleleridir; bunlar ise ancak yük boşaltmaya ve üzerinde alışveriş yapmaya yarar; diğerlerinin aksine biçimsiz iskeleler oluşturacak biçimde kendilerini salıve-

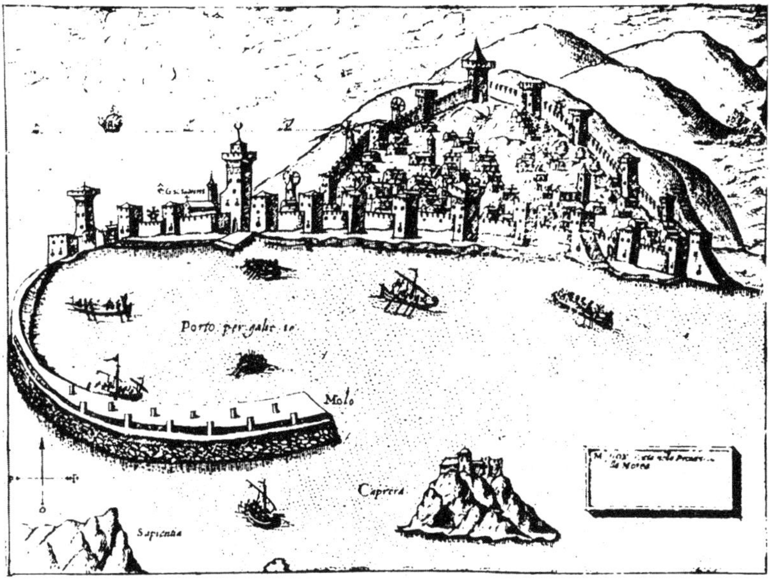

Mora'da Modone Limanı; M. V. Coronelli koleksiyonu (Venedik, XVII. yüzyıl).

rirler. Martılar bu ikincilerden uzak durur, görünüşe bakılırsa çok önemsiz türlerin dışında balıklar da. Yalnızca bir barınak ya da bir demirleme noktası olmaktan öteye gitmeyen mendirekler vardır; diğerleri denizi kucaklar, gerçek körfezler oluşturur. Aralıksız uzun yıllar hizmet etmekten dolayı eski bir görünüm alan mendirekleri, etraflarındaki kayalardan ayırt etmek güçtür. Çatlakların ya da çöküntülerin oluşması, blokların parça parça birbirlerinden ayrılmaları mendirekler için iyi bir haber değildir; onları çok farklı sonlar bekler. Kaya tabakaları arasında ot bitmeye başladığında, mendirek artık önemini kaybedip yolun sonuna gelmiş demektir. Bazı mendirekler gemilerin ince uzun biçimlerini benimsemiştir; onların gelişini o kadar büyük bir sadakatle beklemişlerdir ki sonunda onlara benzerler. Yaşlı denizciler burada hiç pişmanlık duymadan gençliklerini hatırlar. Akdeniz'de beden ruhtan daha çabuk yaşlanır.

Mendirekler aynı zamanda rıhtımın, rıhtım binalarının ve yükleme boşaltma işlemlerinin, limanın her tarafını işgal etmesine engel olur. Zincir ve halatlarla kemirilmiş iskele babaları, rıhtımda sahnelenen bütün olayların, demir almaların, demirlemelerin, yola çıkışların ve eve dönüşlerin tanığıdır. Sanki hep "bir gemi gelse de bağlansa" diye bekler gibidirler. Bir mendireğin ya da iskelenin yaşı, babaların durumundan ya da baba kalıntılarından anlaşılır. İskele babası, adını gemi güvertesinde palamar bağlanan benzerinden alır; gemiyle iskelenin birleşmesine bir kez daha tanık oluruz. Kent limandan aldıklarının bir bölümünü, olduğundan daha iyi bir konuma gelebilmek için ona geri verir. Bu durumda bir serbest liman, unutulmuşlukların limanı olabilir; o artık kendi özgürlüğünü ilan edebilecek boyuttadır. Bu tür limanlarda kadınlar daha değerlidir, denizciler bazen başka bir yaşam sürdürür. Bu yalnızca Akdeniz limanları için geçerli bir olgu değildir, bu konuda diğer limanlardan farkları yoktur. Vicdan azapları burada da başka yerlerdeki gibi yapmacıktır ama cezalar belki biraz daha ağırdır. En azından Akdeniz'in Katolik dünyasında yüzyıllarca bu böyleydi.

Rıhtım ve mendirekler, gemilerin limana nasıl gireceğini ve nasıl yanaşacağını belirler; şamandıralar, halatlar, usturmaçalar, palamarlar, düğümler (gemilerdekiler farklıdır), makaralar, kılavuz kaptanlar, haritalar, kaptanların bir köprüden diğerine iletişimini sağlayan simge ve bayraklar gibi onlara yardımcı olacak pek çok araç sunar. Gemi mürettebatı hakkında biraz daha fazla bilgiye bunlar sayesinde sahip olabiliyoruz; onları bir araya getirenin ve bir arada tutanın ne olduğunu, denizdeyken nasıl, karadayken nasıl konuştuklarını gene onlar sayesinde bilebiliyoruz. Tekneleri karaya bağlayan palamarlardaki gerilimi ya da çapanın gerçek ağırlığını gerçekten bilen çok kimse yoktur. Burada, zaman zaman denizin kendisi kadar gizemli ve sık sık da karada yapılandan daha karmaşık bir yapıya sahip olan deniz kaçakçılığından söz etmeden geçmek olmaz; aralarında belki çok ince bir bağ bile vardır. Liman şeflikleri denizde de karadaki kadar becerikli olabilen kaçakçılarla başa çıkılabileceğine ilişkin umudunu çoktan yitirmiştir. Ya yankesiciliğe ne demeli? Bazı kentlerde, özellikle de onların limanlarında, yankesicilik herhangi bir el becerisinden öteye Akdeniz'deki bilimlerden biri, hattâ bir sanattır.

Akdenizlilerden ciddiyetle ya da ince bir alayla söz edilir. Nasıl kentli, balıkçı, denizci, gezgin oldular ya da neden toprağa bağlı köylüler ve çobanlar olarak kaldılar gibi sorular hep sorulur. Akdeniz kıyılarında yaşayanlar kentlerine devletlerinden daha çok bağlıydı. Onların asıl devletleri ve ülkeleri kendi kentleriydi. Kentliler, cumhuriyetçi olmak yerine soylu kentliler olmayı özlerdi. Kara içlerinde yaşayanlar yerine kendi aralarında ilişki kurmayı yeğlerlerdi. İç kesimler ve buralarda yaşayanlar, onlar için bir alay konusuydu. Soylular ve aşağı tabakadan olanlar bu konuda birleşip, yeni gelenlere kentteki en alçakgönüllü ve zor işleri, limandaki en pis ve yorucu görevleri bırakırlardı. Kıyılarda oturanlar birbirlerinden, denizle kurmuş oldukları ilişki biçimine bağlı olarak ayrılır; kimi evini tam kıyıya kuruverir, kimi ayağı yere sağlam bassın diye denizden iyice uzaklaşır, kimi her gün denizle yüz yüze yaşar, kimi ona sırtını döner. Bölgenin yerlileri ile yeni gelenler denizden farklı biçimlerde söz eder. Kendilerini denize yakın hissedenler ondan çok fazla söz etmeyi gereksiz bulur, her sözün altında zaten deniz vardır. Kimi dalgalarında yüzmekten hoşlanır, kimi suya ayağını bile sokmaz. Yüceliği karşısında şapka çıkaranlar da vardır, onu giysilerinin içine sindirenler de. Akdeniz ise yalnızca denizcilerine şapka çıkarır.

Adalar özel yerlerdir. Kıyıya olan uzaklıkları, kıyı ile aralarındaki kanalın özellikleri, örneğin kayıkla ya da yüzerek ulaşılıp ulaşılamayacakları gibi değişik ölçütlere göre sınıflandırılırlar. İşte burada denizin ne kadar birleştirici, ne kadar ayırıcı olabileceğini başka hiçbir yerde göremeyeceğimiz kadar iyi görürüz. Adalar aynı zamanda sundukları imge ya da bıraktıkları izlenimle de birbirlerinden ayrılır; kimileri yüzmekte ya da batmakta oldukları sanısını uyandırır; diğerleri sağlamca demirlemiş, taşlaşmış gibidirler; kimileri karadan kopmuş kaya parçalarına benzer; kimileriyse kıtayı çoktan terk etmiş, bağımsız ve kendine yeterli bir duruma gelmiş gibidir. Bazıları büyük bir düzensizlik ve başıboşluk içindeyken diğerlerinde her şey o kadar yerli yerindedir ki insanın ideal bir düzenin kurulabileceğine inanası gelir. Adalara insanların ruh hallerini ve karakter özelliklerini çağrıştıran nitelikler yakıştırılır; onlar da yalnız, sakin, susamış, çıplak, terk edilmiş, tanınmayan, lanetli, talihli, bazen de mutlu ve kutsanmış olurlar. Adalar yalnızca benzerlik gösterdikleri özelliklere göre değil birbirleriyle karşılıklı olarak girdikleri ilişkilere göre de sınıflandırılır. Elimizde Antik çağdan kalma sınıflandırmalar vardır; Ege'de On İki Adalar (bu türden bir sınıflandırma, birtakım Hıristiyan tarikatlara, örneğin münzevilere model olmuştur), Balear Takımadaları, Adriyatik'te Kornat Takımadaları, Dubrovnik yakınlarında Elafit Takımadacıkları, Lion Körfezi ile Côte d'Azur arasındaki Hyères Takımadacıkları ve daha aşağıda (karşı kıyıda) Tunus'un güneyinde Kerkennah Adaları, Tiren Denizi'ndeki Lipari Adaları ve Tiren Denizi'yle Liguria kıyıları arasında Toscana Takımadaları aynı biçimde gruplanmıştır. Şövalyelik düzeniyle Malta, görkemli geçmişiyle Sicilya, "güzellikler adası" olarak bilinen Korsika gibi tarihî adalar genellemelere gelemezler. Adacıklar, hele bir de bitki örtüsünden ve tatlı su kaynaklarından yoksunsalar, adaların en ıssızları olurlar. Önemli bir takımadaya bağlı olmayanları kıyının gözünde önemini yitirir, sonsuza dek bir kenarda unutulur kalır. Ada kıyılarındaki sarp ve keskin kayalıklar korku öykülerine esin kaynağı olmuştur; bu öykülere en çok Akdeniz'de inanılır.

Adalar bir dinginlik ve meditasyon yeri, bir çile ve olgunlaşma yeri, bir sürgün yeri ya da cezaevi olur. Buralarda adalı olmanın yazgısını ve koşullarını en uç noktaya kadar götüren sayısız manastır, cezaevi ve akıl hastanesi vardır. Atlantis gibi "mutluluk adaları" da kentleri ve limanlarıyla suya gömülmüştür. Yazgıya boyun eğme, adaların ortak yönüdür. En büyüğünden en küçüğüne bütün adalar en azından yanaşacak gemileri, onların getirdiği haberleri bekler; bu bir çeşit yalancı gösteri halini alır. Adalıların beklemek için başkalarından daha çok zamanı vardır; beklemek, adalıların zaman kavramlarının en önemli belirleyicisidir. Bir zamanlar, ölüleri zaman kavramımızın dışında yer aldığı düşünülen adalara gömerlerdi. Parlak geçmişleri ve insanın üzerinde bıraktıkları kibirli izlenimleri, en eşsiz, en güçlü adaları kıtayla yarışmaya, kendi dönemleriyle boy ölçüşmeye kışkırtmıştır. Bu olayların nedenlerini ve sonuçlarını ortaya koymak Akdeniz'de kolay değildir.

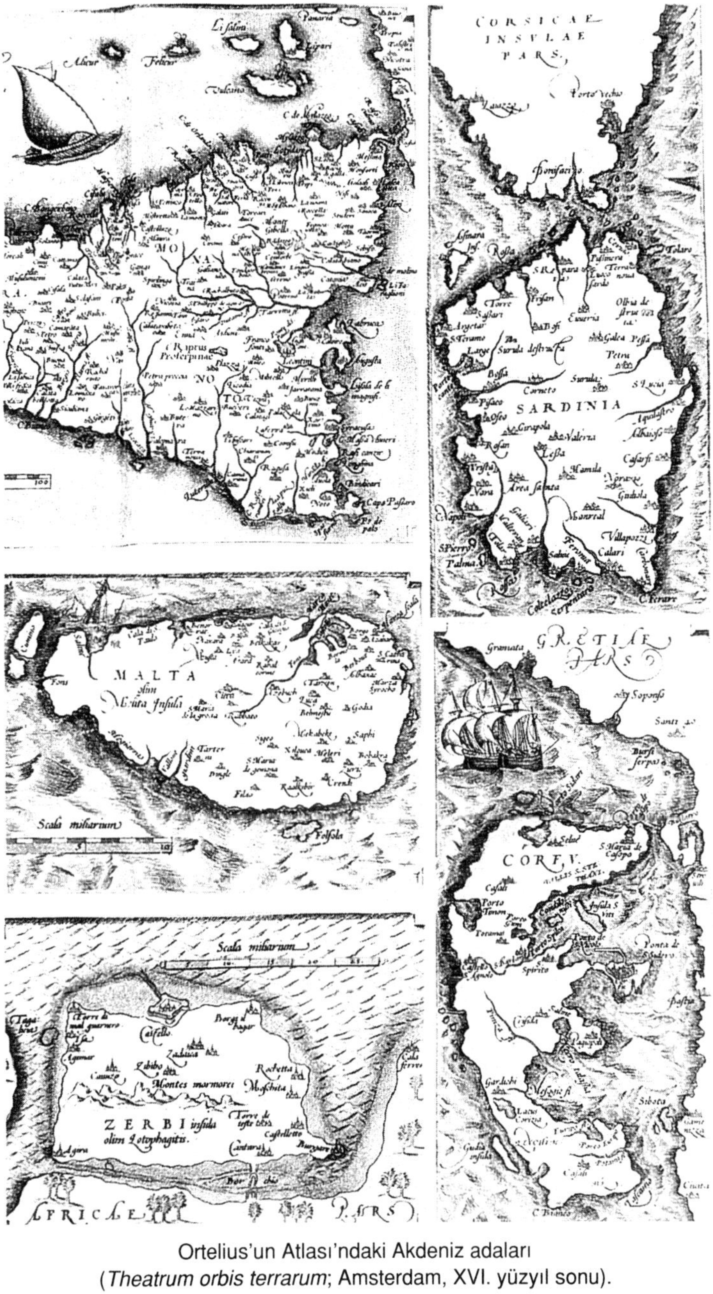

Ortelius'un Atlası'ndaki Akdeniz adaları
(*Theatrum orbis terrarum*; Amsterdam, XVI. yüzyıl sonu).

Adalıların daha az uçarı olmasının nedeni, denizin ortasında yalıtılmış bir durumda olmaları ve kendi kendileriyle baş başa kalmalarıdır. Onlar için kara, denizin öte yanıdır. Dilleri arasındaki farklar, onları karadan ayıran uzaklığın gerektirdiğinden daha fazladır; bu farklılıklar görünüşe bakılırsa dünya ile olan ilişkilerini de etkiler ve yer yer ilginç ve özgün karakterler yaratır. Bazı adalarda, bize o adada yaşayanların nereden geldiklerini, bu adada ne kadar süreden beri yerleşik olduklarını ve ne zamandan beri bu adalarda kıstırılıp kaldıklarının ipuçlarını veren pek çok dil konuşulur. Buna karşın, yabancılara karşı herkesten daha açıktırlar, çünkü belki onlar da denizin öbür tarafına geçtiklerinde bu kez kendilerinin yabancı olduklarını düşünür, kendilerinin de başka diyarlardan geldiklerini hatırlarlar. Adalılar yalnızca çocukken düş görür; daha sonra düşler için çok geç olur. Onlar için gelecek, geçmişin bir yinelenmesidir, geçmişin en güzel anılarının yeniden canlanmasıdır. Bu durum aslında kıyıda yaşayanlar için de geçerlidir ama aynı ölçüde değil. Bu neredeyse Akdeniz'in her tarafında böyledir.

Ada kıyılarından ada içlerine doğru gidildikçe, denizle olan ilişkiler değişikliğe uğramaya başlar. Bu özellik yalnızca adalara özgü değildir; bunu denizden Floransa'ya, Verona'ya, Brescia'ya; Atina'dan içerilere; Malaga'dan Madrid'e giderken; Dalmaçya kıyılarından dağlık Zagora Dalmata bölgesine doğru tırmanırken; Afrika kumsallarından Sahra'ya doğru yürürken; Filistin kapılarından Lût Gölü'ne doğru giderken de gözlemledim. Gene de denize olan eğilim, Akdeniz'e duyulan tutku tamamen yok olmaz.

Ada limanları kıyıdakilerle aynı özlemleri paylaşmaz; biri daha çok denizcilere uygun olacak biçimde yapılmıştır, diğeri ise gemilere. Kıyıdakilerin biçim ve kullanım yönünden benzerleri olsalar da, adalardaki kent ve limanlar başka yerlerdekiler gibi ortaya çıkmamıştır. Ada kent ve limanları, genellikle en güçlü kıyıların olduğu yerlerde kurulmuşlardı; denizin ise boyun eğmekten başka bir çaresi yoktu. Onların da bir arka mahallesi olurdu ama buraları karadakilerden daha yakın olurdu; kentle köyün paylaştıkları önemli bir şey vardı: Adalı oluşları.

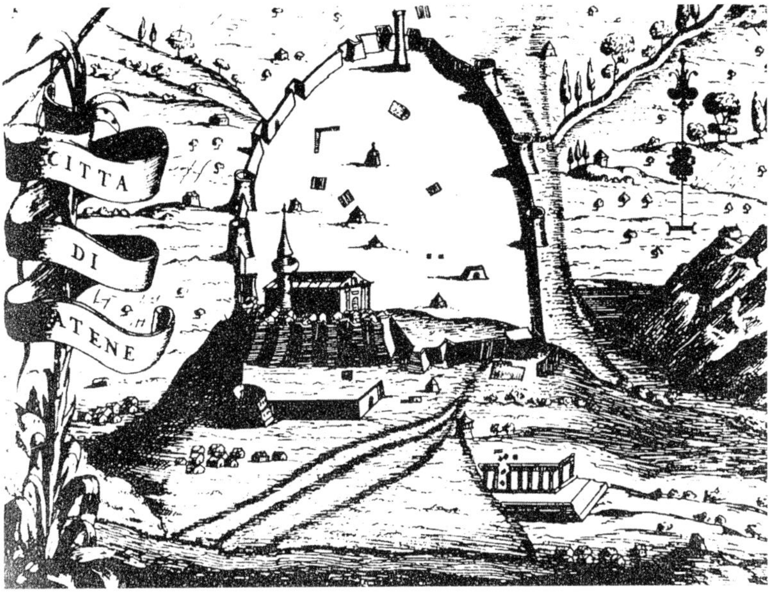

Peder Coronelli'nin yapıtındaki Atina; *Memorie storico-geografiche* (XVII. yüzyıl sonu).

Üzerine bir kent kurulmuş olan pek çok yer, eskiden bir adaymış; önce adayı karadan ayıran deniz parçası toprakla dolmuş, genişleyen kara parçası daha sonra utangaç bir biçimde sahneden çekilmiş. Atina'nın limanı Pire de bir zamanlar bir adaymış. Bu yalnızca pratik nedenlere bağlı bir olay değildir; bazı adalar yazgılarından memnun olmazken diğerleri yazgılarıyla gurur duymuştur. Huzursuzluk ve gurur, adalı karakterinde sıkça karşılaştığımız özelliklerdir. Bunlar, kıyılarda, hattâ daha uzaklarda, kıta içlerindeki akrabalıkları ortaya çıkartabilmemize yarayabilecek verilerdir. Adalı özellikleri en olmadık yerlerde en güçlü kişiliklere bürünür. Özellikle de Akdeniz'de ortaya çıkarlar; belki de kökenleri Akdeniz olduğu için.

Çok sayıda adaya sahip bir bölgenin kontrol altında tutulması güçtür. Adalıların ise bu durumdan yararlandıkları söylenemez, üstelik bu durumdan çok da memnun görünmezler. Adalar denizin kontrol edilmesi ve ele geçirilmesi için sanıldığı kadar yardımcı olmaz. Kıta içinde de sulara gömülmüş, görünmez limanları da olabilen ada bölgeler vardır. Bunların bir zamanlar karayla denizin birbirlerinden ayrıldığı yerlerde, gerçekten bir ada olarak ortaya çıktığını ya da gelecekte çıkıp çıkmayacaklarını söyleyebilmek kolay değildir. Kıtaların yer değiştirmesi sıradan bir olaydır. Bu yüzden yarının haritalarını bugünkülerden yola çıkarak iyi kötü hazırlayabiliriz. Bilim, bu gibi konularla çok ilgilenmez, özellikle de maddi ya da manevi, gerçek ya da hayali adalı olma durumlarıyla hiç. Bu konudaki düşüncelerin oluşturulmasını uzmanlara bırakalım ve hak ettikleri saygıyı da onlara gösterelim. Akdeniz zaten yalnızca kendisine uygun olana sahip çıkar.

Yarımadaların durumlarının adalarınkine göre daha iyi, yazgılarının daha az acımasız olduğu varsayılır. Ancak bunlar bizi hataya sürükleyen genellemelerdir. Bunun yanı sıra bütün yarımadalar denizle aynı yakınlıkla kucaklaşmaz: Kiminde deniz yarımadanın yalnızca yarısı boyunca uzanır, diğerleri neredeyse bir ada gibi tamamen suyla çevrilidir; kimi yarımadalar kıtanın sağlam bir parçasıdır, diğerleri ise başka yarımadalara aittir. Akdeniz'in üç büyük yarımadası, İberik, Apenin ve Balkan yarımadaları gerçek yarımadalar değildir; nereye kadar yarımada karakteri gösterdiklerini ve sınırlarının neresi olduğunu belirlemek güçtür. Örneğin Tunus neden coğrafi açıdan bir yarımada sayılmaz, bilinmez. Bu soru konumuzla yakından ilgilidir. Bir başka yarımadanın uzantısı olan yarımadalar niteliklerinden çok, durumları açısından adalara daha yakındır; bu yarımadaların incelenmesinde hep aynı ölçütleri kullanamayız. Onları birbirlerinden ayıran sayısız etken vardır; bu etkenlerin belki de en önemlileri denizden çok karayla ilgili olanlardır. İtalya'da Gargano ve Salentina, doğaları gereği birer yarımadayken, Calabria denizden uzak bir adadır. Peloponessos (Mora Yarımadası), Corinthos boğazının açılmasından sonra bile yarımada karakterini yitirmemiş ama bu sayede buna ek olarak, bir de ada karakteri edinmiştir. Hagion Oros –Aynoroz– (Kutsal Dağ), Ege'deki Halkidiki Yarımadası'nın ruhani adasıdır. Adriyatik'teki Istria hem ada, hem yarımada hem de kara özellikleri taşımıştır. Antik kent Ston'un surları arkasında korunan Pelješac yarımadadan çok bir ada olmak durumunda kalmıştır. Bu tür yalnızca coğrafi değil aynı zamanda manevi anlamdaki ikilemlere, Akdeniz'in her tarafında rastlamak olasıdır. Bir yarımadayı bırakıp gitmek her zaman bir adayı terk etmekten daha kolay değildir; terk etme duygusu o kadar güçlü değildir. Amaçlar belki daha kolaylıkla gerçekleştirilebilir durumdadır ama amaçlara ulaşma kararlılığı daha azdır. Adalar ve yarımadalar arasındaki farklar göz ardı edilmeyecek boyuttadır; yarımadalar Akdeniz'in dört bir yanında karşımıza çıkar.

Liman şeflikleri, mürettebatla gemileri, kurumlarla seferleri, işle macerayı bir araya getiren ilişkileri düzene sokma çabası gösterir. Denizin kıyıya sevgiyle (ve uyumlu bir biçimde) sokulduğu ve karaya kolayca ulaşılabilen limanlarda işlevlerini, etkilerini ve önemlerini yitirirler. Yönetim binaları bazen en çarpıcı yönleriyle bizi şaşırtır; mimarlık araştırmacıları liman binalarını bugüne kadar incelemeyi nedense ihmal etmiştir. Liman yönetimleri diğer kurumlardan farklıdır; tarihteki çok özel zamanlar ve belirgin bir biçimde denizci olan ülkeler dışında, güç ve iktidarla pek ilgileri yoktur. Memurları genellikle biçime önem verir ancak çok katı oldukları söylenemez (bu, zaten pek çok Akdenizlinin de paylaştığı bir özelliktir). Uyuşukluk ve ihmale batmış liman yönetimlerinde, devletle denizcilik, yasalarla deniz arasında işler her zaman gerektiği gibi yürümez. Liman şefleri kendilerine özgü insanlardır; Akdenizli liman şefleri ise bunların en özgünleridir.

Şamandıralar hem limana hem de mendireğe aittir ama bazen birine öbüründen daha bağlı oldukları da olur. Hangi yetkilinin sorumluluğu altında oldukları kesin olarak bilinmez; liman şeflikleri de bunu büyük bir sorun haline getirmez. Şamandıralarla mendireklerin ortak çalıştıkları söylenebilir. Bağlandıkları ve çevresinde yüzdükleri yerleri, onları bağlayan zincirleri, gemi halatlarının içinde kaydığı büyüklü küçüklü halkaları, üzerlerini kaplayan yosunları, liman içindeki ve dışındaki dağılımlarını biliriz. Eskiden ağaçtan yapılır, dişbudak, meşe ya da sedir kokarlardı. Daha sonra ağacın çürümesinden de çabuk paslanan demirden yapılmaya başlandılar. Kolay görünmeleri ve paslanmamaları için parlak kırmızı bir renge boyanan metal olanları, dalgalar, halatlar ya da zincirler vurdukça davul gibi bir ses çıkarır; bu alçakgönüllü ilahiyi duymuş ve varlığından haberdar olanların sayısı pek azdır. Adalar gibi onlar da bazen kıyıdan kopup Akdeniz'e doğru sürüklenir, kayalıklara çarpıp parçalanırlar.

Kıtıklardan ya da kenevirden yapılma halatlara (bazı yerlerde palmiye ya da sarısabır liflerinden de yapılanları vardır) denizin, limanların, yosunların ve katranın kokusu siner. Rıhtıma belli belirsiz bir karakter kazandırırlar. Sert ve katı olmamalarına karşın, babaların ve şamandıra halkalarının üzerinde ısırıklar ve kesikler bırakırlar. Bazen kendiliklerinden çözüldükleri olur. Bazı noktalarında sürtünme o kadar fazladır ki halatın yüzeyi parlak ve kaygan bir görünüm alır; kimi noktalarda ise açık renkte saçaklı bir görünümle lime lime olur. Yoksul bölgelerde halatlar daha uzun süre kullanılır; her yiğidin bir halat çekişi vardır! Limanda hiçbir şey gemi bordasıyla iskeleyi darbelerden koruyan halat ve usturmaçalardan daha çok ezilmez (bunlara *baderna* da denir, Kvarner'de *balun*, Sicilya'da *stramazzo* adını alırlar). Gemi iskeleye yanaştığında sanki yalnızca bir çatırtı değil, aynı zamanda bir inilti de çıkarıyormuş duygusu uyandırırlar. Denizciler usturmaçayı çok eski zamanlardan beri bilir; eskiden saman balyalarından yapılırlardı; ahşap gemiler de daha çok hasar görürdü. Usturmaçalar tamamen geminin hizmetindedir, yalnızca teknenin kıyıya yanaşma anında kullanılırlar. Bir geminin limana yanaşması, tüm gemi mürettebatını bir araya getiren, liman içinse başlı başına önemli olan bir olaydır. Usturmaçalar, gemi seyir esnasındayken ya da açıkta demirlemişken bir halatın ucunda kurumaya bırakılır. Akdeniz'de usturmaçaların gemilerin endamını koruduğu ve rıhtımların dayanıklılığını artırdığı çabuk unutulur.

Kıyıdan hayli uzakta, kıta içlerinde, bazen eski denizlerin kalıntılarına rastlanır: Örneğin *Pannonia*[2] bölgesinde ya da büyük olasılıkla Avrupa'nın ortasındaki iç denizde. Bu bölgeler, bazı farklılıklar ve toprak yapısından dolayı (kum ve fosil katmanlarının ve denizin varlığından başka nedenlerle bu kadar

2 *Pannonia*: Hırvatistan'ın eskiden bir iç deniz olduğuna inanılan iç bölgeleri, bugünkü Slavonya Bölgesi çevresi (ÇN).

yüksekte yaşamaları açıklanamayacak bitkilerin varlığı) coğrafyacıların ve bitkibilimcilerin aklını karıştıran ve inanılırlığı az, pek çok kuram ve tahminin doğmasına neden olan bölgelerdir. Büyük bir olasılıkla bu kayıp denizlerin de adaları ve limanları vardı. Şenlikli zamanlarında Salzburg hattâ eski Prag gibi bazı Orta Avrupa kentleri için Akdenizli yakıştırması yapılmıştır. Bir kez daha "Akdeniz'in sınırları nereye kadar uzanır?" sorusuna geri dönüyoruz.

Kentlerde olsun, liman yakınlarında olsun, mezarlıklar ada ve yarımadalara benzer. Onların da farklılıklarını ancak alıcı gözüyle baktığımızda görebiliriz; kimileri denize daha yatkındır, kimileri karaya daha çok bağlıdır. Mezarlıkları kente ve limana –ayrıca limandaki etkinliklerine– göre konumlarına bağlı olarak birbirlerinden ayırabilir, kara ve denizle olan ilişkileri açısından sınıflandırabiliriz. Bir inanışa göre deniz çürümeyi önler, arındırıcı bir özelliği vardır, diğer bir inanışa göre ise toprak denizin derinliklerinden daha hafif ve güvenlidir. Küçük ibadethanelerin (bazilika ve şapeller kadar sinagog ve camilerin de) yer seçimi bir ölçüde mezarlarınkine benzer. Mezarlıklar gibi ibadethanelerin de kenarlarında, tek tek ya da öbek öbek, düzenli ya da düzensiz dikilmiş serviler ve çamlar vardır. Dağılımları ve düzenleri kendilerine özgü bir nedensellik gösterir; ne var ki bunu belirli bir kurala oturtmak güçtür. Serviler çevrelerine huzur ve bir ölçüde de hüzün veren ağaçlardır. Çamlar ise yalnızca mezarlık ve kilise bahçelerine ekilmez. Bu ağaçlar Akdeniz sunaklarıyla akademilerinin üzerinde de boy atar.

Söz mezarlıklardan açılınca ölü dillerden de söz etmek kaçınılmaz olur. Bir zamanlar neredeyse ne kadar ada varsa o kadar da dil vardı. Neden bu dillerden bazılarının toprağa, bazılarının da denizin derinliklerine gömüldüğü sorusu yalnızca dilbilimcilerin yanıtlayabileceği bir soru değildir. Ölü dillere ait bazı sözcükler yaşayan dillere serpiştirilmiştir; dayanıklı ve ketum oldukları kadar belleksiz ve aidiyetsiz oldukları için de içlerine girmek zordur. Sözcük eskicileri ilginç ama pek de kullanışlı olmayan öneriler getirir; aslında sözcüklerle nesneleri birbirlerine karıştırır, sözcüğün ait olduğu nesnenin kefili olduğunu ve kolayca onun yerini alabileceğini sanırlar. Gene de onlar sayesinde bazı ibadet yerlerinin arşivlerinde bu sözcükler saklanabilmiştir. Nasıl her kentin bir mezarlığı varsa, Akdeniz'de hemen her kentin bir zamanlar kamuya ait ya da özel, açık ya da gizli böyle bir arşivi vardı. Akdeniz bazı açılardan kocaman bir arşive, derin bir mezara benzer.

Denizin sahneye koyduğu oyunda dalgaların önemli bir rolü vardır. Dalgalar, onlara nereden baktığımıza ve onlardan ne umduğumuza bağlı olarak pek çok farklı ad alır. Bir gemiden bakıldığında kıyıya göre farklı görünürler, ayrıca yaptıkları etki de çok farklıdır. Adlarından çok betimleyici sıfatları vardır; denizin kaba dalgalı ya da çırpıntılı olmasından, dalgaların boyundan, sürekli ya da kesik kesik, düzenli ya da düzensiz olmalarından söz edilir; gel-git dalgaları (ki Akdeniz'de fazla hissedilmezler), açık deniz ve kıyı dalgaları, dip ve akıntı dalgaları, kırılan ve kırılmayan dalgalar vardır; sonra yalnızca bir defaya özgü olanları, hep görünenleri, arada bir görünenleri, dönemsel olanları vardır (işin uzmanları bunlardan bir bölümünün dönemlerinin jeolojik devirlerle ölçüldüğünü öne sürer). Ritim ve süreleri, değişken zaman ölçütleriyle ölçülür. Bir geminin güvertesinden bakıldığında ise önemli olan büyüklükleri, yani güçleridir; ama daha da önemlisi gemiye yandan mı, baş ya da kıç taraftan mı çarpacakları ile geminin direğinin, yelkeninin ve tayfalarının dalgalara dayanma güçleridir. Burada bizi ilgilendiren özellikler başkadır: Dalgaların kıyıya yaklaştıklarında nasıl kırıldıkları, kırıldıktan sonra denizin yansımaları ya da izleyenlerin gözünde daha ne kadar süre görünmeye devam ettikleri, birbirlerini izleyenlerin aynı dalgalar olup olmadıkları, kuma serildiklerinde ya da dalgakıranlara çarptıklarında nasıl bir fısıltı ya da gürlemeyle kendilerini duyurdukları, yorgun insanların uykularına ne biçimde katıldıkları ve gece nasıl usulcacık yok olduklarıdır. Dev dalgalar yorgun düşüp kıyıda ölmeye yattıklarında, onlardan geriye kalan yalnızca, mendireklere, geminin bordasına, şamandıralara ya da kayalıklara vuran ve özellikle geceleri uzun süren bir çırpıntı ya da çalkantıdır. Herkes tarafından yakından tanınmasına rağmen duyduğumuz bu sesin (çırpıntı ya da çalkantı, ne ad verildiği çok önemli değildir) bir gürültü mü yoksa bir fısıltı mı olduğunu bilebilmek bile güçtür. Denizde sıralarını beklerken pinekleyen dalgalardan söz edenler çoklukla, deniz kıyılarında pek bol bulunan batıl inançlılardır. Dalgalar hakkındaki romantik betimlemeler bu ayrıntılara hiç değinmez. Burada, kimilerinin deniz kabukları içinden duyduğunu sandığı sözümona dalgaların diline değinmek uygun düşmez. Bununla birlikte bazı işaretler ya da usullerden söz etmek mümkün olabilir. Bu unsurlar arasındaki ilişkileri sezen ve onlardan söz eden her kuşaktan en fazla bir ya da iki şair çıkar. Bu ilişkiler bana, dilleriyle birlikte yok olan Akdeniz'in eski alfabelerini anımsatır.

Akdenizliler belki de keyiflerini ve hattâ söylemlerini daha derinden etkilediği için dalgalardan çok, rüzgârlardan söz eder. Kıyılar birbirleriyle, ad ve yönlerini değiştirmekte sakınca görmeden, hattâ bazen bile bile yanlış anlamalara yol açacak biçimde rüzgâr adlarını değiş tokuş eder. Bu bilgilerden, eskiden denizlerde kimin egemenliğinin sürdüğünü, deniz yollarını kimin kontrol ettiğini çıkartabiliriz. Kıta da, çoğunlukla cehaletten, rüzgâr adlarının kaynağını ya da yönünü değiştirmiştir. Adriyatik'te örneğin, *yugo*[3] ile *bora*[4], *maestral* (ki genelde denizden yumuşak esen rüzgârlardır, bununla birlikte *mistral* olarak adlandırıldığı başka kıyılarda karadan eser ve Provence deyişiyle "eşeğin kuyruğunu kopartacak" kadar güçlüdür), *levanat*[5] ile *poulenat*[6] ve pek çok farklı ad alan güçlü rüzgârlar ve meltemler vardır. Meteoroloji uzmanlarının önerdiği sınıflandırma ve adlar basit ama kullanışlıdır. Buna karşın şiir, rüzgâra baş ağrıtan ama aynı zamanda da yaşamımızı tozpembe kılan, ilham veren ya da ilham verirmiş yanılsamasına sürükleyen (ne yazık ki burada daha düşük düzeyde bir şiir türü devreye girer), erkeksi ya da kadınsı, erotik, baştan çıkarıcı, tanrısal ya da şeytani, öfkeli ya da afacan, üretken ya da ölümcül, okşayıcı ve müziksel özellikler atfeder. Bir zamanlar tüm efsanelerde mutlaka bir fırtına sahnesi olurdu; rüzgârlar Akdeniz'in tanrılarıydı.

3 *scirocco/yugo:* Keşişleme, güney rüzgârları (ÇN).
4 *bora/bura:* Kuzey rüzgârları (ÇN).
5 *levante/levanat:* Gündoğusu (ÇN).
6 *ponente/poulenat:* Günbatısı (ÇN).

Bununla birlikte rüzgârların dalgalar üzerindeki etkileri abartılmıştır. Bu, başka görünür hiçbir neden olmaksızın, neredeyse yalnızca denizin kendi kütlesi ve enerjisi ile alçalıp yükselen ve 'ölü dalgalar' denen dalgalarla daha iyi anlaşılır; bunlar nereden gelip nereye gittiği belli olmayan, amaçsız ve kararsız, başlanmış bir şeyi bitirmek üzereymiş gibi öylesine hareket halinde olan başıboş su kütleleridir. Bu görüntülere, edebiyatta genellikle ustalıkla yer verilmez. Bazı rüzgârlar denizden karaya doğru çıktıklarında ya da tersine karadan denize doğru indiklerinde değişime uğrar, kimi rüzgârlar ise değişmeden kalır. Rüzgârların, dalgaların ve yağmurun beraberce denizin rengini değiştirmesi az rastlanan bir olay değildir. Güney rüzgârları Adriyatik, İyon ve Ege denizlerinin rengini griye çalan bir bulanıklıkla yeşile döndürürken, kuzey rüzgârları denizi daha mavi ve daha saydam bir hale getirir. Dağlardan esen güçlü rüzgârlar deniz diplerini görünür kılarken, bir bakıma derinlikle olan ilişkimizi de değiştirir; bu durumda deniz gerçekten kendini bulur ve deyim yerindeyse çırılçıplak kalır. Bu türden bir renk değişiminin resmini yapan ressamlar vardır; özellikle bazı İtalyan ve İspanyol ustaların yanı sıra Araplar da camilerinin duvarlarına ve el yazması ayetlerin kenarlarına, katılığı yumuşatmak istercesine, denizin rengini katmıştır. İnzivaya çekilmiş ya da Akdeniz kenarında yaşayan Yunanlı, Romen ve Slav sanatçıların fresk ve ikona parçalarında da aynı solgun renge rastlarız.

Denizin özellikle berrak olduğu ve derinliklerini gözler önüne serdiği günlerde, orada burada garip nesneler, batıklar, kalıntılar görür gibi oluruz; değerli yüküyle batmış bir kalyon, eski bir saray ya da antik bir kent kalıntısı bulmuş sanısına kapılmak işten bile değildir. Dalgalar arasındaki bu yansımalar insan belleğine, bu batıklar tarihe, bu kalıntılar yazgıya benzer. Akdeniz tutkulu bir koleksiyoncudur.

Deniz akıntıları devasa ırmaklara benzer; sessizdirler ve ele avuca sığmazlar. Irmakların aksine kaynaklarının ve ağızlarının nerede olduğu bir sırdır; ikisi de denizde bir yerlerdedir. Ne gerçek boyutlarını ne de suların birbirlerinden nasıl ayrıldığını bilmek olanaklıdır; yatakları her zaman denizdir. Aralarından bazılarını kıyılardaki yüksek kayalıklardan görmek olasıdır; gemiciler seren direğinin tepesinden baktıklarında akıntıları görebildiklerini öne sürer. Bazen, özellikle de deniz sakin olduğunda, deniz yüzeyini ebrulaştırır ya da komşu sularda koyu ya da açık renkte, kıyıları belirsiz kocaman körfezler oluşturur gibi olurlar. Akıntıların özelliklerini, boyut ve sürelerini, neler taşıdıklarını ve neler getirdiklerini en iyi tanıyanlar, belki de martılardır. Dümenciler, akıntıların işlerini kolaylaştırmasını ya da güçleştirmesini hesaba katar. Bazı akıntıların karaya ve insanlara etkisi büyüktür, bazılarınınki ise sınırlıdır. Nereye kadar gittikleri bilinmez. Kimileri akıntıları, tıpkı balıkların, kuşların, insanların göçleri gibi bir deniz göçüne benzetir. Akdeniz akıntıları güçlü olamamakla birlikte derin akıntılardır. Aktıklarında gerçek girdaplar oluşturmazlar ama iz bırakabilirler; İtalya ile Sicilya arasında Messina Boğazı'ndaki, Asya ile Avrupa arasında sınır oluşturan Çanakkale Boğazı'ndaki, Termopilai ve Maraton yakınlarında Euripos'daki akıntılar fark edilebilecek biçimde akar. Akdeniz'deki gel-gitler fazladan akıntı oluşturmaz. Burada gel-git, ne kıyının ya da limanın görüntüsünü değiştirir, ne de günün ve işlerin ritmini bozar; gündelik bir olay değildir. Akdeniz boyunca, akıntılarla yazgılar arasındaki bağıntı konusunda hep az şey bilinmiş, çok şey söylenmiştir.

Deniz köpükleri hakkında genel terimler ve şatafatlı benzetmeler kullanılmıştır. Köpükler genellikle, söz dalgalar ve rüzgârlardan açıldığında konu edilmiştir. Hafiflik ile uçarılığa, ihanet ile kızgınlığa ve hattâ gevezelik ile doğurganlığa yapılan göndermeler yalnızca benzetmelerdir; köpüğün aslında ne olduğuna dair bir şey söylemezler. Bir hacmi olup olmadığını, nasıl bir yapısı olduğunu, deniz gibi tuzlu olup olmadığını, denizin neden bu kadar çoğunu inatla kıyıya vurup durduğunu merak edenlerin sayısı çok değildir. Ayrıca denizdeki köpükle sahile vuran köpüklerin aynı olmadıklarını unutmayalım; birbirleriyle bazen uyuşmasalar da onları birbirlerinden ayırmak zordur. Her ikisi de tanıdıktır ve gözümüzde ikisinin de ayrı bir yeri vardır. Lût Gölü'nde (Ölü Deniz'de) köpük olmaz.

Bulutların rüzgârlara ve dalgalara bağlı olan doğası da, fazlasıyla salt hava durumu tahmincilerine bırakılmıştır. Onlar da bulutları biçimleri, görüntüleri ve etkilerine göre sınıflandırmış ve adlandırmışlardır. Edebiyat ve özellikle şiir de bulutlara ilgi göstermiştir; bulutlar da açıklardaki gemiler gibi gökyüzünde seyreder, yükselir ya da bir sahneye inen, bazen karanlık, ağır ve endişe verici, bazen de hafif, saydam, neşe ve mutluluk habercisi bir perde gibi denize alçalır. Deniz üstünde şafak zamanı, denizden ayırt edilmez, günbatımında karanlığın bir parçası olurlar; geceleri ise gecenin kendisidirler. Onlar da gemilerin bordasından, kıyıdan görüldüklerinden farklı görünürler; nitelikleri ile nicelikleri, rüzgârla paylaştıkları yön ile hızları ve arkalarından neler getirdikleri farklı algılanır. Deneyimli olanlar onlara bakarak havanın nasıl değişeceğini binlerce farklı biçimde öngörebilir. Akdeniz boyunca bulutlar bir sohbet ve atışma kaynağıdır.

Deniz üstünde olduğu gibi, kıyıda da havanın nasıl olacağı denizle yakından ilintilidir. Değişik durumlarının betimlemesini yapmak bir yana, sayısını belirlemek bile güçtür; denizin hiç değişmediği birbirinin aynı günler ya da denizin hem kendini hem de kıyıyı değiştirdiği günler; sıcak ve kurak dönemler; rüzgâr, yağmur ve denizden yükselen ya da nereden çıktığı belli olmayan nem mevsimleri; rüzgârın kuzeyden ya da güneyden esmesine göre değişen ruh durumlarımız; özellikle yazın öğleden sonraları yaşanan bunaltıcı sıcak ve sessizlik dönemleri; deniz kıyısında ve rıhtımlardaki akşam canlılığı gibi farklı anların hepsi yaşanabilir. Deniz üzerindeki karanlıklar da havaya, mevsime ve saate göre değişir; daha yavaş ya da daha ani bir günbatımı ve sonrasında; denizin derinlikleriyle gecenin derinliklerinin el ele verip daha da koyulaştırdığı, bir kayığın kenarına çarpan küreğin sesinin daha gür çıktığı, pruva bodoslamasının denizi hangi açıyla kestiğinin bilinmediği, neyin sabit, neyin hareketli olduğunun bile seçilemediği, karadaki karanlıktan daha koyu bir zifiri karanlık... Ayın aydınlık ve karanlık günleri balıkçıların en önemli takvimidir. Dünyanın başlangıcı ya da sonu ile tutulmalar arasında her yerde bir bağ kurulmuştur. Akdeniz'in bazı karanlıklarına yalnızca tablolarda rastlarız; epik şairler onu şarap rengine benzetirdi.

Gündoğumları ve günbatımları akla hayale gelebilecek her şeye benzetilmişlerdir. Bu yüzden onlardan söz etmeye cesaret edemiyorum. Günün bu özel zamanını en iyi balıkçılar ve denizciler tanır, onlardan söz etmek de en çok denizle haşır neşir olanların hakkıdır. Sabahın erken saatlerinde denizle gökyüzü aynı renkleri paylaşır, onları birbirlerinden ayırt etmek güçleşir. İster bir kıyının arkasından, ister denizden batsın, güneş hep batar, başka çaresi yoktur. Günbatımı betimlemeleri gereğinden fazla birbirlerine benzer. Bunun suçu Akdeniz'de denizden çok karaya aittir.

Akdeniz kıyılarına yağmur eşit düşmez; kuzey güneyden, batı doğudan daha fazla yağmur alır. Yağmurlar kıyılara ne aynı zamanlarda, ne de aynı sıklıkta uğrar. Lût Gölü'ne Cebelitarık'tan altı ay sonra varırlar. Kutsal Topraklar'da yaz boyunca rastlantısal olanlar dışında pek yağmur beklenmezdi. Sonbaharda, kurumuş toprak ve susuz kalmış ırmak yatakları için altın değerinde olan ilk yağmurlar düşerdi; kışın da kaynakları ve kuyuları dolduran kış yağmurları yağardı. Eski Museviler için bahar sağanakları çok geç sayılırdı. Araba Denizi (Lût Gölü) yakınlarında, çöl sınırlarında yaşayanlar için yağmurun ne anlam ifade ettiğini bilebilmek zordur. Uygun bir zamanda yağan yağmur Kenan kıyıları boyunca Tanrı'nın rahmeti olarak görülürdü, fırtına ya da dolu ile yağanlar ise Tanrı'nın gazabı... Yağmurlar, dua, umut, oruç ve sevinç vesilesiydi. Edebiyatta genellikle kolay taklit edilebilen üslup alıştırmalarına konu olmuşlardır: Yüzden süzülen sevinç gözyaşları gibi damlacıklar, bitkilere aklımızı başımızdan alan öz ve kokularını veren, susamış toprağı sulayan akarsu... Yağmur, kuraklık zamanında, özellikle olaylara fazla sahne olmayan adalarda, önemli bir olaydır. Sarnıçlardaki ve kıyılardaki yağmur suyu, pek çok Akdenizli için, yoksunluklar içinde geçmiş çocuklukların, giderilememiş susuzlukların tadını taşır.

Kıyıları, denizle buluşma biçimleri, ilişkilerinin eksiksiz ve uzun süreli ya da yarım yamalak ve rastlantısal olduğu noktalar; denizle karanın birbiriyle barışık olduğu ya da hiçbir zaman olamayacağı yerler; hoş, konuksever kıyılar ve hırçın kıyılar olarak sınıflandırmaya çalışabiliriz. Farklı kıyı biçimlerinin, bileşimlerinin, toprak ve bitki örtülerinin, taş ile ışık arasındaki ilişkinin zenginliğinin, dirençlerle tavizlerin çeşitliliğinin kısa bir özetini çıkarmak olası değildir; burada doğal olarak kayalardan ve resiflerden, kumsal ve çakıllardan, plajlardan, tehlikeli olabilecek boğazlardan, farklı derinliklere sahip deniz mağaralarından, sığ ve derin diplerden, burunlardan, su yüzüne yakın kayalıklardan, falezlerden, dik uçurumlardan söz ediyoruz. Bu görüntü ve imgeler, diğer pek çok manzara gibi, soyut kavram ve benzetmelere başvurmadan, yalnızca somut sözcüklerle tanımlanamaz; örneğin kimi taş kütlelerinin bazı yerlerde parçalanmış ve yuvarlak çakıl taşları haline gelmişken, bileşimleri aynı olmakla birlikte neden başka yerlerde bütün bir kütle halinde kaldığını ya da düz ve pürüzsüz kayalarla sivri kayaların yan yana bir arada bulunmalarını nasıl açıklayabiliriz? Kaya katmanları üzerinde, tarih öncesi çağlar, toprağın ani irkilmeleri ve yarılmaları, kara parçalarının birbirlerinden kopması ya da birleşmeleri ya da benzer tektonik ve yapısal olayların ipuçları elde edilir. Akdeniz mimarisinin, ister İyon ya da Dor stili olsun, ister bu stillerden başka zamanlara ait olsun, bu im-

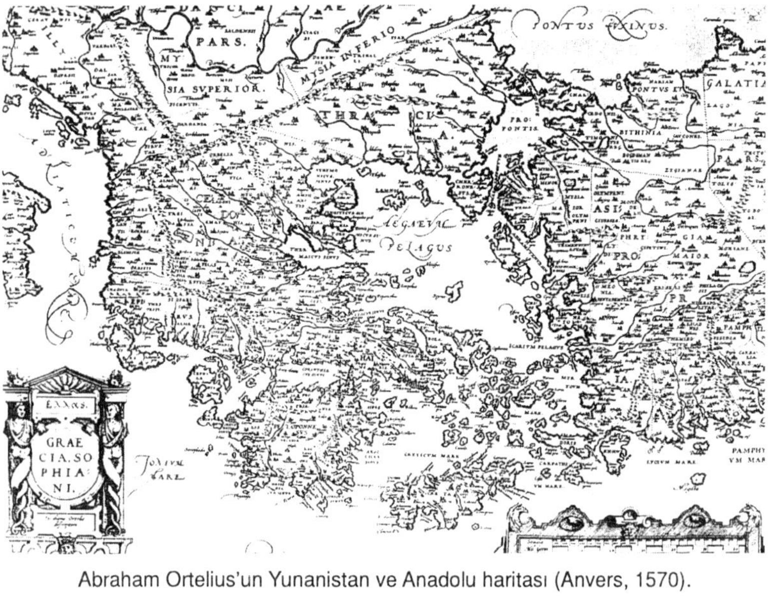

Abraham Ortelius'un Yunanistan ve Anadolu haritası (Anvers, 1570).

gelere neler borçlu olduğunu kim bilebilir? Bazı yerler, hiç abartmaksızın, dramatik olarak kabul edilebilir; buralarda taş tamamen ezilmiş ve yok olmaya yüz tutmuş, toprak ve bitki örtüsü karanın damarlarını ve sinirlerini ortaya çıkarırcasına, sökülüp atılmıştır. Bu araştırmalarda, jeolojiye olan eğilimimizi yeniden keşfederiz. Akdeniz'in yer yapısı çok aydınlatıcıdır.

Provence'da Antibes ve Agay kıyıları boyunca, Estérel sıradağlarından gelme, mineral bakımından zengin kırmızı kayalar ve denizin içinde ne güneşin, ne de tuzun parçalayıp ufalayamadığı kalıntılar vardır. Mistral rüzgârları esmeye başladığında balıkçıların eve sağ salim dönebilmesi için, Siagne yakınlarında *Ru* denen kızıl-kahverengi bir kayanın üzerinde, taş bir fener dikilmiştir. Bu kayalar Katalonya, Anadolu, Suriye kıyılarıyla, Sicilya, Patmos ve Malta adalarında da bulunur. Bundan başka özellikle Capri yakınlarındaki ünlü, beyaz ve gri *faraglione* dev kayalarını da unutmamak gerekir. Akdeniz kıyısında, çölün toprağı ele geçirdiği ya da denize gömüldüğü yerlerde, kumdan birden bire garip bileşimli kayalar yükselir; bunların meteoritler olduğu söylenir.

Kumsaldaki binlerce farklı biçimdeki çakıl taşlarını toplayıp, küçük yığınlar yapmak ya da beraberimizde bir yere götürmek için avucumuzun içinde nasıl taşıdığımız, ayak izlerimizi bıraktığımız kumlar üzerine nasıl biçimler çizdiğimiz hakkında yığınla anı ve birkaç da yazı vardır; yetişkinler de çocuklar gibi kendilerini bu oyuna kaptırırlar. Bazıları bunu basit bir eğlence olarak görür, başkaları ise eğlenceden çok daha fazlasını... Eski bilgeler ve ozanlar bundan söz edip, şarkısını söylemişlerdir; kumu toz haline getiren, çakılları cilalayan denizdir, yalnızca Akdeniz...

Büyük ya da küçük, denize açık, simetrik ya da biçimsiz, sakin ya da hırçın körfezlerden, hep coşku ya da kuşku ile söz edilmiştir. Körfezleri, irili ufaklı koyları, bükleri, tekne sığınaklarını, liman ağızlarını, boğazları, kanalları, çekmece ve haliçleri betimlemeye gerek yoktur. Buralarda da, adalardakine benzer bir kendini gösterme isteğiyle karşılaşırız; körfezler sıklıkla kendi başlarına bir deniz olmaya çalışır. Bazıları, yerel atlaslar dışında da bu sıfatı ve statüyü hak etmişlerdir: Liguria, Tiren, Alboran, Marmara, Azak denizleri ile belki birkaçı daha... Adriyatik'e de bir zamanlar Venedik Körfezi denirdi. Karşı kıyıda, denizin daha azgın olduğu Büyük Sirte ise basit bir körfez olarak kalmıştır. Bu, tek örnek de değildir; bu kararları egemen güçler almıştır, tüm Akdeniz değil.

Deniz kovuklarının (ya da uzman yerbilimcilerin incelediği mağaraların) kara mağaralarından farklı olduğu söylenir. Onlar hakkındaki bilgilerim sınırlıdır; bazılarına kolayca girilebilir, diğerlerinin geçitleri daha zahmetlidir; bazıları tehlikesizdir, diğerleri tehlikelerle doludur. Bazı deniz mağaralarına girmek için dalmak ya da en azından teknenin içinde eğilmek ya da denizin alçalmasını beklemek gerekir. Renkleri birbirlerinden farklıdır; mavi, lacivert, yeşil renkler ya da daha koyu tonlar alabilirler. Aydınlığın girebildiği yerlerde ışık sanki sıvıymış duygusunu uyandırır. Mağaralara ne dalgaların ne de rüzgârın giremediği sanılır. Ancak bu her zaman doğru değildir. Bazılarında gölgeler vardır, diğerlerinde ise gölge görülmez. Bu arada hiçbir mağarada mercana rastlamadım. Sonra, yankılanmalar her mağarada kendine özgüdür. Balıkları bizim bildiğimiz balıklardan farklıdır. Akdeniz'de mağaralarla ilgili çok öykü vardır; geceleri de rüyalarımızdan eksik olmazlar.

Korkuyla karışık bir hayranlıkla, Girit'i Girit yapan mağaraları gördüm. Duvarlarını, gölgelerini, sessizliklerini ve aldıkları adları anımsıyorum: Ida, Melidoni, Sendoni, Diktaion, Eleithia, Agia. Burada, Akdeniz'in diğer adalarındaki mağaralardan daha çok labirent vardır (belki Capri'nin ünlü Beyaz, Yeşil, Aziz ve Lacivert mağaraları bunun dışındadır). Denizin bu mağaraları oyması ne kadar sürmüştür? Bazı mağaralar denizle yaşıttır.

Su kaynakları, kaynak suyu, yağmur suyu; tatlı su ve acı su kaynakları gibi derinliklerine ve suların tatlarına göre adlar alırlar. Su kuyusu, sarnıç, çeşme ya da daha ayrıcalıklı olarak pınar başı olarak adlandırılabilirler; bu adlar kıyıdan içerilere doğru girildikçe değişir. Kovuk ve mağaralarla benzerlikleri tartışılmaz ama bu pek de önemli değildir. Sağladıkları su, özellikle kurak bölgelerde, çok daha önemlidir. Bazı kent ve kıyılar, adlarını da aldıkları, kaynak ve sarnıçları ile ünlüdür. Taze su kaynakları, öteden beri sevinçle kutsanmıştır. Bu kaynaklara, eski çağlardan günümüze kadar pek çok anlam yüklenmiştir; zaman zaman mola yeri ve sığınak, bazen kutsal, bazen de yolculukta varılmak istenen bir yer, ama aynı zamanda bir işkence ve ceza yeri olmuşlardır (bir su kaynağı yakınında susuz bırakılmak daha da katlanılmaz bir acı verir). Vaftiz kuyuları ve sebiller özel su kaynaklarıdır; Hıristiyan bazilikalarına ve Müslüman ibadethanelerine, kavurucu sıcak ve tutku zamanlarında serinlik getirirlerdi. Halk inanışına göre kuyular gerçekleri bir sır gibi saklarlardı; buna en okumuşlar bile inanırdı. Adriyatik'in bazı bölgeleriyle kimi Yunan ve İtalyan adasında, bilezikleri en kaba ve ilkel biçimde oyulmuş ve süslenmiş kuyulara bazen "çeşme" denir (benzer biçimde Dalmaçya'da iskele babalarına "sütun" adı verildiği gibi). Bunda bir abartıdan çok bir alçakgönüllülük işareti görmek istersek başka benzer örneklerden söz etmek gerekir; Akdeniz'de alçakgönüllülük şiiri doğmamıştır.

Deniz fenerleri de Akdeniz'in mirasıdır; tapınaklar gibi onlar da yalnızca kıyı ya da deniz idarelerine bırakılamaz. Genellikle yapıldıkları yıllara, büyüklüklerine, yapılış biçimlerine ve mendirek, ada, burun gibi konumlara göre sınıflandırılırlar. Ayrıca denizin onları nasıl kucakladığı, yalnızlıklarının niteliği, yakınlarındaki limanlarla nasıl bir ilişkide oldukları, kendilerinin de bir gün liman olmaya can atıp atmadıkları da göz önünde tutulmalıdır. Nihayet kimi, hangi geminin rotasını aydınlattıkları önemlidir (duygu yüklü ifadelerle, ışıklarının soluk, kesik kesik, özlem dolu olduğu yazılır). Bazı fener bekçilerinin, denizleri aydınlatmak için hangi nedenle yalnızlığı seçtiklerini tartışmak gereksizdir. Fenerler büyük deniz haritalarında saygın bir yere sahiptir; deniz kazazedeleri de anılarında onlardan söz etmeden geçmez. Akdenizliler özellikle şükranlarını sunarken çok söz verir (burada haklarını yemeyelim, bu sözlere başında kendileri de inanırlar), buna rağmen abartılı bir minnettarlıkları yoktur. Denizcilerden çok, eski manastır keşişleriyle

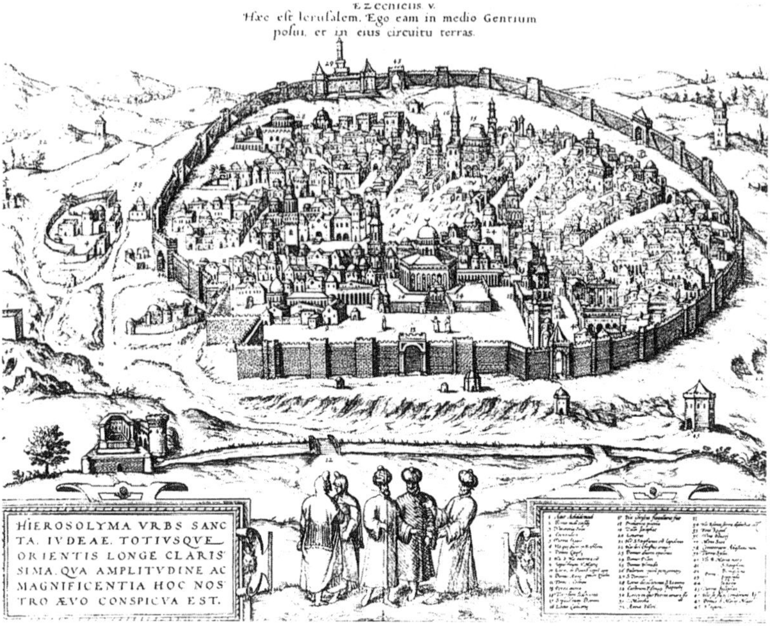

Georg Braun ve Hans Hogenberg'in *Civitates orbis terrarum*'undaki Kudüs (XVI. yüzyıl).

akraba olan fenerciler de zaten özel bir teşekkür beklemez. Yakınlarını denizde kaybetmiş birilerinin evlerindeki tablolar bazen onlara adanır; adak adama geleneği, Akdeniz'in her yanına yayılmış, halk arasında tutulan, bir pagan geleneğidir.

Fenerlerin manastırlarla, aydın laikler tarafından göz ardı edilmemesi gereken pek çok ortak noktası vardır. Bu, öncelikle denizi kontrol eden manastırlar ve ibadethaneler için söz konusudur; bu manastırlardan hâlâ adalar üzerinde varlıklarını sürdürenleri vardır; Yunanistan'da *meteor* adını alırlar, Antakya ve Kapadokya'da ise başka adlar almalarının üzerinden çok zaman geçmiştir. Bir zamanlar Libya'dan Suriye'ye, Mısır'dan Filistin'e, çöl sınırındaki deniz kıyılarında çok ünlüydüler. Buralarda bir yandan açık denize dalıp gitmek, öte yandan çöle bakıp dua etmek birbirine karışır (bunlardan bir kısmını ziyaret ettim, bundan daha sonra söz edeceğim). Akdeniz'in doğusundan batısına yayılmış manastır ve tarikatlardan yansız olarak söz eden pek azdır. Bu din kurumlarını, hazinelerinde, ayin sandıklarında, kutsal kitaplarında, mahzenlerinde gizledikleri dini ve gündelik eşyaların sayısı ve niteliğine göre de sınıflandırabilirdik; kutsal kitaplar, eski tıp kitapları, elyazmaları ile bunların kopyaları, manastır belgeleri, tezhipler, minyatürler, ayin atkıları ve işlemeli ayin kaftanları (ki yalnızca işlemeleri bile başlı başına bir değerdir), altın ya da gümüş el işlemeleri (ki ustanın el emeği bu değerli madenlerden daha değerlidir), ayin kadehleri, ikonalar, dini ilahiler, Akdeniz manastırlarını diğer manastırlardan ayıran zenginliklerdir. Bazı bölgelerde (Adriyatik'in yakından tanıdığım doğu kıyıları ile daha yakından tanımak için çaba sarf ettiğim Ege ve İspanya ile İtalya'da iki üç yerde) çıplaklığa ve belki de günaha daha yakın olmakla birlikte başka yerlerden daha saydam ve duru görünürler. Akdeniz sürekli bir kışkırtmadır, bir toprak denizidir.

Balıkçıların yüzleri (yalnızca ucuz tablo ve kartpostallarda değil) genellikle, yağmur, güneş, rüzgâr ve dalgaların etkisiyle kırış kırış resmedilir, ancak neredeyse hiçbir zaman, tuzla, halatlarla, küreklerle sertleşmiş elleri gösterilmez. Gerçek balıkçılar küfreder ama hırsızlık yapmaz. Kendilerini kaybedip tartıştıkları olur (kötü hava, avlanma ya da tayfaların beceriksizlikleri dolayısıyla), ama yumruk yumruğa gelmezler; ara sıra liman işçilerinin ya da toprağa bağlı basit köylülerin yaptıkları gibi kavga etmeye kalkışmazlar. Balıkçılar arasında da anlaşmazlıklar çıkar (ağların nereye ya da hangi taraftan atılacağı, ne zaman toplanacağı gibi konularda), ancak bu, toprak paylaşma kavgalarının yanında devede kulak kalır. Denizi paylaşmak toprağı paylaşmaktan daha kolaydır; denize sahip olmak zordur. Seferlerin hepsi önceki seferlere ya da başka balıkçıların anlattıkları öykülerdeki avlara benzer; Akdeniz'de uzun süreden beri balığa çıkılır.

Denizde ya da akarsu ağızlarında yaşayan büyük martılar Akdeniz'in demirbaşlarındandır. Teknelerin üzerinden uçan ve yolculuklarında onlara eşlik eden kuşlar arasında, hiç kuşkusuz, en çok anımsananları martılardır. İlk bakışta birbirlerinin aynısı olarak görünmelerine karşın hayli farklıdırlar. Haliçlerin iç kesimlerinde, denizle olan bağın silindiği kara içlerine doğru artık, deniz martılarına benzemezler; köprülerin üzerinden uçan artık akarsu martısıdır. Bazıları tekneleri, neredeyse bir aylaklıkla, hiçbir açlık ve susuzluk belirtisi göstermeden izlerken, diğerleri obur ve ısrarcıdır. Onlara bazen herhangi bir kuş, bazen de özel yolculuk arkadaşları gözüyle bakarız. Kimimiz gemiden atılan yemek artıklarını mideye indirdikleri zamanki doymak bilmez iştahlarından söz ederiz, kimimiz de havada süzülüşlerine hayran kalırız; iştahlarına dikkat edenimiz de vardır, uçuşlarına dikkat edenimiz de... Martıların deniz sakin ya da dalgalıyken, kanatlarının ucuyla ya da göğüsleri önde tüm gövdeleriyle denize nasıl dokunup geçtiklerini çok kişi fark etmez. Eskiden denizciler, bir limana yaklaşırken onları karşılamaya gelen martıları izler ve demir attıkları körfezler ve yanaştıkları kıyılar hakkında bir ipucu elde etmeye çalışırlardı. Mürettebatı martılara bağlayan bağ (burada sırlardan söz etmek gerekirse) özellikle Akdeniz'de eski bir sırdır.

Deniz ve denizin çevresinde yer alanların, göğün, güneşin ve deniz üstündeki bulutların yansımalarının, diplerdeki kayaların, kumun ve yosunların denize verdikleri renklerin, kıyılar ve yakınlarındaki saydam ve koyu bölgeler ile bunların değişimlerinin, sabah ve akşam, gündüz ve gece, gündelik ve ebedi deniz manzaralarının hakkında herkes, en azından Akdeniz'de, söyleyebilecek gerçekten önemli sözleri olduğuna inanır.

Rüzgârların, güneşin, dalgaların ve akıntıların birbirleriyle olan geçici ve kalıcı ilişkilerinin, insan ve toplumların davranışlarının üzerinde etkili olduğu söylenir durur. Pek çok olay gene de başka açıklamalar gerektirir. Örneğin, neden en eski demokrasilerin beşiği olmakla övünen ülkelerde, sıkı bir otoriter rejime ihtiyaç duyulduğu (ya da böyle bir ihtiyacın yanılsamasının yaşandığı) merak konusudur. Akdenizli denizcilerin, gevşeklik ile baskı ya da anarşi ile diktatörlük arasındaki diyalektiği, Yeni Dünya'ya, özellikle de bu olgunun yeni bir boyut ve özellik kazandığı Latin Amerika'ya taşıdıklarına dair sav, henüz kanıtlanabilmiş değildir.

Matthäus Marian: *Italiae novantiquae*'deki kuşbakışı Venedik haritası (Frankfurt, 1640).

Kıyılar arasındaki düzey farklarını anlayabilmek zordur. Örneğin Adriyatik'in Apeninler tarafı yavaşça yükselirken, Balkan tarafı da hafifçe sulara gömülmektedir. İtalyan tarafı, kuzeydoğudan açık denize doğru inen şiddetli fırtınaların etkisiyle çıplaklaşmışken (ki halk bunda aşağılanmış ve gururu kırılmışların bir intikamını görür), kıtanın arkasına büzüşmüş Dalmaçya kıyıları bir çok adacık ve koyun doğumuna tanık olmuştur. Eskiden buraları sık ormanlarla kaplıydı, Venediklilerin faydacı ve çıkarcı yaklaşımı bu ormanların yok olmasına neden oldu, Slavların faydacılık kavramından yoksun olmaları ise bu kez buraların yeniden ağaçlandırılmasının önünde bir engel oldu. Faydacı ve fırsatçı olma ile olmama arasındaki bu karşıtlık, Akdeniz'in her köşesinde karşımıza çıkar.

Akdeniz toprakları da bir kıyıdan diğerine büyük çeşitlilik gösterir. Denizden yaklaşırken, yani uzaktan bakıldığında, karada dururken gördüğümüze kıyasla daha farklı algılanırlar: Taşlar arasındaki kızıl toprak (*crvenica*), neredeyse taştan ayırt edilemeyecek gri ve kül rengi toprak (bu kumlu toprağa Adriyatik'in bazı adalarında *sarbun, salbun* ya da beyaz toprak da denir), sonra az bulunan ve çok değerli kabul edilen, taşla hiç ilgisi olmayan kara toprak (*crnica*), nihayet Avrupa'nın diğer bölgelerinde Anadolu'da ve Afrika'da da bulunan, bildiğimiz kahverengi toprak. Bitki örtüsü toprağı giydirir ya da soyar, yüzünü örter ya da açar, koşullara göre onu değiştirir. Toprağın bileşenleri, öncelikle güneşin, su ve denizden yayılan nemin yardımıyla, kayaları nasıl parçaladığına bağlıdır; toprak bile Akdeniz'in bir eseridir.

Afrika kıyılarında toprak, denizden uzaklaştıkça kuma teslim olur. Fas ve Cezayir'de bozkır sınırında, az çok verimli, kızıl toprak sık görülür. Tunus'ta vahaların yakınlarında ve yüksek yerlerde kara toprak parçalarına rastlanır. Doğuya doğru biraz ötede, Libya, Mısır'ın bir bölümü ve Filistin'de genellikle kum ile kumlu toprak birbirlerinin almaşığıdır; buradaki kumlu toprak Güney Akdeniz'deki diğer benzerlerinden daha altın rengidir, bu da eğer bir serap değilse tabii... Lübnan ve Suriye'ye doğru Ortadoğu'ya yaklaşıldıkça, sarı-gri düzlükler yerlerini kahverengi ve yer yer de kara toprağa bırakır. Yakından tanınması zaten zor olan bu ülkeleri iyi bilmeyenlerde en azından böyle bir izlenim doğar. İspanya'nın güneyinde toprak, kıtaların birbirlerinden diğerlerine göre daha geç ayrıldığını düşündürecek biçimde, Afrika toprağına benzer. Bu yanıltıcı düşüncenin, İspanya ile Afrika arasındaki mücadeleden, Kartaca baskınlarından, Arap fetihlerinden, İspanyol Müslümanları ile Mağripliler arasındaki savaşlardan kalma, tarihsel ve kültürel anıların, ya da belki de toprak hakkında bile yanılsamalar yaratmakta usta edebi yapıtların bir ürünü olabileceği göz ardı edilmemelidir. Apeninler ile Balkanların bazı bölgeleri, coğrafi ve jeolojik açıdan benzerlikler gösterirler ama tarihleri farklıdır. Ukrayna ovalarında *çernozyom* adı verilen kara toprakla Akdeniz toprağı arasındaki fark, Karadeniz'le Akdeniz arasındaki farktan daha fazladır. Belki de bu yüzden buraları Akdeniz'in bir parçası olarak kabul edilmez, denizden çok kara yüzünden.

Denizin hem güney, hem de kuzey kıyısında oturanların, denizin kokusu hakkında anlattıklarını dinlediğimi anımsıyorum. Denizin kokusu ne her zaman, ne de her yerde aynıdır (bunu her yerde algılarız); deniz gündoğumunda ve günbatımında, açık denizde ve kıyıda farklı kokar. Denizin, dalgalar sakin olduğu zamanki kokusu, deniz yükseldiğindekinden; güneş altında ve rüzgârla birlikte buharlaştığındaki kokusu, yağmurla ve nemle ıslandığındakinden; çakıl taşlarının üzerine serildiğindeki kokusu, kayalara çarptığındakinden; kuzey rüzgârlarıyla kabardığındaki kokusu da güney rüzgârlarının estiği zamankinden farklıdır. Denizin kokusu çam, reçine, diğer ağaç ve bitki kokularına karışır (bundan da sıkça söz edilir). Kıyı boyunca pek çok yerin, hiç unutamadığımız, kendine özgü bir kokusu vardır. Buraları denizin derinliklerinden dalgalarca sökülüp kıyıya vuran deniz bitkilerinin güneşin altında çürümeye başladığı ya da yosunların kayaların ve kumun üzerinde kuruduğu yerler ya da mendireklerle rıhtımlar, bir teknenin ya da bir kayığın üstü, bir sintine ya da çamçağın dibi, bir dalganın ardından ya da bir fırtınadan sonra oluşan su birikintileri olabilir. Deniz kabuklarının ve balık pullarının denizin derinliklerinin sırlarını sakladıklarını, deniz tuzlalarının insanın burnunu yakan bir koku yaydığını, kurumaya bırakılan balık ağlarının, şamandıra ya da çapa halatlarının denizi anımsatan kendilerine özgü bir kokusu olduğunu düşünenler vardır. Duyduğumuz diğer kokular denize yaklaşırken ya da ondan uzaklaşırken duyduğumuz kokulardır (bunlar kavuşma ve veda anları hakkında yazılanlarda sık sık karşımıza çıkar). Denizin buram buram ya da belli belirsiz, hoş ya da iç bulandırıcı koktuğu öyle anlar vardır ki ne tarif edilebilir, ne de yazıya dökülebilir. Bu konuda yalnızca küçük bir not eklemek isterim; rüzgâr çölden estiğinde kıyı artık deniz deniz kokmaz. Atlantik Okyanusu çöl rüzgârına karşı kendini dalgalarla korur (ki bunu Fas'ta Tanca yakınlarında gözlemledim). Aynı koşullarda Akdeniz, deyim yerindeyse, teslim olur. Adriyatik kıyıları ise bu olguyu tanımaz.

Kıyılarda oturanlar hakkında yazmaktan daha güç bir şey yoktur. Kendilerini, başkalarıyla birlikteyken farklı, kendi aralarındayken farklı tanıtırlar. Adriyatik, Ege ve İyon denizleri kıyılarında yaşayanların etraflarındaki gündelik eşyaların, el aletlerinin, yiyeceklerin, süslerin ve özellikle deyimlerin tam bir listesini yapmak olanaksızdır: Deniz tuzu, zeytinyağı, kuru incir, tuzlanmış sardalye, saf ya da sulandırılmış şarap, sirke, salamura, amforanın yerini alan damacanalar, sarnıçlar, fıçılar, mahzenler, halatlar, sepetler, bavullar, keçiler, eşekler, katırlar, karpuzlar, patlıcanlar, ızgaralar, tavalar, hamur işleri, salça, balık çorbası, kızartmalar, makarna, spagetti edebiyatı, balık, tatlı sohbetler, alışveriş, balıkçılar, küçük dükkanlar, lokantalar, pencereler, panjurlar, sokak lambaları, öykülerdeki ve gerçek hayattaki teraslar, kırdaki çardaklar, balkonlar, evlerin çatılarındaki ve şarkılardaki güneşlikler ve çatı araları, verandalar, büyüklü küçüklü bahçeler, gitarlar, serenadlar, fiyakalar ve tatlı aylaklıklar, çarşaflar, havlular, siesta, fiesta, küfürler, pişpirikler, ustalar, işçiler, şarlatanlar, kalafatlar... Herkes kendi bölgesinin özelliklerine göre ve kendi dilinde keyfince, istediği uzunlukta benzer bir liste oluşturabilir; kıyılarda yaşayanlar bazı şeylerden ancak kendilerine özgü bir dille söz eder. Uzun süre beraber sefere çıkmış denizciler de kendi özgün dillerini yaratabilirler. Bu konuda ancak, Dalmaçya kıyılarında İtalyanca ya da Venedikçeden bozma, az çok anlaşılabilir bir *Akdenizce*den söz edilmiştir. Çevirileri söz konusu değildir. Buna benzer uydurma diller Fransızca ile Provence dili, Kastilya İspanyolcası ile Katalanca, Balear ile Valencia lehçeleri ve hattâ Deniz Araplarının (Tell) Arapçası ile Kara Araplarının (Cebel) Arapçası, eski Arapçadan bozma Malta halk diliyle Malta resmi dili ve nihayet bu olaya kaynaklık eden ve en çarpıcısına sahne olan Yunanistan'da, okumuşların *katareusa* (püriten) dili ile limanlarda konuşulan *demotiko* (halk) dili karmalarından oluşur. Böylece, kıyılarda ve hattâ biraz iç bölgelerde de pek çok dil bir arada kullanılır. Yerli dillerden oluşan Akdeniz dili ile az çok kara kökenli, yazı dili de denen, ulusal diller bir arada yaşar. Bu diller birbirlerini bazen tamamlar bazen dışlar; ara sıra da birbirlerinden jest ve söyleyiş biçimleri ödünç alır; biri diğerinin şivesi ile konuşulur, lehçeler yazında kendilerine bir yer bulur, bazen de (en iyileri olmamakla birlikte) bazı yazınsal biçimler yerel dillere yansır. Antik çağlarda komedi yazarları bunun farkına varıp bundan yararlanmıştı.

Doğu'da da öyle midir bilinmez ama orada da farklı olduğunu sanmıyorum. Diğer kıyılardakine hem anlam, hem de ruh olarak akraba olan sözcüklerimiz vardır: *Avlija* (avlu), *česma* ve *šadrvan* (çeşme), *sokak* (dar sokak ya da geçit), *mehana* (meyhane ya da lokanta), *mahala* (mahalle, köy), *sofa*, *divan*, *eglen* (konuşma), *eglen-beglen* (sohbet), *dzezva* (cezve), *sofra* (sofra, masa), *istilah* (yavaşlık, gevşeme, yorgunluk), *rahatluk* (tatmin olma,

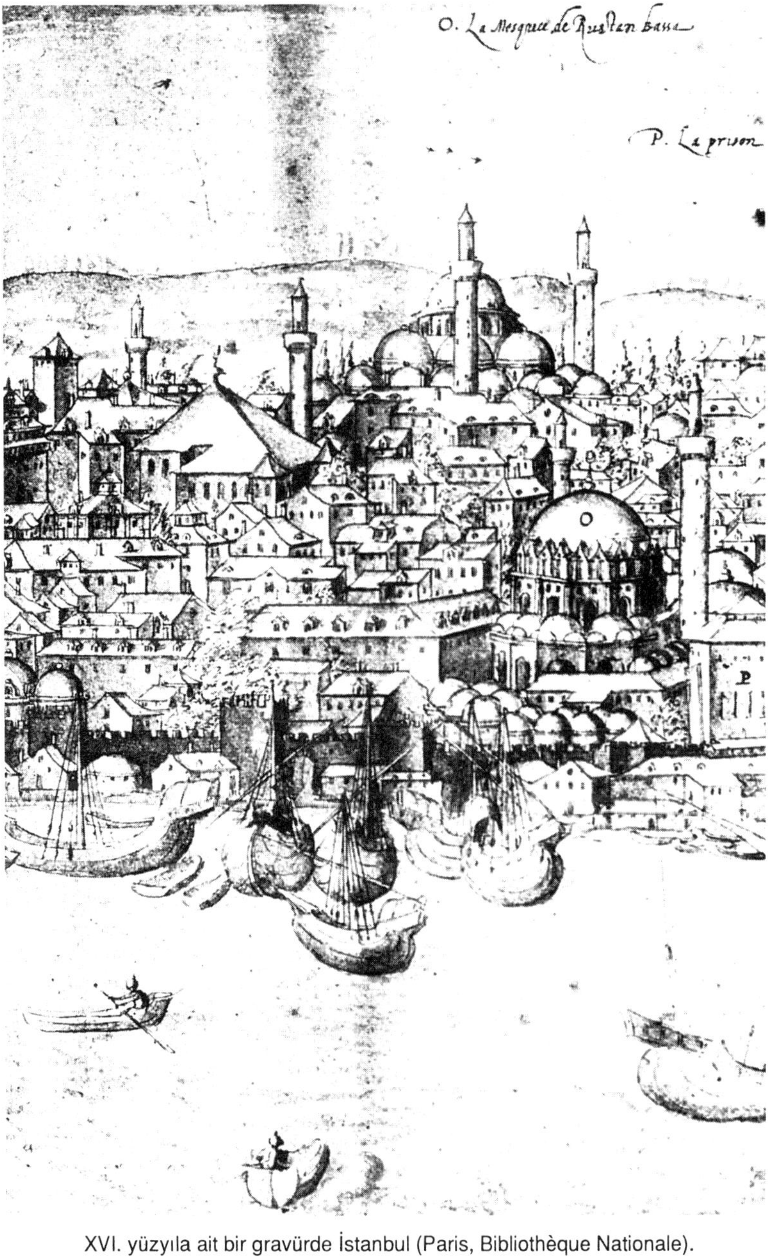

XVI. yüzyıla ait bir gravürde İstanbul (Paris, Bibliothèque Nationale).

rahatlık), *merak* (zevk, tatlılık), *merhamet* (acıma, merhamet), *sevda* (tutkulu aşk) ve *teferić* (eğlenme, mutluluk) bunlardan yalnızca birkaçıdır. Akdenizli olduğunu sandığımız pek çok özellik, Doğu'nun ötelerine, İran'a kadar uzanır, hattâ oralarda doğmuş olduklarını söylemek çok yanlış olmaz. Bu alan, hiç kuşkusuz en engelsiz alandır; peygamberlerin sözleri bize, bu yollardan geçerek ulaşmıştır. Akdeniz'de güneş önce doğuyu aydınlatır, karanlığın ilk bastığı yer gene burasıdır.

Pişirilme yöntemleri kent yönetimlerince belirlenen, biçimleri ve boyutları ile bileşimleri ve kokuları sonsuz değişik biçimde olabilen ekmeğin hazırlanışı; balığın, etin ve özellikle jambonun kurutuluşu; şarabın fıçılanması ve bir fıçıdan diğerine aktarılışı; zeytinlerin toplanıp, uydurma kutsal kitaplarda kutsanan ve tâ karanlık devirlerden bugüne kadar gelen yöntemlerle yağının çıkarılışı gibi, aynı zamanda hem sıradan, hem törensel ve hem gündelik, hem de kutsal olan hakkında ifadeler bulmak kolay değildir. Oruç ve tövbe el kitapları, ceza ve kefaret kuralları, cehennemlik günahlar ve ufak tefek suçlar hakkında yazılar, yemek ve ağız tadı tarifleri, aşk ve sevişme üzerine özet bilgiler vardır. Burada tümünü sıralamak gereksizdir. Bu yapıtların bir bölümü ölümsüz ve eğitici, bir bölümü de geçici ve utanç dolu olarak nitelenir. Akdeniz ne birinden, ne de diğerinden vazgeçebilir.

Bu unsurlardan her biri, kendine özgü biçimde Akdeniz atlaslarında yerini alır. Hepsini aynı ölçüye vurmak mümkün değildir. Akdeniz'de yalnızca kaçıklar (bizim denizde onlara buna benzer adlar verilir) bazı sorulara yanıt vermek tehlikesini göze alır. Akdeniz'in bulmacalarını tutku, bazen de mantıkdışı bir dürtüyle çözmeye hayatlarını adamış insanlar tanırım ve onlara saygı duyarım; bunlar Fenikelilerden Kartacalılara, Kıptilere, İlliryalılara ya da Traklara, Arnavutlara, Maltalılara, Keltlere, İberiklerden Kelt-İberiklere, Galiçyalılara, Basklara, Venedik ve Venediklilere, Güney Slavları[7]'na ve Dalmaçya Hırvatlarına ait gizemlerdir. İskenderiye'de, eldeki bölük pörçük birkaç bilgi kırıntısından yola çıkarak, Antik Çağ'ın, sonradan yakılıp yıkılmış en ünlü kütüphanesinin kitap listesini yeniden bir araya

7 Güney Slavları: Yugoslavlar (*yugo* = güney) (ÇN).

getirmeye çalışan, asıl mesleği saatçilik olan bir Katalan'la tanışmıştım; anadilinin yok olmakta oluşuna hayıflanarak, yaptığı işte bir avuntu arıyordu. Güneyin kaçıkları kuzeydekilere benzemez. Bunun tek sorumlusu iklim değildir; Akdeniz'de mucizeler bile bir başkadır.

Sorulabilecek onca soru arasından herkes kendi gönlüne en yatkın bulduğu soruyu ortaya atar. Akdenizliler bu soruları çocukluklarından beri kendilerine sordukları için bu sorulara, yaşlandıklarında bile çocuksu yanıtlar bulurlar. Okumuş, okumamış pek çok kimseden, deniz ve denizin oluşumu, dillerin doğumu ve ölümü, halkların kökenleri ve akrabalıkları, Gotlar, Vizigotlar, Hazarlar, Aryen Vandallar, İlliryalılar, Traklar, Neretva üzerindeki Truvalılar, eski Karadağlılar, paleo-Tunalılar, Balkanlı proto-İranlılar, Valaklar ve Karavalaklar gibi pek çok ortak ya da farklı ata hakkında üretilmiş teoriler dinlemişimdir. Bu savların bir bölümü ve özellikle de bunların öne sürülüş ve savunuluş biçimleri, insanı gülümsetecek niteliktedir. Bununla birlikte, gel-gitler, ayın karadaki ve adalardaki konumu, karalı delilerle adalı deliler, Çoban Yıldızı (Venüs) ve Kutup Yıldızı ile bunların hareketleri, burçlar ve her türden takvim (astrolojiye kendini kaptıran çoktur), eski alfabeler ve el yazmaları ile bunların bulundukları yerler, kaybolmuş denizler ve bunların kalıntıları, yüzyılımız boyunca Sahra Çölü'nün kuzeye doğru ilerlemesi, buzulların giderek erimesi ve güneylilerin göç etmesine neden olması, sarı ve kızıl yağmurlarla bunlara neden olan Afrika rüzgârlarının neden ve sonuçları, yılın ve günün değişik zamanlarında denizden buharlaşan nemin kaynağı, yoğunluğu ve saydamlığı, karnaval ve şenlikler, yeraltı anıtmezarları ve bunların politikadaki işlevleri, cehennem sıcağı ve bunun hükümetler üzerindeki etkisi, depremler ve Akdeniz havzasındaki zincirleme etkinlikleri, Rum keşişlerin ve Rus tarikatçılarının Yunan manastırlarında giydikleri çile hırkası, eski Arap şiir kalıpları ve bunlara eşlik eden çalgılar, su saatleri ve sabrın taşması, küçük koylar ve bu koylara sığınanların onlara taktıkları adlar, Antik Çağlardan Rönesans'a yazlıklar, *villa rustica*[8] ve zaman içinde değişe değişe bi-

8 *villa rustica* (İt.): Kır evi, yazlık (ÇN).

Georg Braun ve Hans Hogenberg'in *Civitates orbis terrarum*'undaki Marsilya (Anvers, 1572-1618 arası).

ze ulaşan anıları, birdenbire toprağa gömülüveren ırmaklar ve bunların toprak altındaki kolları, yılan balıkları ve bunların Akdeniz'i terk ederken ve Akdeniz'e geri dönerken izledikleri yollar (yılanbalıklarının su yollarını Akdeniz'in ulaşabildiği en son noktaya kadar izlediği söylenir), saksağanlar ve bunların Ischia, Sorrente yakınları ve Korcula Adası ya da La Valet-ta'daki baş döndürücü ötüşleri, kara ve deniz mağaralarının canlıları, yılanlar ve yılan avcıları, bacalar ve dumanlar, zehre karşı ilaçlar ve ilaç olarak kullanılan zehirler hakkındaki savlar ise insanı düşünceye sevk eder. Burada saydıklarım, yalnızca Akdeniz boyunca, Split ve Marsilya yakınlarında Fos-sur-Mer liman ve taşra lokantalarında, Barselona *rambla*larında[9], Gabes (Sfax) ve Hayfa çarşılarında, İzmir ve Selanik pazarlarında

9 *rambla*: İspanya'da deniz kenarındaki kentlerde denize inen yol ya da cadde (ÇN).

duyduklarımla sınırlı. Bunlar "Akdeniz" genel başlığı altında tuttuğum notların yalnızca küçük bir bölümü.

Bu savların ya da kuramların (bunlara ne ad vermek gerektiğini tam olarak bilemiyorum) bazıları soru, bazıları da yanıt biçiminde ortaya atılır. Deniz kıyısındaki onca insan neden sırtları denize dönük yaşar? Akdeniz'in güney sınırları, Seferadlar için de güney sınırı mıdır? Seferadlar bu sınırı neden aşmaz? İslam Araplara neler vermiştir, onlardan neler alıp götürmüştür? Venedikliler Vistül Irmağı boylarındaki bir Slav boyundan mı gelir? Hangi Yunan adalarında İtalyan egemenliği altında yazı dili olarak İtalyanca kullanılmıştır, hangi adalarda gizlice Yunanca kullanılmaya devam edilmiştir? Patmos ve Samos zindanları diğer Yunan adalarındaki zindanlardan daha mı beterdi? Cenova, Venedik ve Napoli gettolarının, Split, Dubrovnik ya da Selanik gettolarından farkı neydi? Koca bir kum birikintisi olan Susak Adası, seksen mil güneyde demir atmak için Po Irmağı'nın ağzından mı kopup gelmiştir? Yoksa bu koca kum piramidini denizin ortasına taşıyan şey bir yeraltı ırmağı mıydı (eskiden Tuna'nın bir kolu olan Istros'un bizim taraflara doğru aktığı sanılırdı, bu ırmak eski haritalarda da karşımıza çıkar)? Ya da bu kum tepesini Sahra'dan Adriyatik'e doğru esen rüzgârlar mı taşımıştır? (Bilim henüz, Susak Adası'nın üzerini örten gizemi aralayabilmiş değildir). Büyük Saraceni ve Küçük Saraceni adalarının adı Sarassinolar[10]'dan mı gelmektedir? Araplar, Kvarner'e kadar ilerleyebilmek için mi bu noktayı ele geçirmişlerdi? İspanya'nın her tarafında gördüğümüz patikalar ve keçi yolları, *cañades, cordeles, veredes,* nasıl oluşmuştur? Ve bu yolların anılarını denizle birleştiren bağ nedir? Spagetti gerçekten Çin kökenli midir, oradaki biçimleri nasıldı; Apeninlere spagettiyi getiren kimdir? Akdeniz korsanlarının kerteriz noktaları nerelerdeydi? Korsanların Neretva Irmağı'nın ağzı yakınlarındaki kentleri Drjeva ne taraflara düşer? Bu korsanlar kadırgalarını nerede inşa ederlerdi, gemilerini nasıl donatırlardı? Hvar Adası'ndaki antik tiyatroyu kim yaptırmıştır, burada hangi oyunlar sergilenirdi? Roma çamlıklarının konumu nasıldı;

10 Sarassinolar: İspanyol ya da Kuzey Afrika Müslümanları.

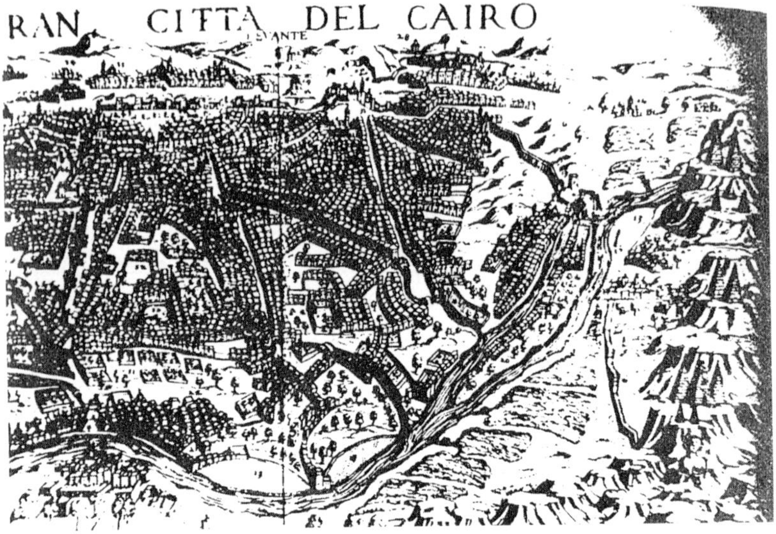

Peder Coronelli'nin yapıtındaki eski Kahire; *Memorie storico-geografiche* (Giuseppe Ballino'dan esinlenme, Venedik, 1569).

çamların uğultusu doğudan ve batıdan esen rüzgârlara göre nasıl bir değişiklik gösterirdi? Kotor ağzındaki ve özellikle de Perastlı kaptanların Çarlık Rusyası donanmasında oynadıkları rol neydi? Osmanlı İmparatorluğu denize yeteri kadar önem vermediği için mi yıkılmıştır? Güney Slavları ve Bizans Rumları uygarlığı Türklerden korumuşlar mıdır? Monaco ile Nice arasında, Nice'in Provence ve Fransa tarafları arasında ya da Fransız Provence'ı ile İtalyan bölümü arasında ne gibi çatışmalar yaşanmıştır? Île-de-France (Paris) Güney Fransa'ya karşı neden bu kadar acımasız olmuştur? Bu soruların bazılarını genişletmek ya da bunlara yenilerini eklemek mümkündür: Neden sıcak bölgelerdeki kadınlar, başlarını, yüzlerinin bir kısmını ya da saçlarını gizleyecek biçimde bir eşarp ya da başörtüsü ile sıkıca sarıp, soluk renkli, ağırbaşlı ve kalın elbiseler giyer? Neden bazı bölgelerde erkekler, özel saç kesimleri ya da kefiyelerle yalnızca başlarını değil, aynı zamanda alınlarını ve omuzlarını da örterler de aynı göğün altında başka yerlerde güneşe ve rüzgâra karşı sere serpe açarlar? Tanrıya inanıp ona dua edenler, inançları ve dine bağlılıkları ile birbirlerine, inanmayanlardan daha mı uzaktır? Bütün denizlerdeki ve rıhtımlardaki denizciler dövme yaptırır mı? Kıyı kentlerinin alaycıları ve şakacıları neden bu kadar acımasızdır? Bizim denizde de doğal inci var mıdır? Neden yoktur? Ve nihayet, teknenin sintinesinin, tersane katranının, mahzenlerdeki yıkanmamış fıçının, acı zeytinyağının, rıhtımlar üzerinde çürüyen balığın kokusunu hiç içine çekmemiş olanlar Akdeniz'den gerçekten söz edebilirler mi? Akdeniz'i yazabilirler mi?

Bu soruların hiçbiri gökten düşme sorular değildir. Ancak kolay kolay, alıştığımız sınıflandırmalara sığmazlar. Bunun yanı sıra, bu soruları soranlar da kendi aralarında bölünmüşlerdir. Onları farklı ortamlarda gözlemleme olanağım oldu; kendilerini farklı lehçelerle, mimikler ve jestlerle, parmaklarını, ellerini, kollarını kullanarak ifade ediyorlardı. Akdeniz sözlükleri bu ifade biçimlerine yer vermez.

Akdeniz sövgüleri, kara sövgülerinden farklıdır. Bazı dillerde, tanrılar, azizler ve yakın akrabalara, cinsel ilişki yüklemleri kullanılarak küfredilir; örneğin, Yunanlılar, Türkler, Güney Slavları (Yugoslavlar), Arnavutlar ve bazı diğer halklar böyle söver. Başka yerlerde (bu kez cinselliği işe karıştırmaksızın) tanrılar, azizler ve akrabalar, domuz, dişi domuz, teke, eşek, köpek ya da kancıklarla özdeşleştirilir; İtalya, İspanya, Katalonya, Provence ve bazı başka Katolik bölgelerde rastlanan bu sövgülerin pek çok çeşitlemesi vardır. Bu sınıflandırmaların her birinde üreme ve boşaltım organları, bunların işlevleri, en kaba ya da tam tersine en kutsal sıfatlarla öne çıkarılır. Akdeniz ateşliliği, bedenin tümünü ya da bir bölümünü bir teşhir ya da sunum havasıyla, en basitinden en cehennemliğine kadar tüm küfürlere katar. Latince *digitus impudicus* ya da Yunanca *katapygon* bu uygulamanın küçültülmüş örnekleridir. Akdeniz göğünün daha saydam ve daha açık olduğu duygusu ya da inancı, sövgü ve küfürlerin daha birdenbire, daha dolaysız sarf edilmelerine neden olmuştur. Kutsal kitaplar ve eski yasalar, bu türden günah ve suçlar için ağır cezalar öngörürdü. Koyu dindar Museviler, Tanrı'ya küfredenlerin önünde elbiselerini parçalamaktan çekinmezdi. Arapların sövgüleri pek bilinmez ama onların da, bizimkilerden hiç aşağı kalmayacak ağırlıkta sövgüleri olduğu düşünülebilir (Araplar sövgülerini Hıristiyanlardan, kadınlarını sakladıkları gibi saklar ancak bunda her zaman başarılı olamazlar). Sıcak ve nemli rüzgârların ruhu bulandırdığı, bedeni bitkin düşürdüğü, denizin bile ne yapacağını şaşırdığı, cehennem sıcağı zamanlarında, bazı sözcükler ölçüsüz ve ağır kaçar; bu sözleri sarf edenler daha sonra pişman olur. Dine küfredenlerin günahlarının kefaretini yüklenenler, büyük din şehitleri, ermişler ve dervişlerdir. Tanrı'nın iradesiyle, Akdeniz bu kutsal şahsiyetler açısından her yerden daha zengindir.

Kıyılarda ölçü ve tartılar birbirlerine benzemez, belki de en çok Akdeniz kıyılarında bu kadar çok çeşitlilik gösterirler. Değişen koşullara ve inancın, ticaretin, yasaların ve bilimin gereklerine göre, bir devirden diğerine değişikliklere uğramışlardır. Kent yönetimleri, uzunluk ve ağırlık ölçüleri için yönetmelikler hazırlar ve bunlara uymayanlar için cezalar belirlerdi. Ölçü ve tartılar, düzenle, zenginlikle, iktidarla ve devletle yakından ilgilidir. Uzak görüşlü hükümdarlar bunun farkına varmışlardır; bakır, gümüş ve altın paraların üzerinde profilleri en uzun süre yaşayanlar bu yöneticilerdir. Nümizmatik (eski para bilimi) de tartı ve ölçüleri göz ardı edemez. Kimileri insanda her şeyin ölçüsünü görmüştür. Paranın her şey demek olmadığı inancı, Akdeniz yoksullarının bir avuntusudur.

Uzunluk ve ağırlık ölçülerinin değişimi, tarihte silinmez izler bırakmıştır. İncil'le ilişkilendirilen ölçü ve tartılar daha Hıristiyanlığın ilk yıllarında terk edilmiştir. Roma da, başka pek çok konuda kendine örnek aldığı Eski Yunan'dan tüm ölçü birimlerini almamıştır. Venedik, kendi ölçülerinin yanı sıra Yunan ve Roma ölçülerini de kullanırdı. Türkler her şeyi kendi *arşın*ları ile ölçerlerdi. Araplar, gittikleri yerlere, fethettikleri yerlerde oturanların ya da komşuları olan karalı Afrikalıların tanıdıklarından farklı ölçüleri beraberlerinde götürmüşlerdir. İspanya'da, Arapların egemenliğine son verildiği ve Musevilerin kovulduğu *Reconquista*'dan sonra bile bölgelerarası geleneksel rekabet devam etmiştir; Mallorca ve Minorca'da kullanılan ölçüler arasındaki fark, Napoli ile Palermo ya da Marsilya ile Avignon ölçülerinin arasındaki farktan daha çoktur. Slavlar, Akdeniz âdetleriyle karşılaştıklarında, kendi ağırlık ölçülerini korurken uzunluk ölçülerini terk etmişlerdir. İtalya'da birbirine komşu olsalar bile, egemen iki kentin aynı ölçüleri kullanmaları pek sık rastlanan bir durum değildi (bu nedenle, metre, kilometre, gram, kilogram gibi Akdeniz ölçülerinin, Britanya örneğinde olduğu gibi, adalarda benimsenmemiş olmasına şaşırmamak gerekir). Pazar yerlerinde, teraziler, bakır kefeler, taştan ağırlıklar kullanılarak, yağ, tuz ve tahılın doğru tartılabilmesi amacıyla kontrol noktalarının kurulduğu devirlerden, çok eskide kalmış bir geçmiş gibi söz edilir. Bir teneke buğday, bir testi şarap, bir tulum yağ, bir kulaç kumaş, bir çimdik tuz, bir karış ya da bir avuç bir şey, bir dirhem dürüstlük gibi, halka özgü doğal ya da göz kararı ölçülerin kullanıldığı bölgelerden, mutluluk adacıklarıymış gibi söz edilir. Ölçülerin az çok birleştirildiği yerlerde yönetimler de daha otoriterdir. Dil ile ölçüler (ya da tartılar) arasındaki ilişki her zaman Akdeniz'in karayla olan ilişkisiyle açıklanamaz.

Georg Braun ve Hans Hogenberg'in *Civitates orbis terrarum*'undaki Napoli.

Karayla olan ulaşımın daha kolay olduğu, iç bölgelere giden yolların daha sık kullanıldığı rıhtımların yakınındaki limanlarda, liman yönetim binalarının yanı başında, limanın kendisi kadar eski olan antrepolar yer alır. Kapılarından girip çıkan ve depolarında saklananları gözümün önüne getirmeye çalışıyorum; herhalde, dünyanın dört bir köşesinden gelen gemilerden boşaltılıp, dünyanın dört bir yanına gitmek üzere bekleyen gemilere yüklenen, bir düzen içinde ya da darmadağınık bir biçimde çatılarının altında sakladıkları, her türden yüklerdi bunlar. Bu yapıların önünden, karadan ya da denizden geçerken, bir zamanlar neye yaradıklarını, bugün de hâlâ kullanılır olup olmadıklarını, (genellikle az pencereli) duvarlarının ardında bir zamanlar neler gizlediklerini ve bu sırlardan geriye bir şeyler kalıp kalmadığını merak ederiz. Bir bölümü, görüntülerini değilse bile işlevlerini değiştirmiş olabilir; diğerleri ise ya sonsuza dek terk edilmiş ya da yıkılmışlardır. Yıkıntılarında hüzünlü bir sığınak arayanlar olsa da çoğunluk onlardan uzak durur. Kimileri (özellikle gemi ambarlarından çok uzakta doğmamış olanlar) onlara özlemle, kimileri de korkuyla karışık bir sıkıntıyla bakar. Bu antrepolar bize, Akdeniz'in limanları ile pazar yerlerini, geçmişi ile geleceğini anımsatır.

Akdeniz pazar yerlerinde, özellikle de balık pazarlarında, çok çeşitli biçimlerde ölçü ve tartı yöntemleri vardı. Bu işlevlere, belediye binası, burçlar, kiliseler ve mezarlıklar gibi şehrin ileri gelen yapılarına eş önemde yerler ayrılırdı. Politika ve ticaret meydanlarda yapılırdı[11]; bunlar ya işbirliği yapar ya da rekabete girişirdi. Bu Yunan *agora*sında da böyleydi, Roma *forum*unda da... Meydanları, ticaretten ya da politikadan ayırabilen hükümdar azdır. Eski Mısır'da kadınlar pazara yanlarında kocaları olmadan gidemezdi. Atinalılar alışverişin yalnızca erkeklere özgü olduğuna inanırlardı. Yaşlı bilgeler gençlere, yosmaların bol olduğu pazar yerlerinde pek dolaşmamalarını salık verirlerdi. Roma'da (gerileme devirlerinden önce) buralara yalnızca köleler serbestçe girip çıkabilirdi. İslam ülkelerinde genç

11 Türkçedeki piyasa sözcüğünün İtalyanca *piazza* (meydan) sözcüğünden geldiğini tahmin etmek güç değil (ÇN).

kızlar ve evli kadınlar, yüzlerini en çok pazar yerlerinde gizlerdi. Pazar yerlerindeki cinsiyet eşitliği Akdeniz'de kolay elde edilememiştir.

Pazar yerlerinin ve balık pazarlarının betimlemelerini, onların kentteki konumlarını ve yapı özelliklerini anlatan tarihçilere borçluyuz. Doğu Akdeniz'in baharat ve esans satıcıları, lavantalarını, tarçınlarını, tütsülerini, kokulu reçinelerini özel tezgahlarda satardı. Buralardan sürekli, ağır bir koku yayılırdı; bu kokunun hiç geçmeyeceği sanılırdı. Bazı kıyılarda bu koku gerçekten hâlâ duyulur. Koku, tütsü ve baharatlardan, yalnızca yemek yaparken değil, dini ayinlerde ve sevişirken de yararlanılırdı. Doğu Akdeniz pazarlarının batıdakilerden daha erken gelişmiş olmasının nedeni belki de budur. *Bazar* (pazar) sözcüğünün de *čaršija* (çarşı) sözcüğünün de kökeni Farsçadır. *Suk* (kapalı çarşı, pazar) sözcüğü Musevi lehçelerinden gelir. Bu sözcüğü fethettikleri yerlerde yaygınlaştıran Araplardır. İspanyollar ve Portekizliler ise bu sözcüğü benimseyip okyanus ötesine taşımışlardır. Pazarlar, dinsel inançlarla aynı yolu izlemiştir. Bu ikisinin yollarının ayrıldığı yerlerde çatışmalar çıkar. Akdeniz pazarlarında ticaret tutkusu ticaretin kendinden, ticaret de satıştan daha önemlidir.

Pazarlarla tuzlalar arasında yakın bir ilişki vardır. Kentler, limanlar ve adaların, egemenlik koşulu olarak, tuzlalara sahip olmaları gerekirdi; karadaki çiftçilerle tahıl ya da et alışverişi yapıldığında, en kolay değiş tokuş aracı tuzdu. Yolcular heybelerinin bir köşesinde, aileler çuvallarda, yerleşim birimleri de depolarda bir miktar yedek tuz saklarlardı. Yiyeceklerin uzun yolculuklar sırasında bozulmamaları için tuzlanmaları gerekirdi. Bilgeler "ak tuzun kara gün için" saklanması gerektiğini söylerdi; tuz bir bilgelik simgesi olmuştur. Yasa yapıcılar, tuzun, saklama yöntemleri, temizliği ve dağıtımı konularında kafa yorardı. Dinler tuzu kutsar, ona saygı duyulmasını emrederdi. Tıpta ise tuz, bir ilaç gibi kullanılırdı. Dostlara ekmekle tuz sunulur, düşmanların gözüne tuz atılırdı. Ozanlar kutsal ve tanrısal tuzun şarkısını söylerdi. Tuz, bazı özel esin anlarında tüm bir denize adını verirdi: Ve gemi giderdi tuz üzerinde, Akdeniz'de...

Akdeniz kıyılarındaki bütün tuzlalar birbirine benzer; adını tuzlalardan alan Lipari Takımadaları'ndan Paros, Pag ve Salina adalarında ve başka pek çok yerde, örneğin Malta'da (Malta Şövalyeleri uzun süre tuz tekelini ellerinde tutmuşlardı), takma adı Tuz Adası olan İbiza'da, Kerkennah Takımadaları'nda, Alicante ve Tarragon körfezlerinde, İzmir'de, Santa Eufemia'da, Salerno'da (ki insanlar adıyla tuz arasında bağlantı kurar), Libya ve Suriye'de, Balkanların Arnavutluk ve Bulgaristan kıyılarında, Karadağ'da Bar ve Ulcinj'de Istria gibi yarımadalarda (Sloven kıyılarında Sečovje ve Pirano yarımadalarında) ya da Pelješac'da antik Ston kenti duvarları boyunca gördüğümüz tuzlalar birbirinin eşidir. Tuzlaların durup seyretmeye değer bir manzarası vardır. Yapımları son derece eski ve basit temellere dayanır; kıyıda denizin rahatça sokulabildiği ve suların sakin kalabildiği bir yer seçilir, setlerle çevrilir ve bu alan bir ark şebekesiyle parçalara ayrılır. Kullanılan aletler de basittir: Dişsiz tırmıklar, leğenler, pompalar, ağaç kabukları, çamçaklar, kürekler, örtüler, çuvallar, el arabaları, ağaçtan sandallar gibi... Tuzlalar enerjilerini güneşten, hammaddelerini denizden, yardımlarını rüzgârdan alır. Tuzla işçileri hem balıkçılara hem çiftçilere benzetilir. Bazen bir balıkçı, bazen de bir çiftçi gibi, havayı ve esen rüzgârı inceler, bir hasattan diğerine çalışırlar. Onlar da tahıl ya da üzüm yetiştiricileri gibi hasat zamanından ya da üründen söz eder; bunda belki de, tuzla ekmek ve şarabı birbirlerine bağlayan bir bağ gizlidir. İşlerine hangi hava koşullarında ve ne zaman başlayıp ne zaman ara vermeleri gerektiğini, elde edilen tuzun hangi koşullarda ve nerede saklanması gerektiğini, ürünün çok nemlenmemesi için ne süreyle güneşte kurutulması gerektiğini çok iyi bilirler. Tuzla işçileri çalışırken fazla konuşmaz; konuşmaları hakkında çok az şey biliriz. Çok zor koşullarda çalışırlar. Avuç içlerinde, ayaklarında ve hattâ gözlerinde yanıklar olur. Koruyucuları Aziz Bartolomeos'tan koruma dilerler; Aziz Bartolomeos bayramı tüm Akdeniz Hıristiyan dünyasında, gregoryen takvime göre, Meryem Ana'nın Göğe Yükselmesi Yortusu'ndan sonra, 24 Ağustos'ta kutlanır.

Zeytinyağı çıkarmakta kullanılan gereçler de, tuzlalardakiler gibi, alçakgönüllü gereçlerdir: Farklı ülkelerde farklı adlar alan zeytin presleri (*torchio, torkuo, torkul, turanj, tos muljača* ya da *tijesak*), zeytin değirmenleri ve değirmen taşları, büyüklü küçüklü elekler, çeşitli boyutlarda değirmen hunileri (serpinler), şarap gibi zeytinyağı için de kap değiştirmeye yarayan, toprak, tahta ya da cam kaplar, tazeliklerini korumak için sakladıkları kilerler vb. İtalyan *trullo*ları kendilerine özgü yapılardır; Puglia zeytinliklerinde harçsız, kuru taş işçiliğiyle inşa edilirler, Gargano tepeleri ile Taranto Körfezi arasında, Adriyatik ile Tiren denizleri sınırlarında, özellikle Bari ile Barletta arasında sık rastlanan yapılardır. Zeytin değirmenlerini eşeklerin çevirdiği bölgeler hâlâ vardır; Fas ve Tunus'ta, Anadolu kıyılarında ve Avrupa'nın çeşitli köşelerinde, özellikle Girit, Rodos, Sardinya, Cerba, Alboran, Pelagoslardan Lampedusa, Elafitlerden Šipan, Balearlardan Formentera gibi geçmişine bağlı kalan adalarda çok yakın bir geçmişe kadar değirmenleri eşekler döndürürdü. Zeytin de buğday gibi öğütülür; Akdeniz'de zeytinyağı ile un, yağ ile ekmek birbirlerinin ayrılmaz parçalarıdır.

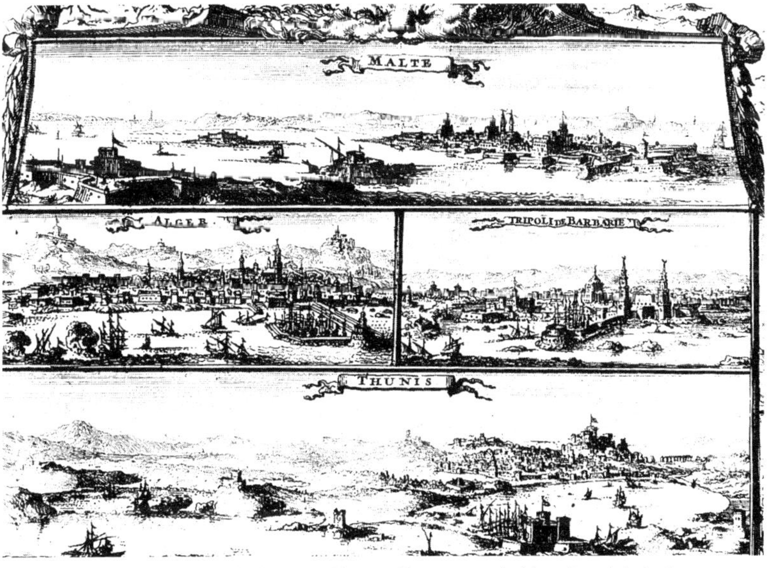

Malta, Cezayir, Trablus ve Tunus: Romanns de Hooghe çizimleri.

Zeytinyağı üretimi yalnızca gündelik bir uğraş değil, aynı zamanda da bir gelenektir. Zeytin basit bir meyve değildir, bir kutsallığı da vardır. Tufan sonrasında bir güvercinin gagasında getirdiği zeytin dalından, Gethsemani zeytinliklerinde edilen dualarından ya da Sina Dağı tepesindeki ya da Eleusis vadisindeki zeytinliklerden söz eden pek çok kitap yazılmıştır. Dinler, cenaze törenlerinde, sonsuz bir yaşam umuduyla ölülerin yağlanmasıyla, zeytinyağını törenlerine dahil etmişlerdir. Filistin kandillerinde de İskenderiye Feneri'nde de ışık saçan oydu. Kadınlar güzelleşmek için onu yüzlerine sürer, zeytinyağı ile, vücut bakımı yapılır, atletler kaslarını onunla ovar, Eski Yunan'da yosmalar kalçalarını zeytinyağı ile sıvardı. Amfora ve testiler içinde bir kıyıdan diğerine küçük tekneler ya da koca koca kalyonlarla taşınırdı. İç bölgelere akla gelebilecek her türden kap içinde götürülürdü; karada tulumlar ve kurutulmuş balkabakları kullanılırdı. Zeytinin saklanması da çok özen isteyen bir işti. Bozulmalarını önlemek için, incir gibi zeytinleri de denize yatırırlardı. Şarap gibi zeytinyağının da tortusunu ayırmak, saf zeytinyağını kötü yağdan korumak bir sanattır. Elekler bu işlem için yeterli değildir. Zeytinyağının saflaştırılması, Akdenizli simyacıların işlemlerine benzer işlemlere gereksinim duyar. Ketenden, keneotundan, bademden, mersinden, melekotundan, palmiyeden, kekikten ya da pek çok çeşit hayvan, balık ve bitkiden yağ çıkarılır ama zeytinyağı hep en gözde yağ olmuştur. Zeytin ağacının yetiştiği kurak ve kıraç bölgelere baktığımızda, bu kadar yoğun ve yağlı bir özün nereden geldiğini kendimize sormadan edemeyiz; bu özü yalnızca toprak mı yaratır, Akdeniz'in bunda hiç etkisi yok mudur? Çok eskiden bile olsa, tıpkı üzüm ve incir gibi buraya başka yerlerden getirildiğine, Akdeniz'de daha önce zeytin olmadığına inanmak çok güçtür.

Yok olmakta bile olsalar, anılarımızda sağlam bir yerleri olan Akdeniz uğraşlarının sayısı çoktur: Taş yontucuları (ki onlar olmasaydı büyük yapıların hiçbiri olmazdı), bağımsızlık simgesi kule ve burçları ya da kurak bölgeleri sulayan su kanallarını yapan ustalar, kaldırımcılar, kireççiler, harççılar... Bağlar ve bağcılar hakkında, coşkulu pek çok şey yazılmıştır. Garip kazanlarında kükürt ve kükürt bileşikleri hazırlayanlarla, onların bir sunağa benzeyen düz taşlarla kaplı çatısı olan depolarını da unutmamak gerekir. Piramitlerin yapımında akıtılan ter, bağlarda akıtılan terin yanında hiç kalır. Bağları çevreleyen taş çitler bir sağlamlık anıtı, asma yaprağı bir utanç işareti, üzüm salkımı ise bir bolluk simgesidir. Bağların olduğu ve iyi şarabın üretildiği yerler, aynı zamanda, inceliğin, nezaketin, çılgınlığın ve şiirin de olduğu yerlerdi. Şarabı, amforalar, variller ve damacanalar içinde, tuz ve zeytinyağı ile birlikte, bir kıyıdan diğerine taşıyan denizciler, bu içkiyi tatma tutkusunu belki de en yakından tanıyanlardır. Fakir halkın genellikle şaraba su katması gerekirdi. Yazgının uzak diyarlara sürüklediği eski Romalı askerler, Lazio, Umbria ve Campania şaraplarına özlem duyardı (çoktandır unutulmuş olan bu tadı burada anımsatmak istedim). Yunanlılar ada şaraplarını tercih ederdi; ilk bağ kütüğünün, kim bilir nerelerden Girit'e getirilip dikildiği ve *oinos* (şarap) sözcüğünün ilk kez burada kullanıldığı öne sürülür. Ancak bunu kimi kanıtlayabilir? Asma, Akdeniz'in tarihinden daha eskidir.

Bu arada, yalnızlık, risk ve tehlikelerle baş başa kalan denizcilere çok yardımları dokunmuş olan fıçıcılardan da söz etmeden geçmeyelim (fıçı ve varillerin yapımı tekne yapımına benzetilebilir). Kara ve deniz, birbirlerinden ayrılmaları mümkün olmayan meslekleri paylaşmışlardır: Yolların ve limanların yapımı örneğin, ya da kumaş ve yelken dikimi, balık sepetleriyle ağlarının örülmesi, cam ve mercandan takıların ya da hem deniz hem kara canlılarına benzer süslerin yapılması gibi... Gemi yapımı, kalafat, halat, balık ya da sünger ağı atölyelerinde yapılacak küçük bir gezi, gündelik uğraşların, yapılan işlerin, gelenek ve göreneklerin anımsanmasını sağlar; onlar olmaksızın, dün ve bugün, Akdeniz'in ne ifade ettiğini anlamak olası değildir.

Akdeniz kıyıları, kıta içlerinden gelen, denize yabancı karalılara da kucak açmıştır. Bu insanlar, kendilerinden öncekilerden devraldıkları bir denizcilik geleneğini özümsemişler ve kendilerinden sonrakilere miras bırakmışlardır. Herkes bir başkasının ustası ve çırağıdır; bu ilişki çok uzun süre devam ettirilebilmiştir. Denizcilikle ilgili el sanatları (özellikle de gemi yapımıyla ilgili olanları) ve ustaların kullandıkları aletler, tüm Akdeniz havzasında birbirlerine benzer.

Gemilerin adları ve biçimleri, kökenleri ve yetenekleri, eski ya da yeni, büyük kitaplarda etraflıca anlatılmıştır (bu küçük kitap ne onlardan biri olma iddiasındadır, ne de bu büyük kitaplarla boy ölçüşebilir). Tarih, saray mimarlarının adlarını, gemi ustalarınınkilerden daha kolay aklında tutar. Bunun yerine onlardan, kendileri de artık birer tarih olmuş işaretler kalmıştır: Tek, çift ya da üç sıralı kadırga ve kürekli ya da yelkenli gemilerden, modern tarihin başlangıcını simgeleyen buharlı ya da motorlu gemilere kadar pek çok tekne; akasya ve incir ağacından ya da papirüsten yapılma kayıklar (denizcilikle edebiyat arasındaki ilk ilişki belki de bu sayede doğmuştur), Lübnan sedirinin sert ağacını eğme işlemleriyle, çınar, pırnal meşesi ve karaağaçtan gemi omurgası, soğuk bölgelerin karaçam, gürgen, çam ve dut ağaçlarından ıskarmozlar ve borda kaplamaları, serviden gemi direği, dişbudak ve akağaçtan kürek yapmak için biçim verme yöntemleri... En alçakgönüllüsünden en görkemlisine, bütün deniz müzelerinde gördüğümüz örnekler, bu ağaçların nasıl seçildiği ve denizde "ıslatılıp", bir yıl boyunca güneşte kurutulmadan önce kesilmeleri için en uygun zamanın hangisi olduğu konularında ipuçları verir (Dalmaçya kıyılarında en uygun zaman, iki Meryem Ana yortusu arasında, yani yazın ortasında, ya da kışın ağacın özünün daha az olduğu zamanlardır). Bu ağaçlar daha sonra yağa bulanır, kesilip kereste haline getirilir ve "ısıtılır"dı; böylece büyük bir esnekliğe kavuşurlar, yay gibi eğilebilirlerdi. Kalafatlar, pek çok mesleği ve uzmanlığı bir araya getirirdi: Kaba ve ince marangozluk ustaları, ustabaşları, kalfalar, hızarcılar, rendeciler, çinkocular, demirciler (ki bunlar, madenlerin daha bol, maden işleme sanatının daha gelişmiş olduğu iç bölgelerden gelirdi), ağ örücüler ve yelken dokumacıları, halatçılar, boyacılar, ziftçiler... Yunanistan, Güney İtalya, Türkiye kıyıları, Antibes'le Algeciraz ve Cadiz arası, Arnavutluk'tan Trieste Körfezi'ne, Fas'tan Beyrut'a kadar olan

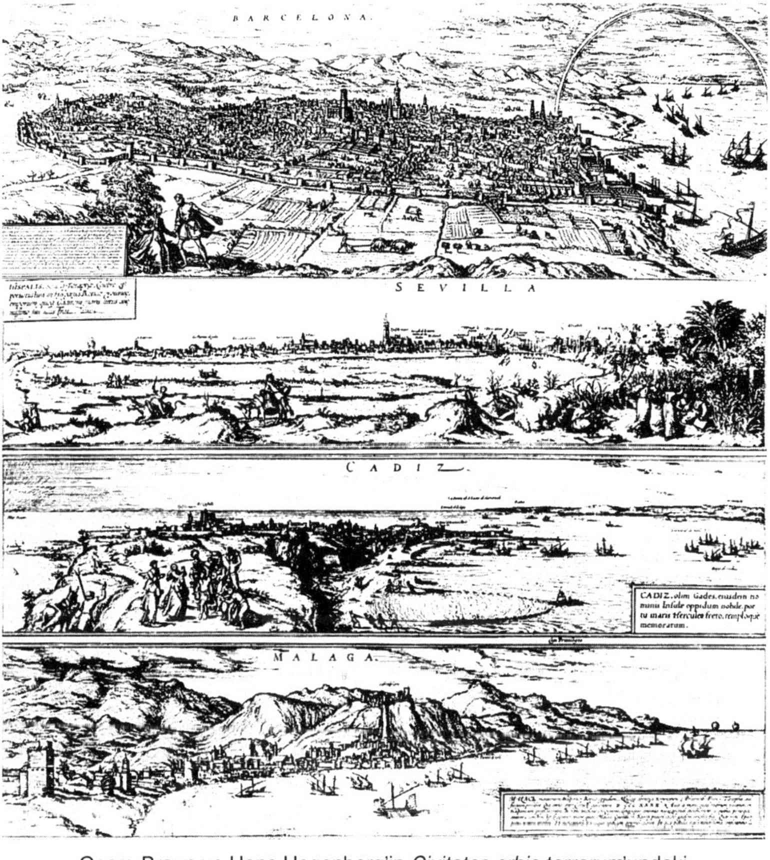

Georg Braun ve Hans Hogenberg'in *Civitates orbis terrarum*'undaki Barselona, Sevilla, Cadiz ve Malaga (XVI. yüzyıl).

kıyılarda çok uzak olmayan geçmişlere kadar varlıklarını sürdürmüş olanlar gibi, en büyüğünden en küçüğüne kadar bütün tersanelerde, adlarıyla birlikte yok olmuş onlarca gereç vardı. Dil araştırmacıları, bu sözcükleri Akdeniz kıyılarında ortaya çıkarmışlardı; ben de unutulmuşluk içinde yok olmamaları için onlardan bir bölümünü sakladım.

Bir tersanenin yeri ve büyüklüğü, katran kokusundan hemen saptanabilirdi. Kullanılan katran, kesiklerinden artık reçine akmayan yaşlı köknar ve çam ağaçlarından elde edilirdi. Ağaç gövdeleri, bir miktar koyu renkte ve kıvamlı bir madde kalana kadar ısıtılır ve kömürleştirilirdi. Bu madde de, yabancı maddelerden arındırılmak amacıyla zeytinyağı gibi süzülürdü. En basit bir kayık bile katran kullanmaksızın yapılamaz (burada sözünü ettiğimiz katran bitkisel kaynaklı olan katrandır; adaşı, mineral esaslı olanı, yol yapımında kullanılır). Yaradılış öyküsüne göre Nuh Peygamber, Tanrı'dan aldığı emir doğrultusunda, gemisinin içini ve dışını katranla kaplamıştı. Katran, tahta lataların, sıcak ve nemin etkisiyle, şarap gibi mayalanmasına ve sirke gibi bozulup kokuşmasına engel olur, boşluk ve delikleri tıkar. Halatların, özellikle de kalın olanların üzerine koruyucu olarak sürülür, fıçılarda su geçirmezlik sağlamak üzere kullanılırdı. Kıvamını ayarlamak için bazen eritilmiş domuz yağı ya da balmumu karıştırıldığı da olurdu. Katran kolay sertleşen bir maddedir, sertleştiğinde ısıtıp yeniden eritmek gerekir. Ateş gördüğünde iyice yumuşar, karinanın girinti çıkıntılarına bir merhem gibi sürülür. Erirken pis kokulu ve parlak bir alevle yanar, sonra da kuru ve hafif bir kömüre dönüşür. Bazı denizlerde cilt hastalıklarıyla romatizmayı, hattâ sanırım denizcilerin Akdeniz limanlarında kaptıkları başka hastalıkları da iyileştirmek için katran kullanılırdı.

Kenevir de zahmetli işlemlerden geçirilmek zorundadır. Tıpkı ağaç kütükleri gibi o da suya batırıldıktan sonra ısıtılırdı. Kenevir sapları reçineden ve yağdan arındırılmış olmalıdır, daha sonra suları sıkılır ve üzüm ve incir gibi güneşte kurutulur; daha sonra bükülür ve sünger gibi dövülür, elyafları temizlemek ve kayganlaştırmak için taranırlar; en sonunda ise halat ya da yelken bezine dönüşürler. Geriye artık hiçbir biçime sokulamayan, kaba bir kıtık kalır. Kenevir genellikle, balıkların zehirlenmesini önlemek amacıyla denizden uzakta, tatlı su ile yıkanırdı; saplarında çok eskiden beri bilinen uyuşturucu bir yağ salgısı vardır (Antik Çağ'ın ünlü tarihçisi, Pontos Euxeinos –Karadeniz– kıyılarında kenevirle kendilerinden geçmiş İskitler gördüğünü yazmıştır). Dikkat ettiyseniz, denizciler bazen halatlara doğru eğilir ve kokularını yudum yudum içlerine çeker; herhalde o sırada geri dönüş hayalleri kurmaktadırlar. Kuzey Akdeniz'in en aranan keneviri Piemonte'de, Ravenna civarında yetişir. Hasırotuna benzeyen Mısır keneviri ise Doğu Akdeniz'de gözdeydi. Adriyatik'te Istria keneviri ünlüdür. Marsilya'nın Canebière[12] caddesi bile vardır. Kenevir daha soğuk iklimlerde de yetişir ama oradakiler farklıdır. Sarısabır bitkilerinin lifleri de kenevir yerine kullanılabilse de kenevirin pabucunu dama atabilen olmamıştır; buna Akdeniz denizcileri izin vermemiştir.

Çok iddialı olmadan, simgesel diye tanımlayabileceğimiz bir gereç varsa, o da balık ağıdır. Biçimleri, tutkularımızın alçakgönüllülüğüne ya da ölçüsüzlüğüne değil, yakalayacakları balıklara, atıldıkları ve toplandıkları tekne ve kayıklara, gece mi gündüz mü kullanıldıklarına, açık denizde mi kıyıda mı atıldıklarına, derinlere mi sığ denizlere mi serildiklerine bağlıdır. Ağ gözlerinin boyutlarını ve ağırlığını, alt ve üst ip ve bağlarının kalınlığını, yüzerlik mantarlarının boyutunu ve cinsini, safra kurşunlarının ağırlığını, kanatların ve iç cebin derinlik ve genişliğini bu saydığımız etmenler belirler. Ağ yapımında kullanılan araçlar her kıyıda birbirinin aynıdır: Sert bir ağaçtan (dişbudak gibi) ya da son zamanlarda bakır ya da başka bir metalden yapılma bir mekik, gene ahşap ya da metalden yapılma, her ağ gözünün boyutunu veren bir kalıp (*modul, muzel* ya da *kalup*) ve ipleri kesmekte kullanılan basit bir çakı ya da bıçak... Balıkların takılacağı her bir göze düğüm atmak için, ipleri parmak çevresinde bükmek büyük ustalık isteyen bir işti (parmaklar da bir çeşit kalıp görevi görürdü). Bu nedenle ağlara pek çok farklı ad verilir, aynı denizlerde ve limanlarda bile farklı adlar alan ağlar vardır. Tekneye vinç yardımıyla çekilen ağlarla kol gücüyle çekilen ağları birbirinden ayırmamız gerekir (kol gücüyle ağ toplamak kolları, omuzları, damarları zorlayan çok güç bir iştir). Bu ağların her biri özel olarak hazırlanır, kurutulur ve onarılırdı. Genellikle ardıç, ılgın ve çam ağaçlarının kabuk ve yapraklarıyla hazırlanan bir sıvıya yatırılırlardı. Umut ve merakla çektiğimizde ağların, avdan sonra (balık pulları, çamur ve yosunlardan arındırılmak için) yıkanmalarının, kurutulmalarının ve balıkçı barınaklarındaki koca sıçanların yememeleri için korunaklı bir yerde saklanmalarının ne kadar zahmetli bir iş olduğunu unuturuz. Yıkanmış ağların kurumaya bı-

12 chanvrière (Fr.): Kenevirci (ÇN).

rakıldığı askılar da demirbaşlar listemizdedir. Yerleri her zaman iskele yakınları değildir, gözden uzak köşelerde de bulunabilirler. Eski askılardan, hattâ kurumuş asmalardan çarçabuk yapılır, toprağa gömülür ve taşlarla sabitleştirilirlerdi. Böyle yayılmış ağlar, dinlenip güneşleniyorlarmış gibi görünür; güneş altında suda yattıkları gibi yatmazlar. Gemilerde (direk çanaklığıyla civadra etrafına) gerilen ağlar kim bilir neden gözden kaçar; bu kez görevleri, kötü hava koşullarına ve yükseklik korkusuna meydan okuyarak yelken ve sereni düzeltmek için direğe tırmanan denizcileri tutmaktır. Akdeniz, tarihinin bir bölümünü ağlara bırakmıştır.

Ağ balıkçılığı, iğne, parakete, çarpma, kaşık ve balık sepeti gibi diğer gereçlerle tamamlanır. Uygun yemi bulmak gerekir (yemler akyem, teke gibi özel adlar alır). Yem seçimi özel bir beceri ister; seçilen yemde hem avlanacak balığın hem de onu avlayan balıkçının açgözlülüğü ortaya çıkar. Eski kıyılardan bazılarında yemleme, mükemmelliğin doruğuna ulaşmıştır. Akdeniz kıyılarının hepsi aynı yaşta ve aynı deneyimde değildir.

Halat ve ağların örülmesini düğümlerden ayrı düşünemeyiz. Düğüm atma sanatı da çok eski zamanlardan beri bilinir. Her düğüm, atıldığı gibi ya da başka bir biçimde çözülebilmelidir. Bu konuda işe yarayan pek çok pratik, pek az da teorik yöntem vardır. Bazı limanlarda öyle balıkçı ve denizci eşleri vardı ki attıkları düğümleri, ne karada, ne denizde kimse çözemezdi (yaşayan ve ölü bütün Akdeniz dillerinde bunlarla ilgili öyküler vardır). Adları da kendilerine özgüdür; balıkçı düğümü, gemici düğümü, keşiş düğümü, erkek ya da kadın düğümleri, sert ya da yumuşak düğümler, Floransa düğümü, Napoli düğümü, Marsilya düğümü, Hollanda düğümü, Türk düğümü gibi (her kıyının kendi düğüm adları ve alt çeşitleri vardır); biçimlerine göre de sekiz, saç örgüsü, fiyonk, pense, şapka, kavuk, taç biçimli düğümler vardır. Gemilerin hızının halatlara atılan düğümlerle ölçüldüğünü, bu yöntemin bir uzunluk ölçüsüne esin kaynağı olduğunu anımsatmakta yarar var[13]. Düğümlerin en basiti ve en kullanışlısı galiba "ölü düğümü"dür.

13 Fransızcada *nœud*, İtalyancada *nodo* ya da İngilizcede *knot*, Türkçede deniz mili (ÇN).

Halk etimolojisine göre düğümlerden birinin adı Adriyatik'in doğu kıyısında mezarlara verilmiştir; bir halk deyiminde de "mezara düğüm atmak" denir. Korsika'da Calvili bir ipçiyle tanışmıştım, düğümlerin nasıl atıldıkları, biçimleri, nerelerde kullanıldıkları, kökenleri hakkında bilinebilecek her şeyi biliyordu. Düğümler hakkında, ancak bir bölümünü burada aktarabildiğim, tüm bildiklerimi ondan öğrendim. Şehrin dalgacıları, ki onlardan tüm Akdeniz kıyılarında bolca bulunur, ona Turiddù adını takmışlardı; bu onu derinden yaralamış ve kendini daha çok işine vermesine neden olmuştu.

Tüm işlerin tamamlanmasından sonra geminin dengesinin sağlanması balastçıların sorumluluğuydu; balastın (safra da denir) seyir esnasında yerleştirilmesi, hangi koşullarda ağırlığının azaltılıp artırılabileceği konuları çok güç edinilen bir beceridir. Pruva bodoslamasının tepesine dikilen, kimi yerlerde *maskaron*, *bestion* ya da Hvar Adası'nda olduğu gibi *zviri* (yırtıcı hayvanlar) denen, genellikle tuhaf biçimli burun süslemelerini (canavarlar, ejderhalar, azizler, deniz kızları, insan büstleri ya da şö-

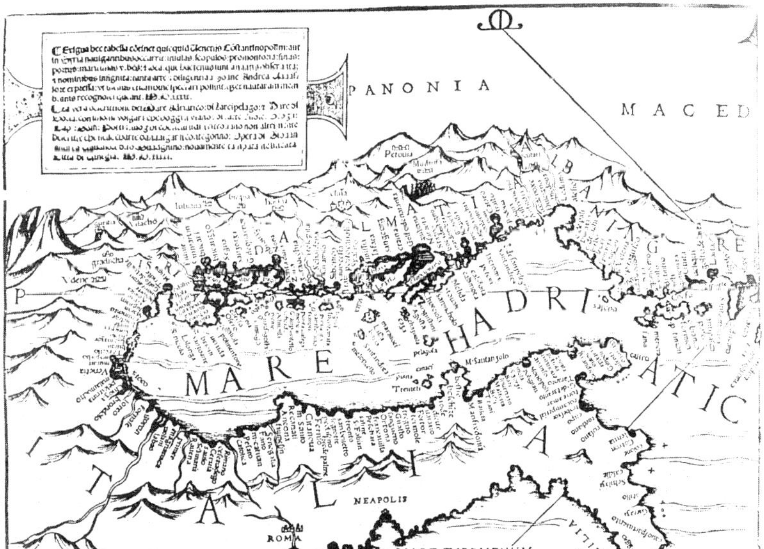

Giovanni Andrea Vavassori: *Mare Hadriaticum*
(Basılan ilk denizcilik haritası, Venedik,1539).

valye armaları biçiminde) yapmaktan başka işleri olmayan, nereden geldikleri belirsiz zanaatkarlara özel bir rol düşerdi. Heykelsi ya da dekorsu özelliklerin üzerinde tartışmaya girmeden, onlardan yalnızca bir uğur ve tılsım olarak söz etmek istiyorum. Fırtınalı havalarda denizciler bu süslemelerin üzerini, rüzgâr ve yağmurdan etkilenmemeleri için, yelken beziyle örterlerdi. Korsanlar onları, ne kendilerini kovalayanlara, ne de kurbanlarına gösterirdi (bu noktada gemilerin yapımıyla tekneler hakkındaki öyküler ister istemez birbirine karışır). Brac Adası'ndaki Skrip kasabasının küçük denizcilik müzesi, nasıl batmış olduğu bilinmeyen *Buon Viandante* gemisinin burnuna ev sahipliği yapardı; bu kalıntıdan geriye şimdi yalnızca bu pruva süsü kalmıştır. Trogir kökenli *La Donna* kadırgası, pruvasındaki güzel kızla, İnebahtı Savaşı sırasında, hâlâ hayatta kalanların canına mal olacak biçimde Türk donanmasından bir gemiyi tam ortasından biçmişti; son zamanlarda o da Trogir müzesinden yok oldu; kimileri çalınmadığını, geçici olarak kaldırıldığını öne sürüyor. Bu türden öyküler, anlatıldıkları eski diller ve yok olmakta olan denizcilik terimleri gibi silinmektedir. Gemilerin limanlardan demir alma ve limanlara iskele etme biçimlerini, adlarını, ufukta görünmelerinin ve gözden yitmelerinin ne anlama geldiğini, onları uğurlamaya ve karşılamaya gelenlerin kimler olduğunu anımsamalıyız. Bekleyişlerin ve eşliklerin tarihi, bunu gerçekten hak eden edebiyata mal olmuştur.

Deniz seferlerinin pek çok başlangıcı, pek çok sonu vardır, ama seferlerin kendileri hiçbir zaman sona ermez (bu yolculuklar özellikle seyir defterlerinde ve kitaplarda sürer gider). Önce, kıyıdan çok uzaklaşmadan, denizi daha yakından tanıyanların gözetiminde, onların sözünden çıkmadan ve onları taklit ederek, küçük kayıklarla denize açılırız. Sonra, kürekle, yelkenle ya da kim bilir başka hangi yöntemle devam ederiz, sonra da daha açıklara, az çok tehlikeli sulara açılırız. Nihayet, genellikle bir başkasının önerisiyle, limanda rastgele seçtiğimiz ya da çoktandır yolunu gözlediğimiz ve rastgele ya da titizlikle seçilmiş araçlarla donatılmış bir gemiyle gerçek bir sefere çıkarız. Bütün büyük denizciler de yola hep böyle çıkmıştır. Bazıları sonsuz yolculuklarına çıkar, bazılarıysa geri döner; onları birbirinden ayıran budur. Dönüşlerinde çevremize farklı bir gözle bakmamıza neden olan, kendi geçmişimizi bile farklı görmeye başladığımız, Akdeniz öyküsünü başlatan ya da sona erdiren seferler en önemli seferlerdir.

İskele, liman, rıhtım, gemi köprüsü, meydan, pazar yeri, balık pazarı, tersane, çeşme ve fenerlerin çevresi, kilise ve manastırların çevresindeki alanlar, mezarlıklar ve denizin kendisi, zaman zaman bir açık hava sahnesine dönüşür. Burada önemsiz ya da yaşamsal önemde, gülünç ya da acıklı, geçici ya da ebedi roller oynanır. Akdeniz'in geçmişi ve bugünü, koca bir tarihtir.

Yüzme bir beceri ve gereksinimdir. Yüzme biçimleri farklı denizlerde birbirlerine benzer ama tam da aynı değildir. Hepsinde ortak olan hareketler herhalde, daha çok deniz yüzeyinin altında yapılan, sonradan öğrenilmeyen, kol, bacak ve beden hareketleridir. Dalgalar arasında, akıntı içinde, derinlerde ya da açık denizde yüzerken öğrenmemiz gereken hareketler ise farklı olanlardır. Bedenin konumu bir koşuldan diğerine farklılıklar gösterir; bazı durumlarda yüzümüz denize ancak belli belirsiz dokunur, bazen de tamamen su içinde ya da su üstünde tutulur; baş ne kadar su üstünde tutulmaya çalışılırsa, vücut da o kadar suyun içine batar. Yüzüş biçimimizden nereli olduğumuz ortaya çıkar; kökenimizin hangi kıyıdan olduğu, bir adalı mı olduğumuz ya da bir ırmak ağzına yakın bir yerden mi geldiğimiz belli olur. İyi yüzücülerin hepsi deniz kenarında doğmuş büyümüş değildir; denizden uzun süre uzak kalanlar onu daha tutkuyla özler. Adalıların yüzüşü genellikle farklıdır. Irmakların çevresinde oturanlar, denizde yüzdüklerinde bile akarsularının gururunu taşır. Zorunlu olarak yüzenlerle zevk için yüzenler arasında belirgin bir fark vardır (bu zevkin nereden kaynaklandığını tam olarak bilebilmek olası değildir). Yüzmeden alınan keyif üzerine çok şey yazılmış, çok şey söylenmiştir; ten ile denizin birlikteliğinden, birbirleriyle iç içe geçmelerinden, denizde atılan geniş kulaçlarla "denizin insanı kucaklaması"ndan, bu yanılsamanın gerçeğe dönüştüğü anlardan, yüzerken edinilen konumlardan ve yüzme biçimlerinden çok söz edilir. Akdenizlilerin hepsi yüzmeden aynı keyfi almaz. Eskiler çok daha az denize girerdi; kadınlarının da yüzmelerine izin vermezlerdi. Akdeniz'de bu bir sevgi göstergesidir.

Dalma, yüzmeden daha çok güç ister. Dalmanın esin kaynağı, daha derin bir tutkudur. Sualtına dalanların olanakları çok daha sınırlıdır; denizin derinlikleri ulaşılmaz niteliktedir. Ayrıca yüzme ile kürekler arasında da ortak noktalar vardır; tanıdığımız ilk kürekler kol ve bacaklarımızdı, bütün kürekler avuç içlerine ya da ayaklara benzer. Bir kadırgada kürek çekmek cezaların en ağırıydı; denizin kayıtsızlığı ve tekdüzeliği, umutsuzluğu daha da artırırdı. Kadırgacılar, tekneleri batan deniz kazazedelerine bile kıskançlıkla bakardı. Akdeniz, yüzenleri, dalanları, kürek çekenleri, kendini sevenleri ve kendinden korkanları ödüllendirdiği gibi cezalandırır da.

Batışlar ve boğulmalar, ya çırpınmalar içinde, ya da sessizce olur. Gerçekte nasıl ve neden olduklarını bilemeyiz. Bu yüzden onları sınıflandırmak da kolay değildir. Bazıları, hemen uyaralım ki, denizin derinliklerinde, unutulmuşluklar içinde kaybolur, diğerlerini önsezilerimizle anımsamayı başarabildiğimizi sanırız. Unutulmuş olanlar, tarihimizi yalnızca kesintiye uğratırken, anımsadıklarımız onu sona erdirir. Batışların hepsi mutlaka beklenmedik biçimde ya da olağanüstü koşullarda olmaz, basit ve gerçekleştiğinde insanı şaşırtmayan batışlar da vardır. Akdeniz, yükselmeye olduğu kadar batmaya da eğilimlidir; çoktandır da yalnızca, kendi dalgalarının içinde kaybolmak, kendi derinliklerine batmak ister gibidir.

Bazı törenler ve âdetler daha gemi tersanede inşa halindeyken düşünülür ve donanımlar ona göre hazırlanırdı. Denizdeki cenaze törenleri karadakilerden farklıdır. Yolculukların uzun, cenazelerin kokmadan saklanmasının zor olduğu zamanlarda, ceset bir halatla bağlı ve yelken bezine sarılı olarak, köprü ya da küpeşte üstünden denize bırakılırdı; yelken bezinden yapılma kefenin kenarı ölünün burun deliklerine dikilir, ayağına da, bir denizciye yaraşır biçimde dik batması için, bir ağırlık bağlanırdı (eski Venedik'te *gejondra* denen bir balast taşı, metal bir çubuk, hattâ bazen de bir top güllesi). Ölünün arkasından simgesel olarak denize birkaç damla yağ damlatılırdı. Yakınlarda bir adanın bulunması durumunda ve cenazenin karadakine benzer törenle toprağa verilmesine karar verildiğinde, mezarın üzerine haç yanına bir de kürek dikilirdi. Bu olay seyir defterine mutlaka kaydedilirdi; bu, yazanlar için çok önemli bir olaydı. Çok yakın zamanlara kadar bu tip cenaze törenlerini anımsayan denizcilere her limanda rastlanabilirdi; bu denizciler Akdeniz'i anlatanlar için en önemli kaynaklardan biridir.

Süngercilik Akdeniz'in en göz alıcı uğraşlarından biridir. Süngerler deniz derinliklerine, derinlerdeki kaya ve bitkilere en sıkı sarılan deniz canlılarıdır. Dilersek süngerleri pek çok şeye benzetebiliriz. Bir meyve gibi toplanabilecekleri gibi, balık gibi de avlanabilirler; hayvan mı bitki mi oldukları sorusu doğabilimcilerin olduğu kadar balıkçıların da aklını kurcalamıştır. Süngerler hareketsiz canlılardır, sularını süzdükleri denizin hareketlerine kendilerini bırakırlar. Sanatlarını icra etmek için gerekli tüm zaman ve tüm deniz ellerinin altındadır. Çok eskiden beri tanınırlar. Girit'te tiyatro kulislerini anımsatan en eski fresklerin üzerinden sünger çekilmiş izlenimi alırız. Temizlikte, sağlıkta (bazılarının iskeletinde bol iyot bulunur), seramik yapımında, okullarda sünger kullanılır. İzleri silerler; unutmak istediğimiz şeylerin üzerine bir sünger çekeriz. Başka denizlerde daha çok olmalarına karşın belki de en çok Akdeniz'de kullanılmışlardır.

Süngerin hasat mevsimi (ki Murter Adası'nda bu mevsime *spugarenje* denir) süngercilerin ömrü kadar kısadır. Kullanılan araçlar da yüzyıllardır değişikliğe uğramamıştır. Dalgıç bir ipe bağlı bir taşla birlikte dibe kadar dalar, sünger hevenklerini bir gladyatör edasıyla bir mızrak ya da zıpkının ucuna geçirir, onları elleriyle yakalar, bir güreşçi gibi elense çekip kopartır, sonra da kopardığı süngerleri halatına bağlı olan sepetine doldururdu (işin bu bölümü seyircisiz oynanmasına karşın en göz alıcı sahne olurdu). Avlanan süngerlerin kıyıda önce sularının sıkılmaları ve kurumaları gerekirdi, daha sonra bu süngerler sopalarla ya da dibeklerde tahıl gibi dövülürlerdi. Bazen zeytin ve üzüm gibi preslerle sıkılırlardı. Daha sonra da deniz suyuyla yıkanır, balık ağı, tuz ya da incir gibi kurutulmak üzere güneşe serilirlerdi. Güneş altında ne kadar kalır, güneşi ne kadar emerlerse renkleri o derece açılır, değerleri de o kadar artardı. İşlerinin daha zor olmasına karşın süngerciler mercan avcılarından daha çok saygı görmezlerdi. Gene de aralarında kıskançlık doğmazdı. Bir süngerin herhangi bir kıyıda aldığı ad başka kıyılarda da değişmezdi. Türk Testisi (ya da Türk Kadehi), Doğu Gülü, Tunus Güzeli, Barbar Yıldızı gibi adlar ne reddedilir, ne de alaya alınırdı. Bu meslekte olanların çok daha önemli kaygıları vardı. Bazı sünger türlerine takılan adlar kimi Antik Çağ kadınlarıyla akarsularının adlarını anımsatır; *Geodia, Tethya, Calyx, Cliona, Chondrosia, Axinella, Apelsina* gibi adlar dilbilimcilerin dikkatini çekmeyi hak eder. Bu adları takanlar kim bilir hangi gizli tutkularını açığa vurmuştur. Akdeniz bazen tüm bilgelikleri emen bir süngere benzetilir.

Mercan avcıları (bazı yerlerde mercan toplayıcıları da denir, böylece bu tür hakkında da kuşkular su yüzüne çıkmış olur) Adriyatik'te *inženj* denen bir alet kullanırdı; pek çok dilde de Venedik kökenli olduğu sanılan bu sözcük kullanılır (Güney Fransa'da *Saint André haçı*, İtalyancada *ingegno* denir). Bu gereç, ucuna püsküller ve tarazlanmış ağlar takılmış bir haçtan ibarettir. Bu haç, Zlarin ve Trapani'dekiler gibi kızıl, mor ya da daha seyrek olarak da siyah mercan parçalarının takılması için deniz altındaki kayalara sarkıtılırdı. Süngerciler bu tür aletlerden yararlanmazdı. Bu birbirlerine benzeyen iki uğraş, XIX. Yüzyıl sonlarıyla bu yüzyılın başında, bağlar bir hastalıkla yok olup üzüm üreticileri ekmeklerinden olduğunda parlak bir gelişme gösterdi; bağcılar yaşamlarını kazanmak için, intihar edercesine taş ağırlıklarla ve halatlarla daldıkları derinlerde geleceklerini aradı. Bu sahneleri bir tiyatro oyununa benzetmek çok acımasız olur. Herkese yetecek ne sünger ne de mercan vardı; pek çokları Akdeniz'i terk edip Kuzey ve Güney Amerika'ya göç etti.

Akdeniz üzerine yazı yazanların, Akdeniz'de sefere çıkanların bunun için kişisel nedenleri olmalıdır. Doğduğum kent,

Adriyatik Denizi'ne elli kilometre uzaktadır. Konumu ve içinden geçen ırmak ona bazı Akdenizlilik özellikleri kazandırmıştır. Irmak boyunca biraz kuzeye gidildikçe bu etkiler silinir, kara etkileri hissedilmeye başlar. Bu nedenle, ırmaklar, Akdeniz'in sınırları ve ırmaklarla sınırlar arasındaki ilişkilere karşı özel bir ilgim vardır. Deniz kenarının çevresindeki etki kuşağının bazı yerlerde nasıl bu kadar dar ve kısa ömürlü olduğuna, bu boyutta büyük değişikliklerin denize bu kadar yakın nasıl ortaya çıktığına bir türlü akıl erdiremezdim. İlk dağ sırası aşıldığında denizle olan bağ kopar, bölge aniden sarp ve kıraç karalı özelliklere bürünür. İnsanların farklı âdetleri, (Balkan *gangesi* gibi) farklı şarkıları, farklı eğlenceleri, *šije-šete*[14] gibi farklı oyunları vardır. Gerçek "denizliler"in gözünde bunlar az çok garip ve anlaşılmaz olgulardır. Dalmaçya kıyılarında bunlara *Vlaji* ya da *Vlasi* denir. Bir başka bölgede ise, sıradağlar ve başka engellere karşın Akdeniz etkisi kendini hissettirir; toprağı, aletleri, hattâ insanları değiştirir. Denizin şu ya da bu nedenle kendinden uzaklara ittiği insanlar, kökenleri hakkında kuşkularla doludur. Bunda kayaların da oynadığı bir rol vardır. Bu bölgelerde topraktan çok taş (ya da karşı kıyıdan söz ediyorsak, çöl kumu) vardır. Kayaların ve toprağın dünyası apayrı bir dünyadır; sıradan olmak için fazla güneş altında, narin olmamak için çok az korunaklıdır. Yalnızca kıyı boyunca tamamen çıplaklaşır; Akdeniz'in simgesi, mitolojisinin esin kaynağı, antik tiyatrosunun sahnesi halini alır.

Akdeniz akarsuları farklı biçimlerde denize kavuşur; bazıları işlerini başarmış olmanın keyfiyle gösterişli bir biçimde denize dökülür, diğerleri sanki bir şaşkınlık rehaveti içindelermişçesine, değişmeye fırsat bulamadan denize ulaşır; bazıları mağrur ve kararlıdır, diğerleri yazgılarına boyun eğer ve kararsız görünür; bazıları sularını pişmanlıkla denize akıtır, diğerleri denizin işlerine karışıp onunla ortaklık kurmak ister. Ne deniz onları hep aynı konukseverlikle karşılar, ne de kara aynı biçimde kendisinin terk edilmesine izin verir. Denizin içinde bir süre

14 *šije-šete* (Boşn.): Karşıdakinin kaç parmak kaldıracağını bilmeye dayanan bir oyun (ÇN).

daha yollarına devam eden ırmaklar vardır; denize darbeler indirir, ondan parçalar koparmaya çalışırlar. Karst kayalarının arasından toprağa gömülüp çok uzaklarda, kıyıya yakın yerlerde ya da deniz içinde soğuk su kaynağı olarak ortaya çıkanları da unutmuyorum. Akarsu ağızlarının ikili bir görüntüsü vardır; bir taraftan ırmak denize dökülürken diğer taraftan deniz de buradan karanın içine sokuluverir. Bazı yerlerde bu karşılıklı ilişkinin gizemi deltalarda ortaya çıkar. Akarsu kıyılarında doğmuş yüzücüler Akdeniz'de yüzerken bazen doğdukları toprakların tatlı sularının tadını aldıklarını sanırlar.

Akdeniz akarsuları boyunca çok gezdim. Sularında yüzdüm, kıyılarındaki bitkilerden yayılan kokuları içime çektim, bu kokuları başka kıyılardakilerle karşılaştırdım. Bu akarsu kıyılarındaki sazlar her ırmak ağzında faklıdır. Ebro, Rhône, Po, Neretva, Menderes, Don, Nil gibi büyük ırmakların tatlı sularıyla tuzlu suyun karıştığı yerlerdeki sazlar her yerden daha sağlamdır. Çamlar, ırmaktan uzakta, ırmak kenarındakiler gibi kokmaz. Bunlar susuzluğa dayanıklı ağaçlardır; susuz bölgelerde reçineleri daha koyu, kabukları daha serttir. Kokuları yardımıyla Akdeniz'in farklı bölgeleri birbirlerinden ayırt edilebilir; ırmak ve deniz kıyısındaki çamlar arasında farklar vardır.

İncir, zeytinin ayak basmadığı yerlere kadar uzanır, Akdeniz'in sınırlarını genişletir. Eski bir Hersek deyimi "eşeğin anırmadığı, incirin yetişmediği" yerlerin güney sayılamayacağını söyler. Keçiboynuzu ve badem ağaçları, ırmak yatakları boyunca, ilk soğuk su koluyla karşılaşıncaya kadar incire eşlik eder. Portakal ve limon ağaçları, toprağın cinsine de bağlı olarak, akarsu ağızlarının az ötesinde artık görünmez olur; Akdeniz'e sonradan getirilmiş ama onun simgesi olmuş ağaçlardır turunçgiller. Daha dayanıklı olan otlar daha öteye, dağlara kadar ulaşır; bu otlar hep Akdenizli olmuşlardır. Bazı kokulu bitkiler hemen yok oluverir: Lavanta ve biberiye gibi. Zakkum, çiğdem ve daha inatçı olan maki bile, rüzgâra dayanıklı olmalarına karşın, birbiri ardından silinir. Nar ağacı yalnız kalır (o buraların eski sakinlerindendir) ama biraz kuzeye gidildikçe o da acılaşır ve yabanileşir; bu haliyle farklı adlar alır. Adaçayı da Akdeniz sınırları dışına çıkıldıkça gücünü ve şifalı olma özelliğini yitirmeye başlar, o da adını değiştirir; o artık pelin otudur. Ilgın ve mersin ağaçlarından bir ad, palmiye ve hurmadan bir anı, gebreotu ile dereotundan bir tat esintisidir yalnızca geriye kalan. Soğan ve sarmısağın deniz kenarında farklı bir bileşimi vardır, kokuları da belirgin bir biçimde farklıdır; içerilerde adları bile değişir. Kıyıdaki domatesler daha bir kırmızı kırmızıdır; domatesin sonradan başka kıyılardan buraya getirildiğine kim inanabilir? Katırtırnağı da kendini tamamen güneye adamıştır; sarı rengini ve kendine has kokusunu en kurak topraklardan, hattâ kayaların yüreğinden alır (ad değişikliklerinde yalnızca bitkibilimin değil dilbilimin de etkilerini görmek mümkündür). Güney bölgelerinde defne daha açılmış, daha gururlu görünür. Kuzeye doğru gittikçe yaprakları büzülür, içine kapanır. Defne taçları, bu bitkiyi yalnızca şiirlerden tanıyan bölgelerde bile zafer simgesi olmuştur. Asma da çeşit ve özelliklerini değiştirerek çevresine uyum sağlar, ancak bu arada kutsallaştırılan özelliklerini de yitirmiş olur, bunun tek istisnası kıtayı bölen üç dört kutsal ırmak boyunca olanlarıdır. Akdeniz kıyılarında artık adamotu bulmak çok güçtür. Kotorlu denizciler adamotu bulmak için beni Ljuta (Deli) Irmağı yakınlarına, eski Ragusa Cumhuriyeti ile bugünkü Karadağ arasında, Katolik Akdeniz'le Ortodoks Akdeniz'in karşılaştığı Konovli yakınlarında, Esculape denen bir göl kenarına götürmüşlerdi. Sarısabır nergisinin de başka topraklardan getirilip sonradan burada yetiştirildiğine inanmakta güçlük çekeriz; Yeni Dünya'dan getirilip İspanyol kıyılarına dikilmesinin üzerinden ancak beş yüzyıl geçmiştir. Tutunduğu ve aynı zamanda da bir arada tuttuğu zayıf topraklarda kök salar, özellikle güney bayırlarında toprağın aşınmasını önler. Ondan önce, bayırların, toprak ve taş yığınlarının çökmesine neyin engel olduğunu bilemiyoruz. Onun Akdeniz'den daha acımasız iklimlerin bitkisi olduğunu, ancak çanaksı sarı taçyapraklarının bazen metrelerce uzayabilen gövdesinin üzerinden fışkırmasını, sonra da köküne kadar kurumasını gördüğümüzde anlarız.

Benim gibi, bir ırmak kenarında doğanlar için her önemli su kütlesi kendince bir deniz sayılır. Akıntıya karşı vadilerden yukarı doğru ilerleyen Akdeniz etkisini izlemek son derece kolaydır; bu etki Rhône boyunca Lyon'a kadar görülebilir (daha ötede Cenevre ve Leman Gölü yakınlarına kadar bu etki bir görünür, bir kaybolur); aynı etki Po boyunca Alpler'e kadar ulaşır (ama burada da etki sürekli değildir), Arno üzerinde nereye kadar ulaştığını bilemiyorum, belki de Toscana dilinin kaynaklarına kadar uzanır. Bu etki Tiber'den aşağıda ya da yukarıda tarihe de mal olur; Nil üzerinde Assuan mucizelerine kadar tırmanır. Ebro boyunca Aragon ve Navarra yollarını açar. Guadalquivir de, Tago gibi Atlantik'e dökülmesine karşın, Akdenizli sayılır. Morena ve Estramadura sierraları girdaplarının nerede sonlandığını kim bilebilir? Ürdün Irmağı kıyısında kısa bir mola vermiştim; bu akarsuya buralardan, sonradan döküldüğü Lût Gölü gibi kutsal kitaplar gözüyle bakarız. Sularının Eriha kıyılarında, dünyanın en alçak bölgelerinden geçip buradaki insanların susuzluğunu nasıl dindirdiği, bu insanların, Akdeniz'in yeniden doğuşu arifesinde, kıyılarında yer alan büyük vaftize hâlâ layık oldukları konularına çok kafa yormayız.

Her ülke ve bölge için bir deniz haritası çizebiliriz. Akdeniz'in nefesi Üsküp'e hattâ daha ötelere (Ohrid Gölü yakınlarına kadar) ulaşır; Vardar'dan yukarı Alpler'e, Neretva'dan (doğduğum kent olan) Mostar yoluyla Bosna'ya, İşkodra Gölü ve Morača Vadisi'ni izleyerek Karadağ'a kadar sokulur. Buralarda hak ettikleri ilgiyi görmeyen, Bojana'dan Mirna ve Dragonja'ya, Zrmanja ve Krka'dan Mosor eteklerindeki Poljici ve Zrnovica ve Cetina ile bunların büyüklü küçüklü kolları gibi kimi akarsuların kıvrımlarında Akdeniz özellikleri gizlidir. Adriyatik'in İtalyan kıyısından denize dökülen akarsuların (kuzeydeki Po ve Adige dışında) yalnızca Apenin Yarımadası'na ait oldukları söylenebilir. Adları kendilerinden daha heybetli olan Reno, Lamone, Savio, Pescara, Biferno, Ofanto ve Taranto Körfezi'ne dökülen bir iki ırmak daha bunlardandır. Balkan ırmakları ise yarımadanın kendinden çok kıta içlerinden doğmuş gibidir. Bu ilişkilerin niteliği, bazen çok yumuşak olmakla birlikte çok farklı biçimlere bürünür, en azından Akdeniz'in orta yerindeki bu bölgede.

Yunanistan akarsuları, Yunanistan'ın Makedonya ile paylaştığı ve burada Axios adını alan Vardar Irmağı dışında ilk bakışta hiçbir özelliği olmayan akarsulardır; Selanik Körfezi'ne dökülen bu garip su akıntısı olmasaydı Selanik Selanik olamazdı. Aynı kıyılardan Ege'ye dökülen daha güçsüz ırmaklar arasında Aliakman, Peneios, Sperkeios ve Kefissos vardır. Burada adları duyduğum gibi aynen yazıyorum. İyon kıyılarından da Thyamis, Arakidos, Akhelos ve Mornos'un adlarını anımsıyorum. Ege ve İyon kıyılarını birbirlerinden farklı kılan şeylerden biri de akarsulardır. Peloponessos için durum biraz farklı gibidir. Pyrros ve Yunanistan'ın kuzeyindeki aynı adlı ırmakla karıştırmamamız gereken Peneios, Lakonia Körfezi'ne dökülen Eurotas ile Alfeios, yalnızca küçük derelerdir. Kısa ömürlü kolları gizlerle doludur; bazılarının, yazın en sıcak günlerinde bile az bir miktar suyla yaşamlarını devam ettirmeleri, belki de toprağın yüreğiyle kurdukları derin ilişkiyi ortaya koyar. Antik Çağ'da yeraltı sularından söz edilmesinin nedeni kuşkusuz buydu; Pyriphlegeton tamamen bir ateş ırmağıydı, Acheron bir acı ve eziyet ırmağına, Styx "korkunç bir lanet"e, Kokytos ise bir inlemeye benzetilirdi. Mağrur ırmaklar daha sıradan akarsulara karışmakta çok gönülsüzdü; Titerasion Peneios'un dalgalarına karışırken "yağ gibi" yüzeyde akmaya devam ederdi. Yunanistan yüzünü tamamen denize dönmüştür. En parlak zaferlerini denizde kazanmış, en ağır yenilgilerini karada almıştır. Yunanistan'ı yıkan sonunda gene kara olmuştur; Akdeniz'de bir devleti kurtarmak için akarsular yeterli değildir.

Türk akarsuları, en azından benim gördüğüm Bakırçay, Menderes ve Gediz, Yunan kıyılarındaki akarsulardan farklıdır. Bu akarsular farklı bir kıyıda doğmuş, sırtlarını farklı bir karaya dayamışlardır. Burada karaların birbirlerinden ayrılmasının üzerinden çok zaman geçmiştir; ırmaklar iki kıyıyı bir araya getirmekte yetersiz kalır. Tuna'nın ve Rusya ile Ukrayna'nın eski ırmaklarının Karadeniz'e döktükleri sular, İstanbul ve Çanakkale boğazlarından devasa bir su kütlesi halinde akar. Çok zaman harcamadan Don, Dinyester ve özellikle Kiev Rusyası'nı vaftiz eden Dinyeper ırmaklarının denize döküldükleri yerleri gezdim; bu ırmakların suları, özellikle kıyılara yakın bölgelerde aksini düşündürse de, Akdeniz ırmaklarından farklıydı. Odessa'dan bir Ukraynalı, Belgrad ya da Novi Sad'da bana, Tuna'nın buralarda Karadeniz'e benzediğini ve kendini Akdenizli saydığını itiraf etmişti. Kıta içlerinden kopup gelen bu suların tek işlevi su düzeyinin düşmesine engel olmak değildir. Karadeniz, boğazlarla ayrılmış olmasına karşın Akdeniz'in ayrılmaz bir parçasıdır.

Kuzey Afrika ırmaklarını çok yakından tanımam. Genellikle Nil'den söz edilir ama onun Akdeniz'le ilişkisi çok dile getirilmez. Kızgın topraklar üzerinde, alışılmamış yataklarında zorlukla yaşama savaşı veren bu akarsular, kumlar arasından süzülür ya da onları güneşten koruyan toprakların derinliklerindeki büyük biriktiricilerde yaşamlarını sürdürür. Her şeye karşın denize ulaşmayı başaran Tunus'ta Kartaca'ya çok uzakta olmayan Medjera, Medea ve Mascara arasında daha güçlü akıntılarla büyümeden sona ermek istediği sanısını uyandıran Cezayir'deki Chelif, Fas'da Üç Çatal Burnu yakınlarında Melilla'dan denize

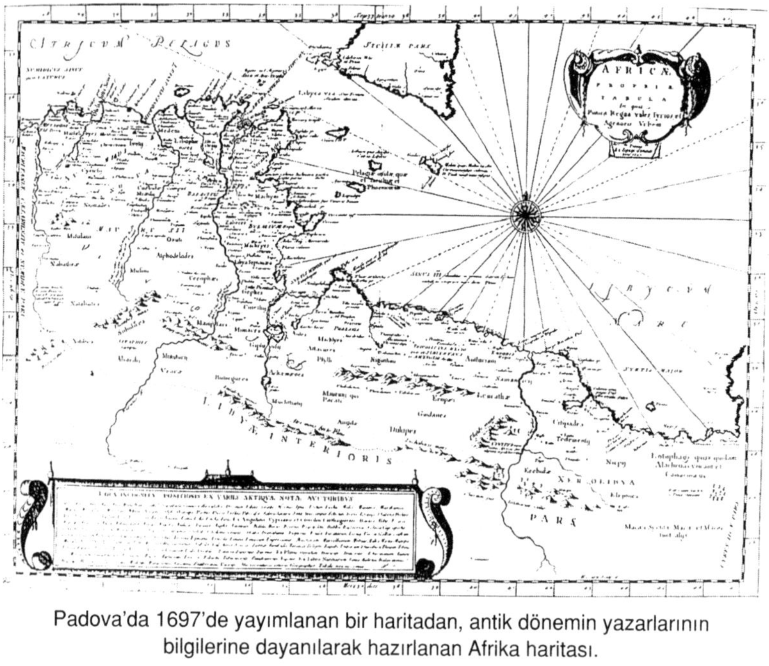

Padova'da 1697'de yayımlanan bir haritadan, antik dönemin yazarlarının bilgilerine dayanılarak hazırlanan Afrika haritası.

dökülen Molonja (Moulouya) gibi birkaçının izinden gitmiştim. Bu üç şanslı ırmak, geçtikleri bölgelerin ve bu bölgelerdeki insanların dileklerini yerine getirir gibidir; taş ve çakıllarla örülü yatakları neredeyse beyazdır; kıvrımlarında ve en derin anaforlarında suların rengi, kuma, çöle ve Akdeniz'in en kavurucu, en acımasız güneşi olan Afrika güneşine inat, yemyeşildir.

Denize bağlı olanlar genellikle kumla çok haşır neşir değildir. Ben de öyleyim. Çöl ile denizin enginliği, kum tepeleriyle dalgaların benzerliği ve paylaştıkları yazgı ile rüzgârlardan çok söz edilir. Bazı Arap ozanlar becerilerini yalnızca bu konuya adamıştır. Kuraklığın daha az olduğu bölgelere doğru engin kumları terk eden bitki örtüsü, değişir ve yenilenir. Çölün denize kadar ulaştığı yerlerde deniz, özelliklerinden bir bölümünü yitirir. Tell eteklerindeki yaylalar yakınında, Sahra'nın kıyısında, Akdeniz bitki örtüsü yeniden ortaya çıkar. Buralarda çiğdem ağacı (*al-sedra*), lavanta (*al khozama*), daha açık renkli süpürge otu, Arapların *al-krvaisa* ya da *al-meriema* dedikleri adaçayı, katırtırnağı (*al-vezzal*), sedefotu (*al-fidjel*), mersin (*al-rihan*) ve sapı kırıldığında içinden koyu ve yapışkan bir öz çıkan, ne adını ne de cinsini tahmin edebildiğim bir başka bitki daha gördüm. Akdeniz bitki örtüsü Afrika'da, kuzeydeki kıyıların tersine, Afrika sıradağlarının ötesine kadar sokulur.

Denizden uzakta, suyu bol pek çok su kaynağı vardır, ancak bunların ancak küçük bir bölümü gerçek akarsulara dönüşebilir. İnsanlar bu kaynakların, sonunda denizde yitip gidecek olan ırmaklara ulaşmasını istemez; bu suyun hepsini kendilerine saklamak isterler. Tlemcen gibi eski bir Sami lehçesinden gelme adlarını kaynaklardan alan antik kentler vardır. Bunlar, özellikle kurak yollar boyunca çok önemli yerlerdir; Sahra, yoksul toprak anlamına gelir. Burada su, en eski zenginliktir; yaşamın kendine ve sonsuz yaşama duyulan inancın, beden sağlığının ve ruh arınmasının kaynağı da sudur. Suya, karşıdaki kuzey kıyılarından daha çok değer verilir bu taraflarda. Oradan bakıldığından bu kez bizim tarafın kuzey olduğunu unutmayalım.

Her birinin üzerinde esen rüzgârları tanımadan, deniz ve kara etkilerinin alışverişinin yaşandığı geçit ve boğazlara girmeden, kıyılarda ve ırmak ağızlarında oturan insanları tanımadan, Akdeniz ırmaklarını tam olarak anlamak olası değildir. Denizin özelliklerini paylaştıkları sürece bizim ırmak kenarları da deniz kenarına düşen yağmurlardan nasibini alır. Biraz daha yukarıda ise artık kara yağmurlarını almaya başlarlar. Vadi ve ovalarda yaşayanların paylaştığı, yağmurların kökenlerinin neresi olduğunun bilinebileceği iddiasını kanıtlamak ya da çürütmek güçtür; Akdeniz'in tuzlarından henüz arınmış yağmurla, güneşin, karanın bağrından söküp aldığı yağmuru birbirinden ayırabildiklerini öne sürenler vardır.

Ne Akdeniz kıyılarında yaşayan halkların tümü bilinir, ne de o halklar birbirlerini yeterince tanır. Bazen halk sözcüğünün ne anlama geldiğini de çok iyi bilemeyiz: Bir kent mi, bir ülke mi, bir ulus mu, bir devlet mi, bunların her biri mi yoksa hepsi birden mi? Burada, daha önce yazılmış bir Akdeniz tarihini yazmak ya da zaten başkalarının incelediği geçmişin izlerini sürmek değil amacım; burada altını çizmek istediğim, deniz kenarındaki insanların varlığı ve onları denize bağlayan ilişkilerdir. Dolayısıyla anlatım sırası tamamen kişisel ya da başka türden pek çok şeye bağlıdır; bir günlük ya da denemeler dizisi sayılabilecek bu kitaptaki sıralama, ne öncelik, ne de tercih belirtir. Bazı Akdeniz halkları gördükleri ilgiden daha fazlasını hak eder; bense ne yazık ki bu halkların hepsini tanımıyorum. Bu kısa kitapta hepsinden hak ettikleri ölçüde söz edemeyeceğim; Akdeniz'in tüm kıyılarını gezmiş değilim.

Tarih, Pelajlar, İlliryalılar, Liburnialılar, Siculiler, Sardinyalılar, Karadeniz'de İskitler ve Hazarlar gibi bazı halkların Akdeniz kıyılarına kadar gelip buralarda yerleşmelerine ya da yok olup başka halklarla karışmalarına tanıklık etmiştir. Giritlilerle Filistinlilerin kökenleri itibariyle "deniz halkları" oldukları bilinse de hangi kıyıdan geldikleri konusunda bir bilgimiz yoktur. Etrüskler Roma İmparatorluğu'na denizi açmışlar, denizcilikle ilgili bilgilerini onlarla paylaşmışlardı. Fenikeliler ve torunları Kartacalılar anımsanmayı en çok hak eden halklardır. Sami kökenli bu insanlar, kimsenin gidemediği yerlere yelken açmış, arkalarında daha derin izler bırakmışlardır. Fenikeliler

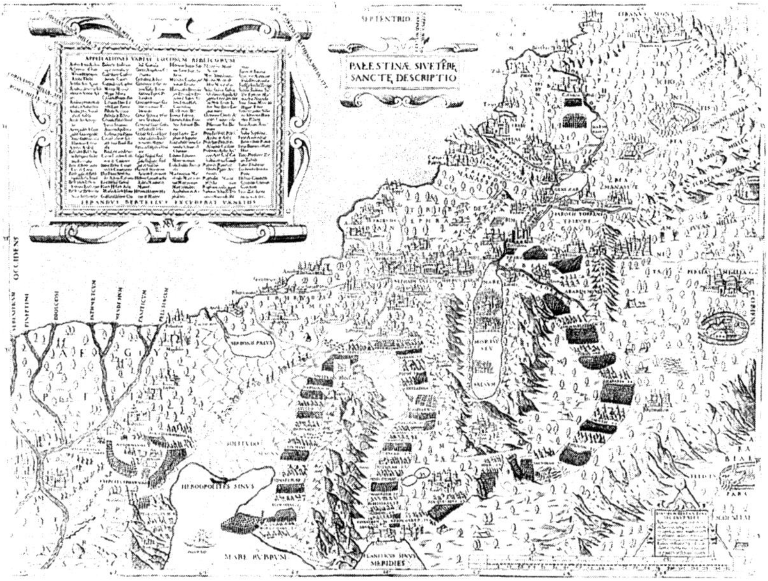

Fernando Bertelli: Filistin, Kutsal Topraklar tasviri (Venedik, 1563).

bir imparatorluk tasarlamamışlar ama imparatorluklara direnebilen limanlar kurmuşlardı; Tir ve Sidon'un ötesinde Kartaca (*Kart Hadesht* Kartaca dilinde "Yeni Kent" anlamına gelir), Esa, Tipasa, Leptis, Cadiz de onların eseridir. Edebiyat, Kartacalıların girişkenliği ve becerileriyle ilgili yapıtlarla doludur. Biz yalnızca, bakır levhalar üzerine işledikleri deniz haritalarının en eski, en kolay okunur haritalar olduğunu ekleyelim. Akdeniz'deki ve ötesindeki seferlerine eşlik eden ünleri ise tunçtan daha sağlamdır.

Antik Çağ'ın kutsal kitaplarında söz edilen "deniz halkları" İsrail halkının düşmanlarıydı. İsrailliler daha Kenan ülkesine varmadan önce, Filistin'e adını veren, denizi iyi tanıyan Filistinlilerle karşı karşıya gelmişlerdi. Museviler bütün Akdeniz'e Filistin Denizi derdi. Bu deniz onlara çok büyük görünürdü, bu yüzden Akdeniz'e Büyük Deniz de dedikleri bilinir. Çöl tarafından daha kolaylıkla ulaşabildikleri Lût Gölü çok tuzluydu; ona Tuz Denizi, Acı Deniz, Çöl Denizi, Araba Denizi adlarını uygun gördüler. Deniz düzeyinin altında yer aldığı için Ürdün'ün içme suyunun geçişine izin veren Genazereth ve Galile göllerine de deniz dediler (bunlar Kinneret Denizi ve Tiberiad Denizi adlarını da aldı); belki enginliği onlara esin kaynağı oldu, belki de denizle gölü birbirlerinden ayırmaya gerek duymuyorlardı. Büyük Deniz'den daha çok burada balık avlarlardı. Kral Salomon gemilerini, Akdeniz'den daha önemli saydığı Kızıldeniz kıyılarında Ezion-Geber'de yaptırırdı.

Musa Peygamber, seçilmiş halkını ikiye yarılan Kızıldeniz'den geçirdi; buradan gemilerle değil, denizin tabanından yürüyerek geçtiler. Yonas[15] bir gemide değil bir balinanın karnında denize açıldı; adı İbranice güvercin anlamına gelir, martı değil... Eski Museviler toprağa bağlı çiftçilerdi. Onları göçebe olmaya koşullar zorlamıştı. Denize açılan bir kıyıları olmadığı için hiçbir zaman bir filoları olmadı. Kendilerinin olmayan gemilerde tayfalık yaptılar. Diaspora'da başlarında kaptanları değil, hahamları vardı. Kovuldukları topraklara geri dönme hayali, onlara yeni dünyalar keşfetmekten daha çekici gelmiştir. Hatırlanamayacak kadar eski zamanlardan beri, gözleri saydam gökyüzüne çevrilidir; orada tek Tanrı'yı ilk gören ve onun mesajını ilk alan onlar olmuştur. Her koşulda kuzeyden uzak durup güneye yakın olmak istediler. Umutlarında olduğu gibi anılarında da, geri dönmek istedikleri topraklar denizle çölün yanı başında, Akdeniz'le Lût Gölü arasındaydı.

Arapların, Akdeniz kıyılarına yerleşmeden önce, denizcilikle ilgili ne gibi bir somut deneyime sahip olduklarını bilmiyoruz. Doğunun denizleriyle batının denizleri uzun süre birbirlerinden ayrıydı; gemilerin yapım yöntemleri, biçimleri, işlevleri her denizde farklıdır. Araplar Akdeniz'e, Yunanlılar ile Romalıların dediği gibi "bizim deniz" demezlerdi; ona Suriye Denizi ve Rumeli Denizi adlarını vermişlerdi. Onların denizi, kendi adaları saydıkları ve kökenlerinin kaynağı olarak gördükleri Arap Yarımadası (*Cazirat-al'Arab*) kıyılarındaki denizdi; bu ulusun kökeni, inancın merkezi, belleğin temel direği burasıdır. Başka ülkeleri keşfetmek için Akdeniz'i bırakıp başka denizlere açılmadılar, çünkü Akdeniz onlar için zaten başka bir denizdi. Bu deniz üzerinde de herkesle boy ölçüşebildiler. İberyalı ra-

15 Yonas: Yunus Peygamber (ÇN).

kipleri gibi Atlantik Okyanusu'na açılmadılar ama Basra Körfezi de bir okyanusun, Hint Okyanusu'nun parçasıdır; iki okyanusta birden var olma deneyimi, herhalde, ulusun ve devletin kaynakları tüketilmeden, savaşçılarla denizcilerin sabırlarının ve dayanma güçlerinin sonuna gelinmeden yaşanamazdı. Pek çok denizde birden bulunma durumu belki yalnızca adalı halklara tanınmış bir ayrıcalıktır; onların her yanı denizdir ve umudun ne tarafta olduğu bilinmez. Bu açıdan Akdeniz adaları diğerlerinden farklı değildir.

Araplar tek bir ulus değildir; uzun süre, birbirleriyle iç içe yaşamaktansa, yan yana yaşamayı seçmişlerdir. Her birinin denize bakışı faklıdır. Devinim içinde olanlarla yerleşik düzende toprağa bağlı olanların, özellikle kıyılarda aynı bakış açısına sahip olmaları beklenemez; göçebelerle yerleşiklerin ufukları faklıdır. Basra kıyıları, buradaki halkların bir arada yaşaması için fazlasıyla geniştir. Kara da ne onlara destek olmuştur ne de elverişli koşullar sağlamıştır. Kıyı ile kara, *Sahra* ile *Sahel*, deniz halkları ile çöl halkları, Tell ile Cebel arasındaki farklar çok büyüktür. Toprağın kuraklığı ve çölün susamışlığı, tüm çabaların ve eldeki tüm güçlerin toprağa ve yaşamı devam ettirmeye adanmasını gerektirmiştir; ondan sonra geriye denize açılmak ve keşifler yapmak için yeterli güç kalmıyordu. Çölün ele geçirilmesi denizden daha kolay, daha az yorucu değildir. Araplar en güzel bahçeleri yarattılar ama limanları hiçbir zaman en parlak limanlar olamadı. Başkalarının da "Arap yelkeni" adıyla kullandığı, üçgen yelkenlerini taktıkları küçük tekneler, Akdeniz egemenliğini ele geçirmek, buradan da daha uzak denizlere ulaşmak için yeterli değildi.

Kıptiler ve denizle ilişkileri hakkında az şey bilinir. Mısırlı ataları, Nil Irmağı ve deltasına denizden ve deniz egemenliğinden daha çok önem vermişlerdi; tarihte onlarla birlikte anılan çok az sayıda deniz seferi vardır. Antik Çağ'ın gezginleri firavunlar ülkesinde denize *iam* dendiğini duymuşlardı (bu sözcük yalnızca Mısır'da kullanılmazdı); Mısırlıların Kıpti torunları, biraz daha boğuk ve puslu bir ağızla da olsa geçen yüzyıla kadar, hattâ günümüzde hâlâ bazı bölgelerde bu sözcüğü kullanmışlardır: *Yom* ya da *eyom*. Alacakaranlığın bu sesi yazgılarına de eşlik etmiştir. Denizde onlara yer yoktur. Gittikleri yerlere, daha önce sözünü ettiğimiz "deniz halkları" ve karalı başka uluslar hep onlardan daha önce varmış oluyordu. Kıptiler yeni bir inanca sarıldıklarında, ona kendilerine özgü bir biçim vermek istediler; ancak sonuç "sapkın" nitelemesiyle karşılaşmaları oldu. Gemi yerine tapınma yerleri yaptılar. Liman yerine, bazen çöl kenarında, deniz kıyısına yakın yerlerde manastırlar inşa ettiler; deniz seferlerinin yerine tapınmayı koydular. Aziz Antonius, Aziz Pakomios, Aziz Makarios gibi Akdeniz'in en yüce keşişleri ve en ağırbaşlı ermişleri Kıpti ağacının meyveleridir.

Berberiler de kıyıdan içerilere, dağlara, yaylalara, Sahra'ya doğru kovulmuş halklardır. Yer yer denize yakın bölgelerde kalmışlardır, dillerinin etkisi bazı körfezlerde hâlâ hissedilir; adalarda berberi dilinden çok sözcük vardır. Eski seyahatnameler Berberilerin denizden Araplardan daha çok korktuklarını anlatır. Her şeye karşın gemi, yelken, dümen gibi kavramlar için kendi dillerinde sözcükler vardı. Benzer biçimde, denize verdikleri *ilel* ya da palmiye meyvesine taktıkları *tegla* adları da kendi özgün dillerindendir. Denizci bir halk değillerdi ve hiçbir zaman da olamamışlardır. Kürek için özel bir sözcükleri yoktu ama küreğin sapı için vardı; başkalarının kadırgalarında kürekçilik yaparlardı. Kimileri becerileri ve acımasızlıklarıyla ünlü korsanlar oldu; başkaları da onlara karşı daha az acımasız değildi. Onların Akdeniz'de payına düşen toprak parçası (tıpkı bedevilerin başkalarıyla paylaşmak zorunda kaldıkları topraklar gibi) en elverişsiz olanlarıydı. Berberilerin atalarının nerelere kadar ulaştıkları hakkında bilgimiz yok. Atlantik'e, İrlanda'ya doğru yelken açıp açmadıklarını, Britanya ve İskoçya'ya varıp varmadıklarını, bu kıyılarda kalıp kalmadıklarını bilemiyoruz. Belki de İberyalılarla Ligurialılara benzeseler daha iyi olurdu. Akdeniz halklarının hepsi Akdenizlileşememiştir.

Fas'tan Libya'ya, Mısır'dan Sina ve Suriye'ye, zaman zaman bedevilerle karşılaştım. Onları tam anlamıyla tanımayı başardığım söylenemez; nereden nereye, hangi nedenle gider gelirler, bir yere mi giderler, bir yerden mi dönerler bilemem. Bir ulusa ait midirler, bir ulus mu aramaktadırlar, yoksa bir ulusa gereksinimleri var mıdır? Vatanları, vardıkları ya da yola çıktıkları nokta mı, yoksa bunların hiçbiri değil de oradan oraya giderken izledikleri yol mudur, bilemiyorum. Vatanları çöl, sınırları ufuktur. Denizin onlar için bir çekiciliği yoktur. Çadırlarını bir yelken gibi kum tepeleri arasına dikerler. Vahalar limanları, kervancılar tayfalarıdır. Bir defasında deve sütünü denemiştim; az miktarda ama koyu ve besleyici bir içecekti. Göçebelerin kendi dillerinde anlattıkları enfes öyküleri kavramak kolay değildir. Akdeniz kıyıları boyunca bıraktıkları izler kum ve rüzgârla silinir gider.

Abraham Ortelius: Türk İmparatorluğu tasviri (Anvers, 1578).

Türkler buralara Asya kıtasının derinliklerinden geldi. Irmakları, bizim dillerimize armağan ettikleri *kayık*larıyla[16] aşarlardı. Denizi tanımazlardı; adını bile Perslerden ödünç aldılar ve ona *derya* dediler. Kendi dillerinde tatlı, tuzlu tüm sulara *deniz* adını verirlerdi. Karada denizden daha becerikliydiler; ata biner, gemiye binmezlerdi. Geldiklerinde farkları nelerdi ve bu farklılıkların, yerleştikleri ve fethettikleri yerlerin seçiminde,

16 caicco (İt), caïque (Fr), kajak (Boşnak Hırvatça) (ÇN).

deniz kenarında ya da denizden uzakta yerleşmelerinde ne gibi bir etkisi oldu bilmiyoruz. Onları bugün bile farklı kılan özellikleri budur. Balıkçıdan çok çiftçi, denizciden çok savaşçı olmuşlardır. Diğer Akdenizliler gibi zeytini ve inciri baş tacı etmişler, bunlarla birlikte toprağın ve denizin elverdiği ölçüde üzüm, nar ve badem yetiştirmişlerdir.

Anadolu bir yarımadadan çok bir kıta parçasıdır. Denize açılma noktaları pek çok yerde ya çok dar, ya da kapalıdır. Falezler ve kayalıklar yer yer karanın hemen deniz kıyısında başladığını haber verir gibidir. Kuzey kıyıları rüzgâr ve soğukla kırılır. Güneyi ve batısı bazen daha az, bazen daha çok Akdenizlidir. Deniz kenarlarındaki antik kentlerin bir bölümü daha Türkler Anadolu'ya gelmeden önce yıkılmıştı; geçmişten günümüze kadar ayakta kalmayı başarabilen izler, Anadolu'nun yeni sakinlerinden çok, ilk yerlilerine aittir. Türkler özgün geçmişleriyle bugünleri, Osmanlı İmparatorluğu'nun göz kamaştırıcı günleriyle yok oluşu arasında kalmışlardır. Bir zamanlar sahip oldukları güce, onları birlikte tutan barışa ve onları bölen anlaşmazlıklara ilk hayret edenler yine kendileri olmuştur. Denizden, yararlanabilecekleri ölçüde yararlanamamışlar; yapabileceklerinden çok daha fazlasını gerçekleştirebileceklerini kanıtlamışlardır. Türkler, Türkiye'nin Avrupa bölümündeki topraklarında (Rumeli ya da Urumeli), Akdeniz'e doğru ilerlemekten çok, Balkan sınırları içinde kalmıştır.

Suriye'yi daha çok karadan, o da büyük bir aceleyle geçtiğim yolculuklar sırasında gördüm. Oraya varmak için Lübnan'dan geçmiştim. Suriye bir Arap ülkesi olmakla birlikte, halkı ve tarihi karışıktır. Eski Asur mirasını saklar. En önemli kavşak noktalarından biridir. Denize açılışı Ansariye Sıradağları ile engellenir. Suriye Denizi'ne (Araplar Akdeniz'e bu adı verirdi) dökülen üç ırmak arasında yalnızca Asi Irmağı iç bölgelere doğru geniş bir yol açabilir. Dağ zincirinin diğer yanında derin bir kara parçası yer alır. Hem deniz, hem de kara çöle komşu olur; çöl her ikisiyle de birbirlerinden daha iyi geçinir. Burada çöle ait olmayan her şey, Antakya'dan Halep'e bir yolculuk, Lübnan'dan geçiş, Beyrut yıkıntılarında bir mola (pek çok parlak Akdeniz şehri böyle yok olmuştur), en keskin kılıçların, en zarif dokumaların yapıldığı Şam, Antik dünyadan bir şeyler taşır, eskiyi anımsatır. Çölse kendinden başka hiçbir şeyi çağrıştırmaz, hiçbir şeyi açıklığa kavuşturmaz. Tam tersine, denize kadar sokulduğunda, tüm Afrika kıyılarında olduğu gibi, Akdeniz kendine özgü kokusunu yitirir. En az Nil ağzındakiler kadar sağlam sazlarla dolu Asi Irmağı ağzında biraz zaman geçirmiştim. Tell Kalkh ve Tell Kazel'de arkeologların, adının Simyrra olduğu tahmin edilen bir batık liman kentini aradıkları kazı bölgesi civarında mola vermiştim. Suriye ve Lübnan'da, kıyı ovalarında yaşayanlarla hemen yanı başındaki dağda yaşayanlar, kıyıda yaşayanlarla çölde yaşayan insanlar arasında derin görüş ayrılıkları vardır, tıpkı Akdeniz'in diğer bölgelerinde olduğu gibi.

Hepimizin yüzü Yunanistan'a dönüktür, kendimizde ondan az çok bir şeyler buluruz. Ama o herkese ait değildir. Yunanistan herkesin hayal ettiği gibi tamamen denizle iç içe değildir; zirveleri karla kaplı dağları da vardır. Deniz, iç bölgelere her yerde aynı derecede ve aynı biçimde sokulamaz. Deniz kadar kara da eskiden nasılsa şimdi de öyledir. Ne Ege adaları, ne Ege, ne İyon Denizi, ne de gökyüzü toprağın rengini değiştirmemiştir. Buna karşın gene de geçmiş geri gelmez, tarih tekerrür etmez. Yunanistan'la *Megalo*[17] Yunanistan'ın birbirlerinden ayrılmaları üzerinden çok süre geçmiştir; Hellas ile Bizans'ın yolları sonsuza dek ayrılmıştır, Bizans ve Doğu İmparatorluğu bir daha hiçbir zaman karşımıza çıkmamıştır. Bu kopuşlar çok derin etkili ve acı verici olmuş, karadaki kayıplara denizdekiler eklenmiş, her defasında elde nelerin kaldığını gözden geçirmek gerekmiştir. Yunanlılar, ellerinde kalanın yola devam etmek için yeterli olup olmadığını ya da her şeye yeni baştan mı başlamaları gerekeceğini kendilerine hep sormuşlardır. Akdeniz'in yazgısı Yunanistan'ınkiyle özdeşleşir.

Eski, yeni, dini ya da bambaşka özelliklere sahip pek çok önemli şey, Yunanca kökenli adlarını korumuştu; sözcükler tek başlarına o şeylerin yerini alamazdı. Başkaları, Yunanlıların geçmişini onlardan daha iyi açıklayıp yorumlamıştır. Yunanlılar, ülkelerine saygılarını sunmak için gelen yabancıların hiz-

17 *Megalo* (Yun.): Büyük (ÇN).

metine girmek zorunda kalmışlardı. Konuklar, bugünlerini anlamadan onların geçmişlerine hayran kalmışlar, ikisini birbirine karıştırmışlardı; Yunanlılar da sonunda kendilerini bugünde değil geçmişte arar durumda buldu. Topraklarını terk edip başka diyarlara göç ettiklerinde pişman, vatanlarında kaldıklarında da mutsuz oldular; nostalji[18] sözcüğünün Yunanca kökenli olmasına şaşmamak gerek. Denizde karadan, adalarda ise kıyılardan daha yoksuldular. Deniz seferleri yavaş yavaş birer anıya ve öyküye dönüştü; kişilerin ve olayların yerini tarih aldı. Edebiyat da kendi hesabına iyice göz alıcı bir hale geldi. Yunan dili de zaman içinde değişime uğramasına karşın anılar kadar ihtişamlı tarihi de içinde sakladı. Yunanistan'sız bir tarih düşülebilir mi? Belki bu soru bile Akdenizimizde sorulan önemli soruların kaynağı olan Yunan geleneğindendir.

İtalya'nın, her ikisi de Akdeniz'de yer alan, biri doğuda diğeri batıda, iki kıyısı vardır. İtalya da deniz tarafından ikiye bölünmüştür ama hem bir iç denize, hem de açık denize kıyısı olan bir ülke gibi değil; İtalya aynı anda aynı denizin iki farklı tarafında bulunur. Tarihte Apeninler'in bir yanının diğerinden daha şanslı olduğu dönemler olduğu gibi, birbirleriyle rekabete girdikleri dönemler de olmuştur; Yukarı Deniz ve Aşağı Deniz (*mare superum* ve *mare inferum*), Adriyatik ve Liguria (ya da Tiren) Denizi hep karşı karşıya gelmiştir. Bir zamanlar güney, kuzeyden daha açık görüşlü ve daha güçlüydü; kuzey çok uzun süre Akdenizli olamamıştı. Ancak son gülen de kuzey oldu. İki bölgenin birbirine yakınlaşmasında denizin enginliğinden çok karanın dar olmasının katkısı olmuştur. Bölünmüş bu yarımada, Yeni Dünya'ya doğru çıkılacak uzun ve pahalı deniz seferlerinin gerektirdiği kaynakları, iki yakayı bir araya getiremediği için temin edememişti. Dünyanın tüm mirasının kendi kıyılarında, kendi geçmişlerinde yer aldığı düşüncesiyle kendini avutuyordu. Tatlı Akdeniz bu hayallerin beşiğiydi.

İtalya denizle pek çok Akdeniz ülkesinden daha çok iç içedir. Eski Romalılar denizci bir ulus değildi ama kıyılarının güvenliğini sağlamayı ve iyi limanlar yapmayı bildiler. Apenin, aynı zamanda, hem bir yarımada, hem de bir ada sayılabilir.

18 nostalji: Özlem, sıla hasreti (ÇN).

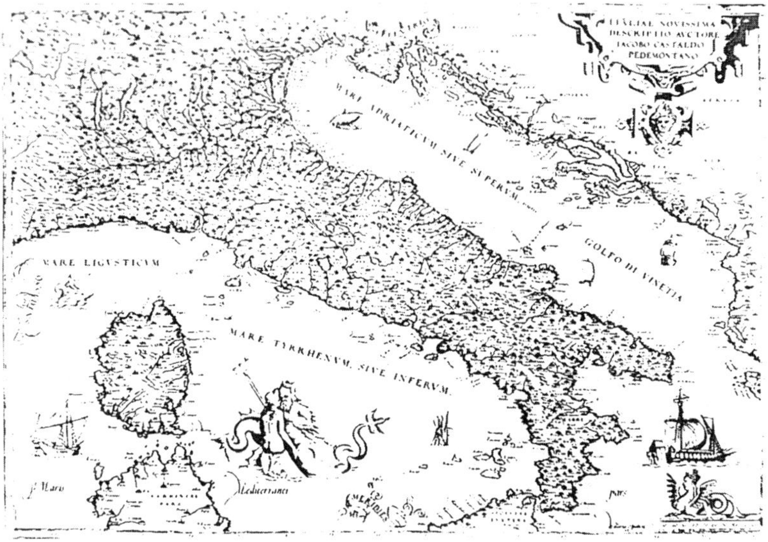

Giacomo Gastaldi (Jacobo Castaldo): Ortelius'un atlasındaki *Italiae novissima descriptio* (Anvers, 1570).

Her iki kıyıda da az çok kendi başına buyruk körfezler barındırır. Tüm Adriyatik'e bir zamanlar Venedik Körfezi denirdi. Kıyı boyunca birbirlerinden denizle ayrılmış kara parçaları birbirle rinin ardı sıra sıralanır. Kıyı kentleri gerçek birer kent devletiydi; birbirlerine yabancı devletler gibi davrandıkları olurdu. Buna karşın İtalya, modern tarihte kimsenin o ana kadar başaramadığı bir şeyi başardı: Uyandı ve dünyayı da uyandırdı. Bu konum ona hem canlılık veriyor, hem de bitkin düşürüyordu. En üretken zamanlarında ticaret ve taşımacılık, el sanatları ile güzel sanatlar, sanayi ve inşaat, üretim ve yaratıcılık el ele veriyordu. Daha az elverişli zamanlarda bütünü oluşturan parçalardan biri tüm ülkeyle çatışmaya girebiliyordu; iç savaşlar dış istilalardan daha tehlikeli oluyor, prensliklerin kibri ve gücü Rönesans'ı engelliyor, kurumların hantallığı gelişmenin önünü tıkıyordu. Bazı durumlarda tüm ülke Roma'nın yanında yer alıyor, bazen de Roma'sız olmayı yeğliyordu. Kendini beğenmiş ve halinden memnun İtalyanlar avantajlarını teker teker başkalarına kaptırıyordu; matbaayı başkaları icat ediyor, güçlü gemileri başkaları yapıyor, Amerika'yı başkaları keşfediyordu.

Kristof Kolomb, kendi ülkesinin ve Vatikan'ın desteğiyle doğduğu kent Cenova'dan değil, İspanya'nın birliğini sağlayan Katolik Kralların desteğiyle Palos de La Frontera'dan denize açılmıştı. Latin yelkeni Akdeniz için uygundu, okyanusa açılmak için değil.

İtalyanlardan, diğer Akdeniz halklarından daha çok ve daha genel kavramlarla söz edilir: Güneyli özellikleri, gürültücü doğaları, neşeden hüzne, hüzünden neşeye kolayca geçebilmeleri, şakacıyken birden kızgın, kızgınken birden şakacı olabilmeleri gibi. Hiçbir halk Akdenizlilik özelliklerinin tümüne birden sahip değildir; bu özellikler Akdeniz'in bir ucundan diğerine herkese biraz serpiştirilmiştir. İtalya'nın güzellikleri konusundaki edebi söylemler ve bu söylemlerden doğan bir yazın çeşidi, pek çok insanı, kendi gözlerinin önündekilerden çok, görülmeye değer oldukları söylenenleri görmeye; geçmişle bugünü geçmişin ve bugünün imgelerinden ayıramamaya; yarımadanın her köşesinde cehennem, Araf ve cenneti; Roma ile taşra arasındaki anlaşmazlıkları; Venedik'le Cenova, Napoli ile Palermo, Floransa ile Siena arasındaki rekabeti; her kentte Papa yanlıları ile Cermen İmparatorluğu destekçilerinin kavgasını; her kapının ardında Montecchi ile Capuleti ailelerini; her işte *mafia* ya da *camorra*nın parmağını; her şatoda Mediciler ile Borgiaları; her manastır ve kilisede aynı azizlerle papazları görmeye itmiştir. Herkesçe malum şeyleri tekrar edip duranlara buraların kıyı kentlerinde "Akdeniz'i bize anlatmayın" derler.

İberik Yarımadası aslında bir yarımadadan çok bir kıta parçasıdır; Avrupa'nın devamı ve sona erdiği noktadır; bazen biri, bazen diğeri, bazen de her ikisi birden olur. İç bölgeleri Akdeniz özelliklerine sahip olmadığı gibi kıyılarının hepsi de Akdenizli sayılmaz. İspanyollar tek bir halk değildir ama İspanya onların ortak vatanıdır. Pireneler İspanya'yı oluşturan halkların birlikte yaşamalarında, kendi iradelerinden daha çok rol oynamıştır. Çok çeşitli geçmişler, tek bir ortak tarih çerçevesinde bir araya gelmiş, farklı olaylar birbirleriyle ilintilenmiştir; ülkenin bir bölümü, tümünü ele geçirmiştir. İspanya bunun olası olduğunu ve bunun neye mal olabileceğini ortaya koymuştur. İberik Yarımadası iki deniz tarafından bölünmüş, bu denizlerden her biri iki farklı ufukla ikiye ayrılmış, her iki taraf da farklı eğilimlerin çağrısına kulak vermiştir. İç taraftaki denizde umutlar daha sınırlıydı; Apeninler'deki rakipler yarışa daha önce başlamış, diğer kıyılarla daha iyi ilişkiler geliştirmişti, ayrıca kıyıları da daha elverişliydi. Atlantik Okyanusu uzun süre bilinmezliklerle dolu ve tehlikeli olarak görüldü; kurtuluşu burada aramak gerekliydi (bu dönemlerde İberik Yarımadası bir bütün olarak görülürdü: İspanya ve Portekiz bir arada). İspanya bir parçasını Yeni Dünya'ya aktardı; kendini bir kez daha parçalanmış ve zayıflamış buldu. Bir yeri fethettiği zamanlarda (belki de kendi bölünmüşlüğü nedeniyle) kazanımlarını elde tutmak ve paylaşmaktan çok, fethetmeyi becerdiğini kanıtladı. Bu yeni Latin dünyasında, kendi latinliği silindi gitti. Akdeniz'le olan bağı artık işe yaramaz hale geldi.

İspanya'yı denizden çok, kara yoluyla dolaştım. Kastilya, Katalonya, Galiçya, Bask Bölgesi ve diğer bölgelerin birbirleriyle arasında, buraları gezip dolaşmış olanların gördüklerinden ve anlattıklarından bazen daha az, bazen daha çok farklılık varmış gibi geldi bana. İberik Yarımadası'nın kendi Doğu Akdeniz'i vardır. İspanyol ve Fransız taraflarında yan yana yer alan Ositanya ve Katalonya bölgelerinin aynı yazgıyı paylaşan ikiz bölgeler olduğunu söylemek mümkündür; ait oldukları devletler için bizim deniz çok önemli değildi. Katalonya'da diğer bölgelerden daha çok kalma fırsatım oldu. Bu bölge toparlanmak ve ayakları üzerinde durabilmek için çok zamana gereksinim duymuştur. Bu durumu göz önünde tutmayanların onu anlaması zordur.

Valencia, Kastilya'ya Barselona'dan daha bağlı gibidir. Balear adaları sakinleri bu iki bölgeden hangisine ait olacakları konusunda kararsız kalmış, adları "ilgisiz"e çıkmıştır; bir ada için herhangi bir bölgenin parçası olmak zaten pek bir anlam ifade etmez. Kıyı kesimlerinde ovalara ve düzlüklere sayısız adlar verilir; ne anlama geldiklerini kavramak neden bu kadar çok adları olduğunu anlamaktan daha kolaydır: *Huertas, vegas, planas, marismas, marinas* vb. Bunların pek çoğu denize karşı daha elverişli bir duruma gelmeye çalışır. Her yerde olduğu gibi buralarda da karalılara alaycı isimler takılır (*churros* sözcüğünü

Augustin Roussin'in *Atlas provençal de la Méditerranée* adlı atlasındaki Fransa, İspanya ve Kuzey Afrika (1633).

anımsıyorum ama doğru anladım mı bilmem). Kastilyalılar deniz için biri eril, biri dişil iki sözcük kullanır: *El mar* ve *la mar*. Dilbilimciler (ki burada herkes kendini az çok iyi bir dilbilimci sayar) bu ikiliğin denize karşı takınılan tutum farklılıklarını ortaya koyduğunu öne sürer; bu türden çıkarımlar iki denize kıyısı olan bu topraklarda edebiyatın ne kadar büyük bir etkisi olduğunu gösterir.

Fransa'nın da iki denize kıyısı vardır ama tam anlamıyla denizci özellikleri gösterdiği söylenemez. Atlantik ya da Akdeniz kıyılarından daha çok Avrupa kıtasına yaslanır. Yüzü Akdeniz'den çok Atlantik'e dönüktür. Güneyde, Provence'da da bölge, Aşağı Provence ve Yukarı Provence olarak ikiye ayrılır, biri ötekine göre daha fazla Akdenizlidir. Languedoc bölgesi de aynı biçimde bölünmüştür. Roussillon hem Languedoc'a hem de Katalonya'ya aittir. Rhône deltası Camargue çevresinde iki ana kola ayrılır. Provence artbölgesi kıyıya hem yakın, hem de uzaktır; dağların çevresindeki yaşam kıyıdakinden çok farklıdır. Taşralı ağzı olarak görülen dil, aslında bambaşka bir lehçedir; sanki yalnızca mistral rüzgârının ve denizin adı Fransızcadakiyle aynıdır. Burada Alpler'in eteklerine "denizcil" denir; bu adı denizi yakından tanımayanlar vermiş olmalı. Provence halkı Akdenizliden çok güneyli sayılır.

Côte d'Azur ve Lion Körfezi (*Sinus Gallicus*) Romalılardan önce de yerleşimlere sahne olmuştur. Burada Ortaçağ'dan önce doğmuş olan kıyı kentleri benzerlerinden farklı bir gelişim göstermiştir. Krallıkla imparatorluk arasındaki sınır buradan geçer. Güney, kuzey krallıklarının yönetimi altındaydı. Eski derebeyleri bu bölgeleri çeyiz olarak verirmiş. Fransız Kralı, Aigues Mortes (Ölü Sular) denen bir bölgede bir liman yaptırmış. Kötü yapılan bu liman bir kanalla denize bağlanırmış; zamanla bu kanal çamur ve toprakla dolmuş. Ne krallık, ne de cumhuriyet Akdeniz kıyılarına hak ettikleri önemi vermişlerdi. İmparatorluğun ise zaten ona ayıracak zamanı yoktu. Toulon ve Marsilya'da gemi direklerini süsleyen zambak motifli bayraklar zaman zaman komşu güçleri tehdit eder düzeye gelmiş olsalar da bu, Fransa'nın gerçek bir deniz gücü olmasını hiçbir zaman sağlayamadı.

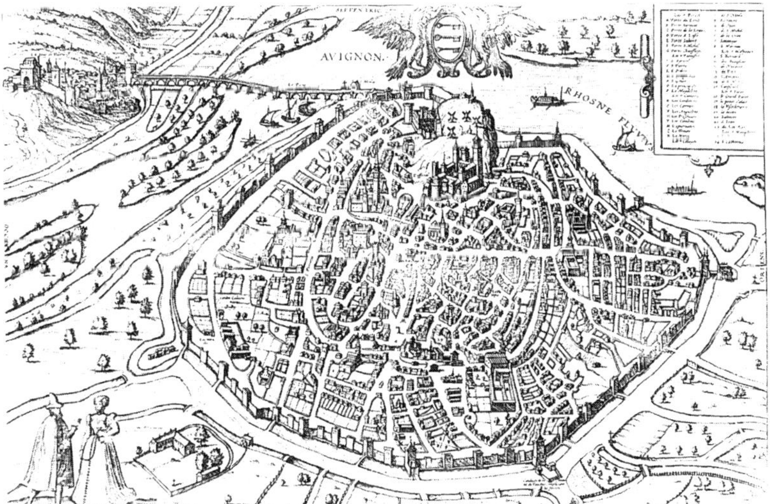

Georg Braun ve Hans Hogenberg'in *Civitates orbis terrarum*'undaki Avignon.

İberik Yarımadası gibi Balkan Yarımadası da tam anlamıyla Akdeniz'e ait sayılmaz. Dalmaçya Akdenizlidir ama doğu Adriyatik'in her tarafı Dalmaçyalı değildir. Kuzeyde Sloven kıyıları ile Trieste Körfezi, güneyde sırtını Karadağ'a dayamış Kotor Irmağı'nın ağızları yer alır. Tarih, büyük ve küçük Dalmaçya, aşağı ve yukarı Dalmaçya, Ak ve Kızıl Dalmaçya, bazen Hırvat, zaman zaman da Venedik Aslanı'nın ya da Habsburg'un Çift Başlı Kartalı gibi yabancı güçlerin egemenliğine giren Dalmaçya'ya şahit olmuştur. Başlangıçta Dalmaçya dendiğinde dağlık bir artbölgeden söz edilirken daha sonra bu bölgenin Istria'daki Raša Irmağı'ndan Arnavutluk'taki Mat'a kadar uzandığı olmuştur. Dalmaçya bir zamanlar orta Adriyatik'te ancak birkaç kenti kapsayacak kadar kabuğuna çekilmiş, daha sonra komşu bölgelere kadar genişlemiştir. Ptolemaios'un ilk haritalarında Dalmaçya'ya İllirya, Liburnia ve Bosna'nın büyük bir bölümü dahil edilmişti. Ragusa Cumhuriyeti Dalmaçya'ya, ancak egemenliğini Fransız İllirya bölgesi eyaletlerine kaptırdığı zaman katılmıştı. Dubrovnik de bambaşka bir kimlik kazanmıştı.

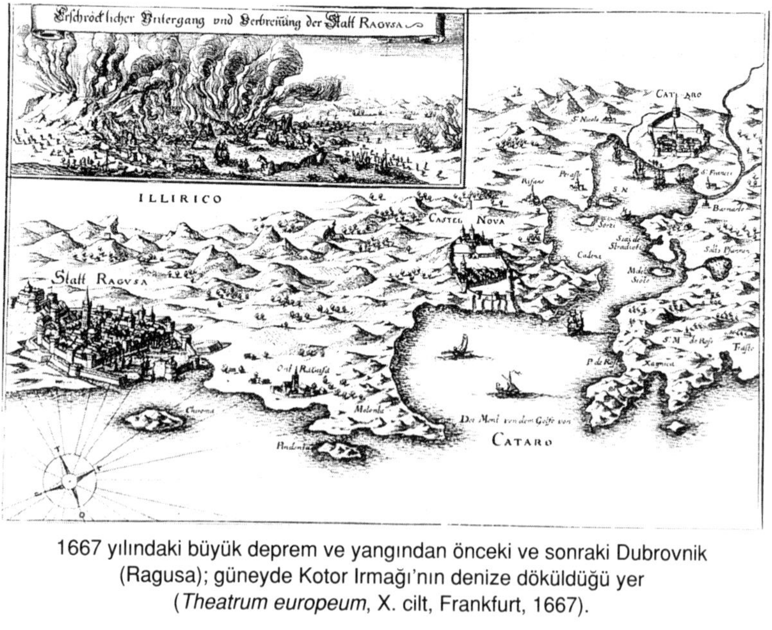

1667 yılındaki büyük deprem ve yangından önceki ve sonraki Dubrovnik (Ragusa); güneyde Kotor Irmağı'nın denize döküldüğü yer (*Theatrum europeum*, X. cilt, Frankfurt, 1667).

Kvarner adalarıyla birlikte dışarıda kalmıştı; adalılar kendilerini gerçek Dalmaçyalı olarak görmez. Eskiden etnik kökenlere dayalı sınırlar yoktu, devletler arasındaki sınırlar tarih içinde başkalaşıma uğramıştır. Doğu Adriyatik ile artbölgesinin aynı egemen güçler tarafından ve aynı yasalarla yönetildiği dönemlerin sayısı çok değildir; genellikle kıyıya birileri egemenken iç bölgeler başkalarının elindeydi. Kıyıya doğru gidildikçe tüm kıyının Dalmaçyalı olduğu kanısı uyanır. Buraları daha yakından tanıyanlar bu bölgeyi aşağı yukarı Neretva'yla Zrmanja ırmaklarının denize döküldükleri yerler arasında kalan topraklarla sınırlandırır, bu sınır en fazla antik Senj kentinin surlarına kadar uzanabilir. Doğu Adriyatik'in büyük bir bölümü Hırvattır. Bununla birlikte bu bölge Hırvatistan'ın iç bölgelerinden farklıdır; iç bölgelerdeki ovalardan bir sıradağla, Zagreb'den diliyle, *Pannonia*'dan gelenekleriyle ayrılır. Güney Slavları Balkanlara karalı bir halk olarak geldi. Boylarından bir bölümü denize doğru yöneldi ve buralarda yerleşti. Denizde Adriyatik sınırları dışına nadiren çıktılar. Bu bölgenin denizcileri Akdeniz'de ve başka denizlerde yabancıların bayrağı altında sefere çıktılar; hattâ bazen kendi bayraklarının hangisi olduğundan bile emin olamadılar.

Ait olduğunuz ulustan söz etmek dünyanın en zor işlerinden biridir. Bütün beklentileri karşılayamazsınız, hele Akdeniz kıyılarında... Akdeniz'de Güney Slavları hakkında çok şey bilinmez, Adriyatik'teki komşuları bile onları yakından tanımaz. Bizim de kendimizi daha iyi tanıtmak için üzerimize düşeni yaptığımız söylenemez. Buranın tarihin izlerini taşıdığı sık sık yinelenir; Doğu ile Batı'nın kavşak noktası, Doğu İmparatorluğu ile Batı İmparatorluğu'nun sınırı, Latin dünyası ile Bizans'ın ayrım noktası, Hıristiyanlığın bölünme noktası, Hıristiyanlık ile İslamın karşı karşıya geldiği yer olduğu söylenir. Kültürümüz Akdeniz kültürü ile doğrudan ilişki içindedir; Doğu İmparatorluğu ile Batı İmparatorluğu'nun karşıtlıkları arasında, güneyle kuzey arasında, kıyıyla Balkanlı, Avrupa karalarıyla yerli karalar arasında bir üçüncü yoldur. Biz de başkaları gibi, kişisel olarak ya da toplum halinde kimliğimizi sorgularız; kıta sınırlarında bir halk mıyız, Balkanlı mıyız, Üçüncü Dünya'nın ilk Avrupalı ülkesi mi yoksa Avrupa'nın ilk Üçüncü Dünyalı ülkesi miyiz, merak ederiz. Bunlardan herhangi biri ya da aynı zamanda hepsi birden olabiliriz; Akdeniz bu tür ayrımlara açıklık getirmez.

Arnavutlar büyük bir olasılıkla Balkanların yerli halklarındandır. Atalarının İlliryalılar mı Traklar mı oldukları bir soru işaretidir, kendileri de bundan çok emin değildir (kökenler ve anavatanlar konusunda birbirleriyle çatışanların yaşadığı yerlerde kimin hangi soydan, nereden geldiğini saptamak hiç kolay değildir). Burada da kıyıda, denize yakın yaşayan halklarla denizle ilişkisi olmayanlar bir arada yaşar; kıyıdakiler karalılarla alay etmek için hiçbir fırsatı kaçırmaz. İki bölge lehçeleri arasında da fark vardır; burada da iki lehçe birbirlerine üstünlük sağlamak için çaba gösterir. Bu insanlar kuşaktan kuşağa aktarılan farklı özellikleri ve gelenekleri olan farklı toplumlara ait oldular. Denize yaklaştılar, ondan uzaklaştılar, dağlara çıktılar, oralardan indiler ve yer değiştirmelerine bağlı olarak görüş açılarını ve ufuklarını da değiştirdiler. Çoban ve göçebeydiler, çiftçi ve balıkçı oldular. Çoktanrılı bir inanca sahipken Hıristiyanlığı benimsediler, Müslümanlığa geçtiler, biraz Ortodoks, biraz Katolik kaldılar. Komşularından denizcilik ve balıkçılıkla ilgili sözcükler aldılar; tarla ve otlaklar için kendi sözcükleri vardı. Bir bölümü, yer yer düzlük olmasına karşın meraklı gözlerden uzak kalabilen kıyılara, bir bölümü de kıyıyla hiçbir bağlantısı olmayan dağlara yerleşti. Ortak geçmişlerini koruyarak birbirlerinden ayrıldılar. Arnavutlar denize *det* derler; sanırım Akdeniz'de onlardan başka denize bu adı veren yoktur.

Karadeniz kıyıları, sanki aralarında hiçbir bağlantı yokmuşçasına Akdeniz çevresinden genellikle ayrı tutulur. Bu durumu kendi gözlerimle görebilmek için Karadeniz'in gidebileceğim tüm bölgelerini ziyaret ettim. Balkanların Bulgaristan'a ait olan kıyıları, güney Balkan kıyılarının tersine maceraya çok izin veren yerler değildi; burası yalnızca bir kıtanın ucudur. İç bölgelerinde eski coğrafyacıların Balkan Atlasları ya da *catena mundi* adını verdikleri sarp dağlar vardır. Bu bölgenin sakinlerine *Balkandžije* denirdi. Roma yolları gibi önemli yollar bu dağların çevresinden dolaşırdı. Bulgar ırmakları da yataklarını açabilmek için çok çaba sarf etmiştir. Meriç, Struma ve Mesta Ege'ye, Mandra ve Luda Kamčija (deli kamçı anlamına gelir) Karadeniz'e doğru kendilerine yol açmışlardır. Karadeniz ırmaklarının İstanbul Boğazı'na doğru yaptıkları akıntılara bazı yerlerde *şeytani* sıfatı yakıştırılır. Tuna üzerindeki liman kentleri –Vidin, Lom, Ruse– bir zamanlar Burgaz ve Varna'dan daha önemliydi. Burgaz'da, Varna'da olmayan bir Akdenizlilik havası vardır. Güneyde Primorje ve Primorsko (kıyı ya da kıyısal anlamına gelir) bölgeleri arasında, Maslen Burnu yakınında (adını *maslina* = zeytinden alır) badem, biberiye, sarı tütün, incir, nar ve başka Akdeniz ürünleri yetişir.

Bugün Romanya'yı oluşturan topraklardan pek çok halk gelip geçmiştir. Bu halklar eski Dacia, Mesia ve Trakya'da, antik Yunan kolonilerinde, Roma eyaletlerinde, Bizans temalarında izlerini bırakmışlardı. Yerliler yeni gelenlerle karışmış, kıyılarda Yunanca, iç bölgelerde Slav dillerinden pek çok deyimle zenginleşmiş bir Romen dili oluşmuştu. Tarihi kaynaklara bakılırsa, gizemli İskitler, kayıp Hazarlar, acar Avarlar, Kumanlar, Peçenekler ve adlarını başka yerlerde duymadığımız pek çok halk bu topraklarda birbirlerine karışmıştı. Dalmaçya ve Istria'ya kadar sürülerini götüren Romenler, Aromenler, Valaklar, Çingeneler ve Çiçiler oradan oraya göçüp, sonunda buraları yurt edinmişlerdi. Karadeniz sert Romen kışlarını yumuşatmayı başaramaz. Bozkır kıyıya çok yakın bir yerde, hemen Muntenia'da başlar. Buralarda denizle olan ilişkiyi yansıtan, "denizi ve tuzu vaat etmek" (*marea cu sarea*), yani mucizeler vaat etmek anlamında güzel bir deyim duymuştum. Karalılar vaatler konusunda Akdenizlilerden daha cimridir. Romen sofralarında zeytin bir lükstür; burada da zeytine Slavların kullandığı *meslina* adı verilir. Çok yakın bir geçmişe kadar kıyılarda Yunan ya da Türk kökenli balıkçılara, kuzeyden göçmüş Rus ve Ukraynalı Ortodokslara rastlanırdı; bu insanlar Romenlerden daha çok balığa çıkardı. Romenler ise daha çok Tuna üzerinde avlanır, teknelerini, kıyılarında adı Kalafat olan bir kentin bile olduğu bu ırmak üzerinde yaparlardı. Slavlardan *mreaja* (ağ) sözcüğünü almışlarsa da bu sözcük balık ağı anlamında kullanılmazdı. Pek çok kol, akıntı, adacık, girdap, yanıtsız soru ve çözümsüz bilmeceyle dallanıp budaklanmış olan Tuna deltası, büyük bir çekim gücüyle sakinlerini bir arada tutmuştur. Buradan ayrılmak, Akdeniz'in daha az çekici olmayan kıyılarına gitmek için buraları terk etmek kolay olmamıştır.

Baba tarafım Odessalıdır. Burayı pek çok kez ziyaret etme fırsatım oldu. Odessa aslında güneyli bir kenttir. Adriyatik'teki Split'in ikizi gibidir; Odessa'daki Arkadia, Split'teki Bačvice kumsalına benzer. Bu kentte Museviler kendilerini Kiev ya da Lvov'dan daha rahat hissederlerdi. Yüzyıl başlarına kadar Yunanlılar da vardı; Odessa tüm gerçek Akdeniz kentleri gibi kozmopolit bir yerdi. Yakınlarında eski adı *'boğa kenti'* olan Kherson vardır. Azak Denizi'ni Karadeniz'den ayıran Kerç Yarımadası'na *"Kırım'ın Boğaziçisi"* denirdi. Burada deniz yazın sıcak, kışın soğuktur. Daha önce sözünü ettiğim büyük ırmaklar buralardan denize dökülür, denizin derinliklerinden büyük akıntılar halinde Çanakkale Boğazı'na doğru akar. Karadeniz Marmara'dan daha az tuzludur; burada deniz balıklarının yanı sıra bazı yerlerde tatlı su balıklarına da rastlanır. Güneyde Kırım dağlarıyla korunmuş bölgelerde yer yer zeytin, üzüm, incir de yetişir; geçen yüzyılda birileri Madeira asmaları dikmiş ve Kırım Madeirası şaraplarını üretmişti. Simferopol gibi Feodosia'da da eski Yunan izleri görülür. Babamın bir zamanlar bir daha dönmemek üzere terk ettiği bu bölgenin kiliselerinin koroları gerçekten dinlemeye değer. Soçi'ye hiç gidemedim. Burada, tıpkı Adriyatik'teki gibi soğuğa dayanıklı manolyalar, portakal ağaçları, hattâ palmiyeler yetişirmiş. Koktebel asmaları çok özgün asmalardır. Karadeniz'de çok usta balıkçılar vardır. Denizcilerin başka denizlere açılması içinse önlerine pek bir fırsat çıkmamıştır. Ukrayna rapsodilerindeki şarkılar (*kobzari*) denizden ve deniz seferlerinden nadiren söz eder, onlar da dalgalardan duyulan korkuyu dile getirir. Buraları eskiden olduğu gibi bugün de yöneten devlet, güneyde kendini kuzeyde hissettiği kadar rahat hissetmezdi; kuzeydeki bu güneyli deniz gerçekten Akdeniz'in bir parçası sayılır mı?

Gürcistan kıyılarına da gitmek isterdim. İç bölgelerini ziyaret ettim ama kıyılarını görmedim; şarapları sek, incirleri sulu, bademleri tatlıdır. Gürcü şairler (ki çevirilerini en büyük Rus şairlerinden okumuştum) güneşe ve denize tapar, Suhumi ve Kabuleti kıyılarına inmekten mutluluk duyarlar. Bir zamanlar *Altın Post*'un buralarda olduğu söylenirdi. Kıyıları Akdeniz'in en cesur denizcilerini çekmişti.

Burada anlatmaya çalıştığım halkların her birinin denizle olan ilişkisini, bu halkların tarihinin bütününün bu açıdan ne derece özgün olduğunu ve bu tarihin denizle olan ilişkiyle özdeşleşip özdeşleşmediğini, dönüp dolaşıp tekrar kendime soruyorum; her halkın Akdenizlilik derecesini belki bu temelde inceleyebiliriz. Akdeniz'de herkesin bu türden sıralamalara hoşgörüsü olup olmadığını bilmiyorum.

Yeni Dünya'nın keşfi ve yeni deniz yollarının açılması Akdeniz'in çöküşünün tek nedeni değildir. Avrupa'da modern anlayış ilan edildiğinde Akdeniz zaten tükenmiş bir durumdaydı: İspanya kayıplarıyla, Araplar bozgunlarıyla, Hıristiyanlık kiliselerin ayrılması ve bu kiliseleri birbirlerine düşman eden Reform hareketiyle, Museviler zorunlu göç ve soykırımla, İtalya iç çatışmalarla, Hırvatistan kolunun kanadının kırılmasıyla, Yunanlılar, Güney Slavları, Arnavutlar ve Romenler Türk egemenliğine girmekle ve son olarak da Türkler tüm imparatorlukların ortak yazgısıyla... Bir zamanlar Rönesans'ın ışığıyla parlayan Akdeniz ufku kararmış (en azından tarihçiler böyle söylemekte), Akdeniz tarihin tekerrür eden kim bilir hangi devrine sürüklenmiş, ya da belki de daha yüce bir iradeye boyun eğmiştir.

Akdeniz kıyıları modernliği karşılamakta, onun çağrılarına yanıt vermekte ve getirdiği yeni biçimleri benimsemekte geç kalmıştır; Akdenizliler saygın ama modası geçmiş bir mirasın içinde anlam bulan tutucu bir anlayışın tutsağı olan geleneklerine bağlı kalmışlardı. Gerçek bir laikliğe hiçbir zaman kavuşamamışlardır. Yeni çağların 'Aydınlanma'ları burayı ancak telafisi mümkün olmayan gecikmelerle aydınlatabilmiştir. Aydınlanma aslında burada egemen olan karanlıklara, boş inançlara, hoşgörüsüzlüğe ve durağanlığa karşı çıkmıştı. Burada Hıristiyanlığın dini törenleri bile ilkel bir çoktanrıcılık içermiştir. İslam inancı ise, Kuran öğretilerinde yenilenmenin gerektirdiği yeni yorumları yapmayı reddetmiştir. Sanayi atılımı, durağanlıklarından sıkıldığı Akdeniz kentlerinin bir daha yakınına bile uğramamıştır. Kent *forum*ları birer süs olarak kalmış, demokrasi sürgüne gönderilmiş ve yasaklanmıştı. Buralarda bugüne kadar pek çok zorba diktatörlüğe şahit olduk. Eski masalların yerini mitolojiler aldı. Parlak bir geçmişin tarihi, tarihe tapınmaya dönüştü; uygarlığımızın beşiği olan yerlere yalnızca ikincil roller biçildi. Çağdaşlık, Batı Akdeniz'e ve Doğu Akdeniz'e, Maşrık ve Mağrip limanlarına demir atmak için, saydığımız ve sayamadığımız bütün bu nedenlerden dolayı bu kadar uzun süre beklemiştir. Akdeniz'in en yoksul bölgeleri en genç, en zengin bölgeleri de en yaşlı nüfusa sahip olacaktır (Akdeniz'in sayısız açmazlarından biri de budur).

Uluslar birbirleriyle karada çarpışır. Denizdeki savaşlar donanmalar arasında olur; bu savaşlar seçkinlerin çok özel savaşlarıdır. Akdeniz tarihinin belki de en acımasız sayfaları deniz savaşlarını anlatan sayfalardır. Deniz savaşlarını ateşleyenler, yalnızca devletlerin ve emirlerinde oldukları hükümdarların çıkarlarını değil, ülkelerin ve denizlerin de yazgılarını ellerinde tuttuklarını düşünürdü; bazı deniz savaşlarıyla onları konu alan tiyatroları birleştiren ortak nokta belki de budur. Deniz savaşları için de belki, denizin karanlıklarına batanlarla gemilerini yüzdürmeye devam edenler ya da unutulmuş savaşlarla belleklerimize kazınmış olan savaşlar gibi sıradışı sınıflandırmalar yapılabilir. Tarih de onlara bir ayrıcalık tanımıştır; deniz savaşları tarihe büyük harflerle girmiştir. Yunanlılarla Persler arasında Salamina yakınlarındaki deniz savaşı, Eski Yunan'ın yıkılmasından sonra da anılarda yaşamaya devam etmiştir. Yunanlı tarihçilere göre Persler, denize güç kullanarak egemen olduklarını ve deyim yerindeyse, ona kırbaçla boyun eğdirebildiklerini sanırlarmış; bu da bir denizde kazanılan deneyimin başka denizlerde nasıl işe yaramaz hale gelebildiğinin bir kanıtıdır. Romalılar Kartacalılarla karada olduğu kadar denizde de kanlı çatışmalara girişmişlerdi; ne var ki deniz savaşları Romalı amirallere karalı komutanların edindiği ünü sağlamamıştır. Neretva korsanları ile Venedik kalyonları arasındaki Mika burnu yakınlarındaki savaş da Adriyatik açısından çok önemli bir deniz savaşıdır; Neretvalılar gerçekten korsan mıydı yoksa savaşı kazanan Venedikliler mi onlara bu sıfatı yakıştırdılar, bilinmez. Avrupa ve Anadolu tarihi açısından en belirleyici savaş, aynı zamanda Rönesans döneminin de en büyük savaşı olan, Kutsal İttifak ve Haçlı donanmaları ile Türkler, Hıristiyanlıkla Müslümanlık arasında olan İnebahtı Savaşıdır. Tarihçiler bu savaştan söz ederken Avusturyalı Don Juan ile Osmanlı paşası Ali Paşa'nın yanı sıra Andrea Doria, Barbarigo, Oruç Reis ve Barbaros Hayrettin gibi amirallerin de adlarını sayar. Edebiyat açısından ise bu savaşta sol kolunu kaybeden ve daha sonra Kuzey Afrika'da beş yıl kalan bir İspanyol yazarın bu savaşta yer almış olması önemlidir; bu olay olmasaydı, Mancha'nın talihsiz şövalyesi Don Quijote herhalde gün yüzü göremezdi. İnebahtı'nın sesleri Ortadoğu'da, Pers Körfezi ile Sirte Körfezi'nde sanki hâlâ yankılanır gibidir. Fatih Sultan Mehmet'in savaş kaybetmiş

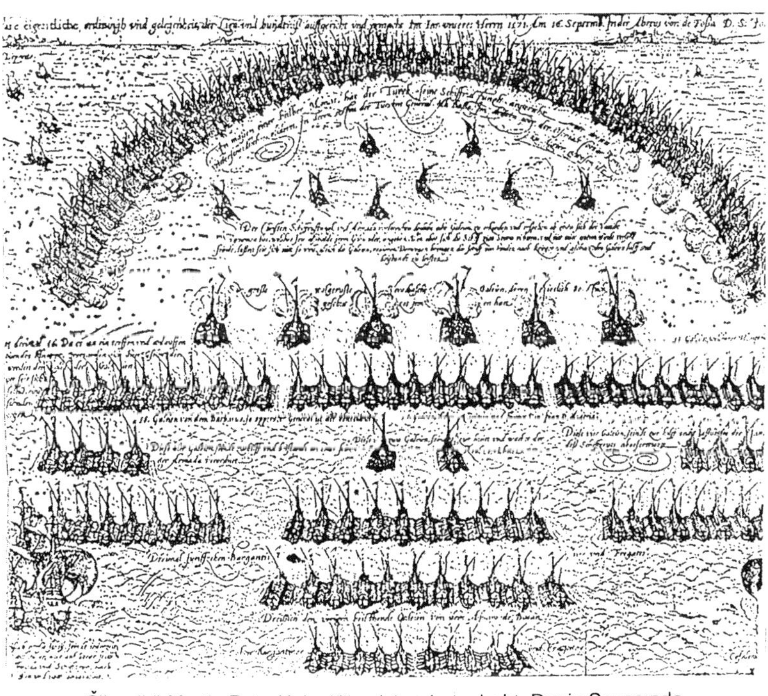

Šibenikli Martin Rote-Kolunić'in çizimiyle İnebahtı Deniz Savaşında gemilerin durumu (Venedik, 1572).

bir amiralini katletmek üzere kılıçla üzerine yürüdüğünde bir bilgenin, "Allah'ın toprakları inananlara, denizleri gavurlara verdiğini" söylediği rivayet edilir. Hakkında belki de bütün savaşlardan daha çok şey yazılan Trafalgar Savaşında ise daha büyük bir denizin daha usta savaşçıları galip gelmişlerdi; Akdeniz, üstünlüğünü o zamanlar zaten kaptırmış, küreklere gerektiğinden daha uzun süre önem vermiş, büyük yelkenleri ihmal etmişti.

Güney Slavları, özellikle Dalmaçyalı Hırvatlar, Avusturya-İtalya Savaşı sırasında Vis Adası yakınlarındaki deniz çatışmalarında İtalyan gemilerini bozguna uğratan filoya en büyük katkıyı yapmış olmakla övünür. Düşmanın 643 adamına karşılık Avusturya-Dalmaçya donanmasından yalnızca 38 kayıp verilmiş olmasına karşın, kuşaklar sonra bile bu şanlı savaşta bir yakınını, bir akrabasını kaybetmediğini söyleyen tek bir Dalmaçyalıya bile rastlamak zordu; bu bile bu türden olayların yalnızca resmi tarihlerde değil halkın belleğinde de ne kadar büyük bir yankı bulduğunu gösterir. Bu olaydan burada söz etmem bu yüzdendir. Tarih eski Hırvat krallarının filolarından da söz eder ama bunlar da Akdeniz tarihinin derinliklerine batmıştır.

Deniz savaşlarının en korkuncu, en görkemlisi ve en çok rastlananı kuşkusuz, tayfaların kendi kendileriyle mücadele ettikleri, geminin denizin kendisiyle giriştiği savaşlardı. Akdeniz kendinden büyük denizlerden daha acımasız değildi; yalnızca burada seyreden tekneler diğer denizlerden daha küçük ve daha az dayanıklıydı. Hint zenginlikleri Akdenizlilerin rota değiştirmesi için buraya çok geç ulaşmıştır. Bu konuda hem yazarlar hem de denizciler tarafından eğitici pek çok yapıt yazılmıştır. Akdeniz deniz edebiyatındaki ayrıcalıklı yerini korumuş ama başka her şeyini kaybetmiştir.

Böylelikle, eskiden olduğu gibi şimdi de, olayların akışına kapılarak ya da onlardan tamamen bağımsız olarak, denizin ve kıyıların, adaların ve onların yalnızlığının, bedenin ve içe kapanmanın, rüzgârların ve akıntıların, ırmakların ve ırmak ağızlarının öyküsü anlatılmaya başlanır: Gün doğuşunun ve gün batışının sonsuz ayini, yola çıkışların ve geri dönüşlerin dramı, tam yerine oturan benzetmeler ve iğnelemeler, yazılanların silinip yeniden yazılması ve yeniden doğuşlar, dairesel döngüler ve bunlardan kurtulma çabalarımız... Bunlar öyle sorunlardır ki kendimizi farkında olmadan öbür dünyayı ya da dillerin ahengini incelerken bulabiliriz; bundan kaçınmanın olası olup olmadığı da bilinmez. İnsanı denize açılmaya iten nedenlerin tam anlamıyla anlaşıldığı söylenemez; denize ilk açılanların kimler olduğunu, dönüşte onları kimlerin karşıladığını bile bilemiyoruz. Akdeniz uzun bir süreden beri, insan ve deniz konulu bir başyapıtın özlemi içindedir.

Kuzeyliler genellikle Güney ile Akdeniz'i birbirleriyle özdeşleştirir; kendi yurtlarını sevseler de onları Akdeniz'e çeken bir şeyler vardır. Bu yalnızca sıcak bir güneş ve bol ışığa duyulan özlemle açıklanabilecek bir olgu değildir. Buna "Güney'e tapınma" denebilir mi bilemiyorum. Akdenizli doğulmaz, Akdenizli olunur. Akdenizlilik bir miras değildir, çabayla elde edilir. Bir seçimdir, bir üstünlük değil. Gerçek Akdenizlilerin sayısı hızla azalmaktadır. Bu bir tarih ya da gelenek, coğrafya ya da köken, anı ya da inanç sorunu değildir; Akdeniz aynı zamanda bir yazgıdır.

II
HARİTALAR

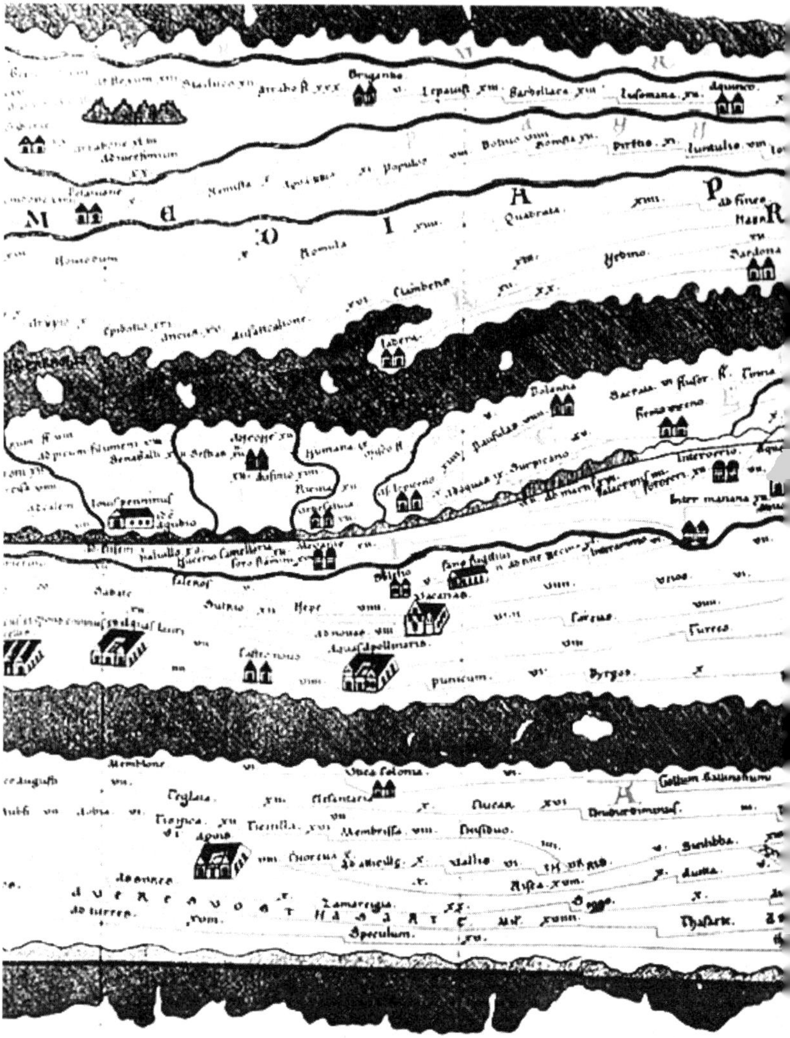

ll Stein a. A. O. Szöny Alt-Ofen

Pettau Zara Skard

Gubbio Ancona Urbisaglia Ascoli Potenza Fermo

Bevagnia Spoleto pr. Somma Androdoco

lta Vecchia Bagni di Ferrata Baccano Narnia pr. C

Chiaruccia Bagni di Stigliano Narni

Hr. Bagla Bu Shater

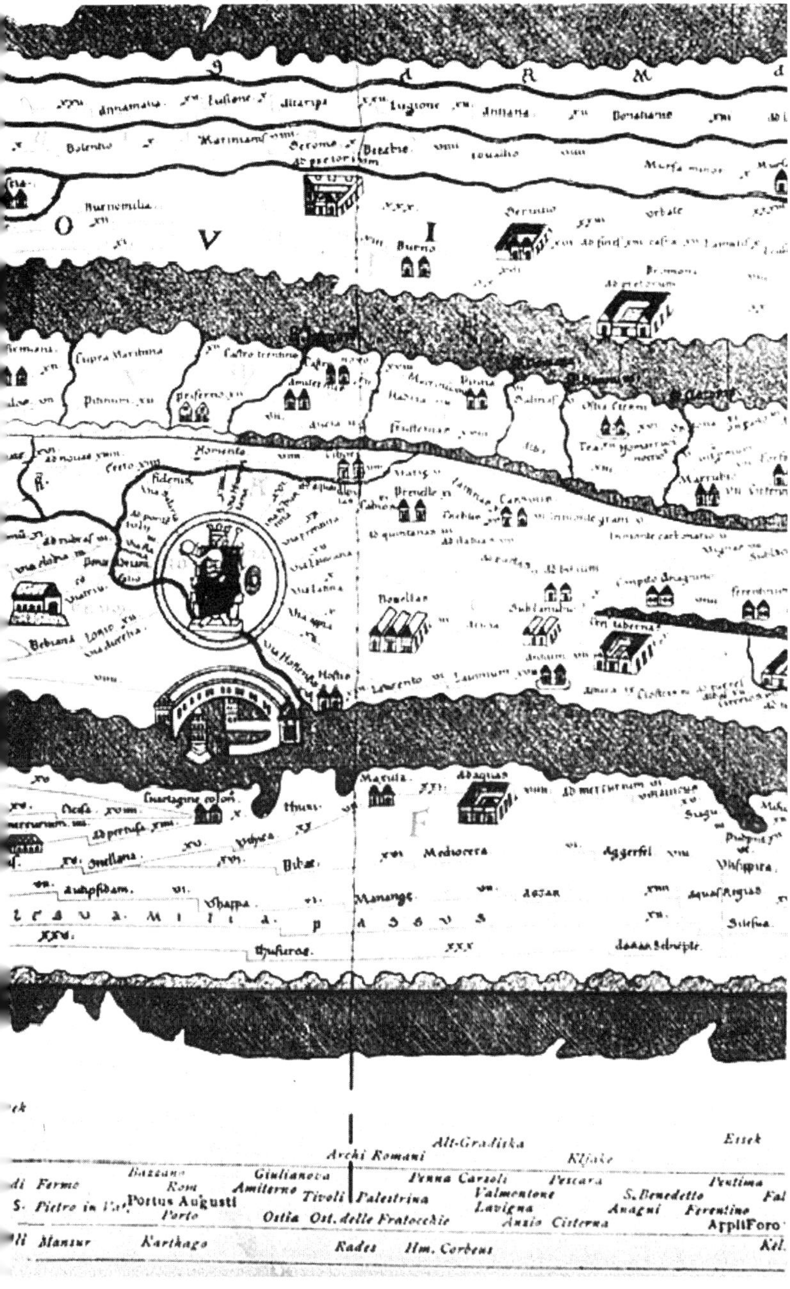

"Peutinger Haritası" denen Roma yol haritasında Roma ve çevresini gösteren bölüm, III ya da IV. yüzyıl (Viyana, Österreichische Nationalbibliothek).

Denizi tek başımıza keşfetmeyiz, ona yalnızca kendi gözlerimizle bakmayız. Denizi başkalarının imgelerindeki ve öykülerindeki bakış açılarıyla da görürüz; onu öğrenirken yeniden tanırız. Hiçbir zaman göremeyeceğimiz, sularında hiçbir zaman yüzemeyeceğimiz denizleri de böyle tanırız. Akdeniz ile ilgili ender konularda görüş birliği vardır; bu kitaptaki anlatımlar yalnız bana ait değildir.

Gemi dendiğinde aklımıza eski gemilerin gelmesi gibi, konu haritalar olunca da eski haritalara olan eğilimimiz ortaya çıkar. Onlar da kesinliklerini ve güvenilirliklerini yitirmişlerdir, tıpkı belleğimiz ve anılarımız gibi. Onlarda hiç değişmeyen denizleri ve başka kılıklara girmiş denizleri ararız. Çok eskiden başlamış deniz yolculuklarını sürdürürüz ya da kendimiz yeni yolculuklar başlatırız. Daha önce keşfedilmiş kıyıları izleriz ya da hiç bilinmeyenleri keşfederiz. Denizin ve karanın biçimleri, birbirleriyle olan ilişkileri, onları birbirlerinden ayırma ve betimleme biçimleri gibi deniz ve karayla ilgili tüm sorular dönüp dolaşıp haritalar üzerinde yeniden sorulur... Bir harita sayısız deneyimle bilimi bir araya getirir; alan ve alan duygusu ile dünya ve dünya görüşü haritalarda buluşur. Harita hazırlamak bir iktidar işidir; haritacılık uğraşı her yer gibi Akdeniz'de de, donanmadan ve devletten destek bekler.

Koydan koya, adadan adaya seyrederken zaman zaman haritaların her zaman gerekli olmadığını düşündüğüm zamanlar oldu. Ege ve İyon denizlerinde *Hydra* ve *Dodekanessos* yelkenlileriyle seferlere çıktığımda haritaların yararına daha çok inandım.

Başka denizlerde çok dolaşmadım. Hele okyanuslara doğru hiç yelken açmadım. *Hydra* gemisi adını bağlı olduğu limanın bulunduğu adadan almıştı. Selanikli dümencisinin (bu kıyılarda hep olduğu gibi bilge ve becerikli bir adamdı), denizcilikten başka iki tutkusu daha vardı: Atalarının konuştuğu *ladino*[1] dili ile kendini adamış olduğu eski haritalar. Seferad dilinin Akdeniz'de *lingua franca*[2] olmasını isterdi. Haritaları ondan daha iyi tanıyan birine rastlamadım. Bildiklerimin çoğunu, Ege ve İyon denizlerindeki seferlerimiz sırasında ya da iki yolculuk arasında ondan öğrendim (kitabın bu bölümünde yer alan bazı tümceler benden çok ona aittir).

Yıllar boyu, dünyanın her yanındaki kütüphanelerdeki atlasları karıştırma ve inceleme fırsatım oldu (bu da başka türden bir yolculuk, burada bundan söz etmeyeceğim). Eskiden limanların yer aldığı kıyıları pek çok kez ziyaret ettim, onlardan geriye kalanlarla eskiden nasıl olduklarını karşılaştırmak için haritalarda yerlerini aradım: Adriyatik üzerinde Salona, Aquileia ve (H)Adria; Sybaris, Lilybaeum ve Focaea (Bu adları Ptolemaios'un haritalarındaki belli belirsiz yazılardan alıntılıyorum); biri Afrika'da diğeri Anadolu'daki iki Cesareae[3]; biri Libya, diğeri Fenike kıyılarındaki iki Ptolemaide; "Havarilerin Yaşamı"nda söz edilen Girit'in güneyindeki Laseos Limanı; Kilikya'da Kleopatra kapılarıyla ünlü Tarsus; gemileriyle ünlü Tarsis ya da İncil'deki adıyla Tarşiş (yeri tam olarak bilinmiyor); Sirenaik Yarımadası'nın iki yanındaki Appolonia ve Berenis; Kırım'da Herakleia ve Theodosia (buralara karayoluyla ulaştım); Kenan'da Karmel Dağı eteklerindeki Dor; Cres ile Losinj (uzun zaman kaldığım Adriyatik adaları) arasındaki dil üzerinde şimdi geriye yalnızca küçük Osor'un kaldığı Apsaros; eskiden Azak Denizi'ne açılan boğaz üzerindeki Gorgippia ve Germanossa; aynı deniz üzerindeki Kimmerios ya da Kimmerion; Sicilya kıyılarındaki Himera ve İyon adalarının en güneyindeki Kithira'yı gördüm. Pek çok liman, kıyılarında yer aldıkları denizler gibi ya ad değiştirmiş ya da tamamen yok olmuştur. Şimdiye kadar yazılmadılarsa tarihleri eğer, bundan sonra da yazılamayacaktır. Burada eski deniz haritalarının tarihini yinelemeyi gerekli bulmuyorum, yapımlarında yararlanılan teknikler-

1 *ladino:* Roman dillerinden bir lehçe (ÇN).
2 *lingua franca:* Farklı diller konuşanların birbirleriyle anlaşmak için seçtikleri ortak dil (ÇN).
3 Anadolu'dakiler Kayseri, Eskipazar ya da Anavarza olabilir (ÇN).

den de söz etmeye kalkışmayacağım; bunlar Akdeniz'in yüzündeki peçeyi aralamaya değil yalnızca yüzündeki kırışıklıkları göstermeye yarar.

Haritalar çok eskiden beri vardır ama ilk haritaların neye benzediklerini bilmiyoruz. İlk Yunanlı düzyazı yazarlarının bu haritalarla birlikte kullanılmak üzere (rüzgârlar, akıntılar, limanlar, fenerler, kayalıklar, tatlı su kaynakları, sefer anlaşmaları ve denizin tehlikeleri hakkında) yazdıkları yazılar da bu haritalarla birlikte kaybolmuştur. Herodotos, Doğu Akdeniz'e yaptığı uzun deniz yolculuğu sırasında, üzerinde "bütün denizler ve ırmaklar" yazan bakır levhalar görmüş ama Fenikeli denizciler onun daha yakından bakmasına izin vermemiş. Haritalar eskiden çok stratejik sayılırdı; kentler, devletler, denizciler onları bir sır gibi saklardı. Eski Yunancada haritaya *pinax* denirdi; bu, aynı zamanda üzerine yazı yazılan tabletlere, astroloji tablolarına ve elyazması kataloglarına da verilen addı. Miletli Hekataios (basmakalıp düşünce amatörleri adının başına, Heredotos'un "tarihin babası" sıfatı gibi "coğrafyanın babası" sıfatını koyardı) haritalara "yeryüzünün devirleri" derdi, Rodoslu Appolonios ise *Argonotname*'sinde *kyrbeis* adını vermişti: Bunlar üzerlerine yasaların, yeminlerin ve Homeros'un epik şiirlerinin yazıldığı, piramit biçiminde üst üste konmuş levha tabakalarıydı. Akdeniz tarihinin en eski haritaları bu sırayla ortaya çıkmıştır.

Yolculuk ve deniz seferi kavramları birbirlerine çok yakın kavramlardır ve zaman zaman birbirlerinin yerlerine kullanıldıkları ya da özdeşleştikleri olur. Deniz halkları bu ikisi arasındaki farkı korumaya başkalarından daha çok özen gösterir. Eski Yunan geleneği, *periplus* ile *anabasis* sözcüklerini birbirlerinden ayırırdı. *Periegesis* hem karada hem denizde yapılan yolculuklar için kullanılırken, bu yolculuklara ait öyküler de bu adla anılırdı. Yer ve deniz biçimleri, kil levhalar, maden ya da taş, tahta, parşömen ya da papirüs, mozaik, kumaş, halı ya da kilim, para, duvar ya da sunaklar gibi pek çok farklı malzeme üzerinde, pek çok farklı biçimde gösterilmiştir. Malzemeye bağlı olan, yalnızca denizi betimleme biçimi değil, aynı zamanda da deniz imgesinin insanların öncelik sıralarındaki yeriydi.

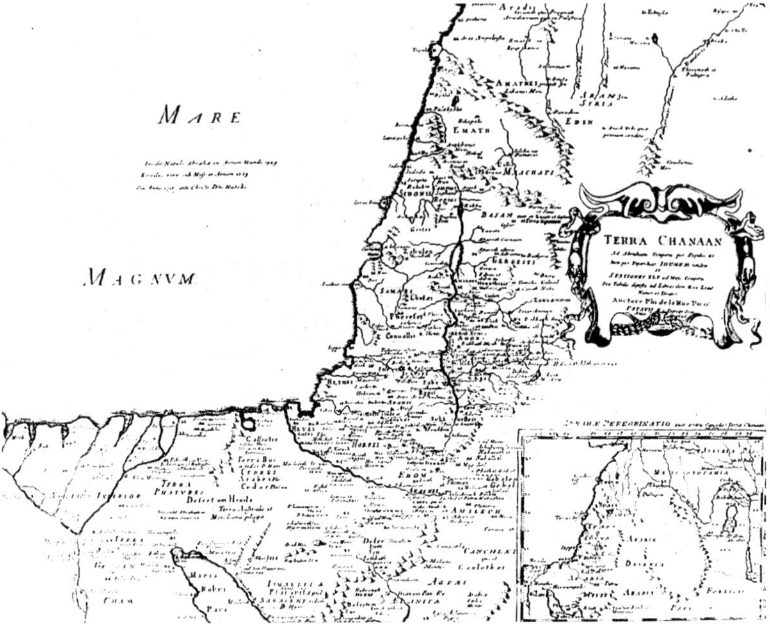

Fransız haritacı Philippe de la Rue'nün Eski Ahit'e dayanarak hazırladığı Hz. İbrahim'in Kenan ülkesine yaptığı yolculuğu gösteren harita (Padova, 1669).

Kudüs'teki muhteşem Jahveh tapınağının yapımı sırasında kral Salomon, otuz yedi dirsek çapında, beş dirsek yüksekliğinde, üçlü boğa biçimli destekler üzerinde duran, tunçtan bir deniz döktürülmesini emretmişti. Bu imge kutsal kitaplar aracılığıyla tüm Akdeniz'e aktarılmıştı.

Miletli Anaximandros *oikumene*yi çizmiş, Kyreneialı Erastothenes yedişer paralel ve meridyen olarak tanımlayabileceğimiz *sphragides* çizgilerini bunun üzerine yerleştirmişti; ana meridyen, kimi sakinlerinin adalı kaderlerinin ötesinde daha geniş bir alana özlem duyduğu, o zamanların astronomi gözlemleriyle ünlü Rodos Adası'ndan geçiyordu.

Erastothenes'in *stad* ve *orgy* ölçüleri cinsinden hesapladığı enlem ve boylamları yeniden hesaplayan ve düzenleyen (aslında Nicea –İznik– doğumlu olmasına karşın anlaşılır nedenlerden ötürü Plinios tarafından Rodoslu kabul edilen) Hippartos olmuştu. Yerküreyi düzlemyuvar haline getiren de odur. Büyük

Yunanistan'ın Sicilyalı aristocusu Disearkos dünyayı Cebelitarık'tan başlayıp Messina Boğazı'ndan geçerek Peleponessos'a (Mora Yarımadası'na) ulaşan, buradan da Anadolu'da Likya ve Kilikya'ya kadar uzanan bir çizgiyle bölmüştü. Bu veriler coğrafya bilimince de desteklenir. Bir de Samoslu (Sisamlı) sıradışı düşünür Aristarkhos'un bir anlık bir esinle milattan önce üçüncü yüzyılda, antik dünyaya meydan okuyup dünyanın güneşin çevresinde döndüğünü söyleyerek yeni bir dünya görüşünün öncülüğünü yaptığını hayalinizde canlandırın. Bilginlerin coğrafyasıyla denizcilerin coğrafyası arasındaki ayrım çoktan beri var olsa gerek. Bu ayrımın temelinde en çok denize bakış açılarındaki fark yatar. Denizcilerin güvenini yalnızca önde gelen haritacılar kazanabilmişti ve yalnızca en usta denizciler bilginlere saygı gösterirdi.

Gerek bilginlerin, gerek denizcilerin kullandıkları güneş saati milleri, yıldızlar arasındaki uzaklığı ölçen usturlap ve deniz yüzeyiyle yıldızlar arasındaki açıyı ölçmeye yarayan açıölçer (*alemn*), konum ve uzaklıkların belirlenmesinde yararlanılan dörtlük ve altılık açıölçerler (*quadrant* ve *sextant*), doğru rotanın düz ya da eğri olarak (*orthodromos* ya da *loxodromos*) saptanmasına yarayan *organon* gibi aletler çok farklı biçimler alır. Eskiden pusula kullanılmazdı, kimi işaretlere ve şansa güvenilir ya da dünyanın "göbeği"nin (*ompholos*) Apollon ve Delphi tapınaklarında ya da Rodos, Kudüs ya da Mekke'de olduğu inancıyla yol alınırdı (gezgin Pausonias bu göbeği beyaz bir mermere oyulmuş bir biçimde gördüğünü söyler). Akdeniz haritalarında ve belleğinde dünya ve deniz işte bu biçimde canlandırılırdı.

Uzun deniz yolculuklarının öyküleri, gerçeklikleri tarih ve bilim tarafından, içerik ve biçim açısından kanıtlandığı zaman bile yalnızca bir yolculuk öyküsü olarak görülür. Firavun II. Nekao (ya da Nekos, adı pek çok farklı biçimde yazılır; milattan önce VII. ve VI. Yüzyıla rastlayan geçiş döneminde hükümdarlık yapmıştı) iki deniz[4] arasındaki kıstağı binlerce kölenin hayatı pahasına bile olsa kazamayacağını anlayınca Fenikeli denizcilere Afrika'nın çevresini dolaşmalarını emretmişti; bu denizciler

4 Akdeniz (İç deniz) ve Kızıldeniz (ÇN).

Eritre kıyılarından yola çıkarak üç yıllık bir yolculuk sonunda Herkül Sütunları'nın önünden İç Deniz'e girmiş ve Mısır'ın Akdeniz kıyılarına ulaşmışlardı. Karyalı Skylax (ya da Latince adıyla Scylax Caryadensis), yirmi beş yüzyıl önce Pers imparatoru adına güney ve doğu denizlerini dolaşmış ve Hindistan'a ulaşmıştı. Öğrencisi Pseudo Scylax ise *Pontos Euxeinos* (Karadeniz) ve Hadria Denizi'nde (Adriyatik) dolaşmış ve bu deniz hakkında güvenilirlikleri kuşkulu ama gene de çok değerli bilgiler bırakmıştı. Kartacalı Hannon, milattan önce beş yüz civarlarında ellişer kürekli altmış gemi ve "üç bin erkek ve kadın"la Cebelitarık'ı geçmiş (o zamanlar Kartacalıların buraya ne ad verdiklerini bilmiyoruz) ve Afrika'nın güneyine doğru açılmıştı. Bilinmeyen adalar keşfetmiş (bunlardan Kerne'nin nerede olduğu hâlâ bilinmiyor), Afrikalı yerli Lotophagos ve Antrophagoslarla karşılaşmış, Afrika kayalıklarından gemilere kadar ulaşan tam tam seslerini dinlemiş, gorilleri ve adı bilinmeyen bir yanardağdan akan "ateş ırmakları"nı görmüştü. Milattan önce IV. Yüzyılda, eski Yunan kolonisi Massalia[5]'dan bir Fenikeli olan Pitheos, aynı boğazdan geçerek (kendinden önce benzer bir yolculuk yapmış olan Kartacalı Himikom'un izinden) Cassiterides Adaları yoluyla kuzeye yönelmiş, tahminen amber ve kalay aramak için Britanya ve İrlanda'yı dolaşmış ve İskandinavya'nın güney kıyılarının ötesinde "Ultima Thule"yi görmüştü. Antik devirlerin denizcileri alize rüzgârlarının yardımıyla bir zamanlar Esperidos denen Kanarya Adalarına ulaşırdı. Rüzgârların artık yalnızca Afrika kıyılarından Arapların "karanlıklar denizi" dedikleri Atlantik'e doğru esmeye başladığı noktadan itibaren geri dönüşü olmayan bir yolculuk olurdu bu. Kıyılarından alize rüzgârlarından başka rüzgârların da esip teknelerin yelkenlerini Akdeniz'e doğru şişirdiği Azor takımadalarının keşfedilmesine kadar bu "mutlu" adalarda (*insulae fortunate*) ölene kadar kalmak zorunda kalmış olan denizci çoktur. Azorlar Akdeniz'e "geri dön" işareti olarak benimsenmişti. Bunlardan başka pek çok deniz yolculuğu öyküsü vardır. Bunlar hakkında en çok denizci ve yazar Nils Adolf Erik Nordenskiöld'ün geçen yüzyıl sonunda İsveççe ve İngilizce olarak yazılmış olan ve halen bu ko-

5 Bugünkü Marsilya (ÇN).

nuda yazılmış en iyi kitap olma özelliğini koruyan *Periplus* adlı yapıtında bilgi bulunur. Akdeniz'in çocukluk devirlerindeki bu deniz yolculuğu öykülerini biz de çocukluğumuzda çok dinlemişizdir; bunlar ilk haritalara işlenen öykülerdir. Biz de Akdeniz'e ilk defa onlar sayesinde bakmaya başladık.

Deniz yollarının belirlenmesi, belki de bu yollar, kendileri hakkında anlatılan öykülerle çakıştığı için çok kolay bir iş değildir; bu öykülerin üzerlerine yazıldığı haritalar uydurma, yazılanlar birer hayal ürünü olabilir. Pitheas tarihçi ve coğrafyacıların hedefi haline gelmişti; Strabon onun "oğlak dönencesinin kutup dairesine dönüştüğü" ve toprağın artık ne yürümeye, ne de gemilerin geçişine izin vermediği yerlere kadar gittiğine inanmıyordu; aynı biçimde Polibios da yolculuk öykülerinin bir masal olduğunu söylüyordu. Hekataios, Erastothenes (ki kuşkusuz Pitheas'ın dünya görüşünü paylaşıyorlardı), tarihçilikten başka uğraşları da olan Heredotos ile Plinios ve Aristoteles ise ona inanıyorlardı. Bilgeler, tıpkı bugün tarih ile anlatı arasında bir sınırın olması gibi, inanılır olanla inanılmaz olan arasında bir sınır olduğunu öne sürüyorlardı; bu sınırı uzun deniz yolculukları aşmıştır. Unutulmazlar listesine bu yüzden girmişlerdir. Hannon'un yolculuğunun seyir defteri bir levha üzerine Kartaca dilinde yazılarak Kartaca'nın merkezindeki Moloch tapınağına asılmıştı. Bu tapınak daha sonra yıkıldı ve bu levha da parçalandı ama elimizde Yunanca çevirisi kaldı. Kartacalıların yaptığı harita ise Akdeniz'in hiçbir arşivinde saklanmadı.

Adalar, ilk haritalarda kapalı bir mekan oluşturup bilinen dünyanın sınırlarını belirlerdi: Kuzeyde *Ultima Thule,* batıda *Insulae Fortunate,* doğuda dev *Taprobana* (Seylan), güneyde de *austral* kuşağı. Sicilyalı Diodoros, dünyanın ucunda yer aldığı söylenen Pankaia Adası'ndan söz eden Messene Evhemerosu[6]'ndan bir bölümü kopyalamıştı. *Oikumene* de dev bir ada

6 Evhemerosçuluk: Tanrıların, insanların yaratısı olduğu, tanrılık düşüncesinin insanların önemli kişilere duydukları sevgi ve saygıdan meydana geldiği ve bilgeliğin, bu boş inançlardan kurtulmakla gerçekleşebileceği yolundaki anlayış (ÇN).

olarak düşünülürdü. Akdenizli yazarlar, denizcilerin hiçbir zaman gitmediği, haritacıların hiçbir haritada yer vermediği mutluluk adalarını anlatmışlardı. Akhilleus Tatius, Suriyeli Camblikos, Efesli Xenophon, Helidoros, Genç Cuba (bu kulağa hoş gelen adlar, belki de anımsanmayı en az onlar kadar hak eden başka adlardan daha çok aklımızda kalmıştır) bu verimli yazarlardan yalnızca birkaçı. Bir zamanlar çok ünlü olmalarına karşın şimdi haklarında çok az bilgi vardır. Coğrafya ve haritacılık bilimi bu yazarların anlatılarını bazen gerçeklikle, bazen alaycılıkla karşılamıştır; bu adalar hiçbir denizde, hiçbir haritada yer almıyordu. Edebiyat eleştirmenliği böylece başlarda aslında bir coğrafya ve haritacılık eleştirmenliği biçiminde doğdu. Bu doğumu adalara borçluyuz. Gerçek eleştirmenler de adalılara benzer; tam da en çok gereksinim duyuldukları, övgünün bol olduğu yerlerde az bulunurlar, Akdeniz'deki gibi.

Haritacıların en saygı duydukları ve haritalarına aldıkları betimlemeler kutsal kitaplarda karşımıza çıkar. Eski Ahit, dinsel konulardan başka Akdeniz yolculuklarından da söz eder: İsrailoğulları "birinci ayın on beşinci günü Ramses'den yola çıkar... Pi Hahiroth'dan ayrılıp denizin ortasından geçerek çöle ulaşırlar; sonra üç gün süreyle Ethom çölünde yürüyerek Marah'a varırlar. Marah'dan sonra on iki su kaynağının ve yetmiş iki palmiyenin bulunduğu Elym'e ulaşırlar. Burada mola verirler. Sonra Eshkol vadisine varırlar. Burada üzerinde bir salkım üzüm bulunan bir bağ çotuğu keserler. Bunları biraz nar ve incirle birlikte bir sedye üzerinde iki kişi taşır. Oysa ki bu nimetler kişniş taneleri ve akgünlük gibidir... Mısır'da doyasıya yedikleri balıkları, salatalıkları, karpuzları, pırasaları, soğanları ve sarmısakları anımsarlar." Bu yazılar sonrakilere örnek olmuştur; bundan böyle Akdeniz'de gerek yolculuk öyküleri, gerek coğrafi haritalar bu yazıların izinden gidecektir.

Akdeniz, Akdeniz araştırmacılarının sık sık yinelediği gibi, yalnızca bir deniz ve çevresindeki kıyıdan ibaret değildir. Karayollarını göz ardı eden Yunanlılar bunun bedelini ağır ödemiş, karayollarının öneminin farkına varana kadar da Ortaçağ'dan çıkamamışlardır. Yollar sayesinde Romalılar denize onlardan daha çok egemen olmuşlardı. Roma haritalarına *itineraria*[7] denirdi. Savaş sanatı ustası Vegezius onları *itineraria adnotata*[8] (ya da *scripta*) ve *itineraria picta*[9] olarak ikiye ayırmıştı. Çok değişiklik göstermezlerdi ama son derece kullanışlıydılar. Romalılar biçim ve yönden çok, alan ve uzaklıklara önem vermişlerdi. Haritalarının *tabulae* ya da *mensae* gibi sıradan adları vardı (bu adlar bir kez daha bu haritaların Romalıların öncelik sırasındaki yerlerini belirlememizde yardımcı olur). Caracalla devrindeki aslından yola çıkılarak daha sonra uzun bir parşömen rulosu üzerine kopyası çıkarılarak tamamlanmış Peutinger'in haritası, Adriyatik'ten Anadolu'ya kadar *Imperium*'u gösteriyordu; bu haritada karayolları en ince ayrıntısına kadar gösterilmesine karşın deniz yollarından eser yoktu. Deniz, grimtrak bir yeşil renkte (kimi yerde de toprak gibi neredeyse kahverengi) iki dar şerit halinde gösteriliyordu; bunlardan biri Adriyatik, diğeri Akdeniz'di.

Roma yolları denizle bağlantılıydı: *Via Ostiensis* ve *via Portuensis* doğrudan Ebedi Kent Roma'nın limanı Ostia'ya inerdi, *via Appia* güneye, *via Aurelia* batıya, *via Flaminia* kuzeye, *via Valeria* (ve Sabinilerin tuz taşımacılığı yaptığı) *via Salaria* Adriyatik'e doğru uzanırdı; *via Severina* Tiren Denizi kıyılarını izler, *via Julia Augusta* Apeninler'i Provence ve Katalonya'ya bağlardı; *via Flavia* Istria ve Dalmaçya'ya doğru yönelirdi (daha az bilinen küçük kolları da Kotor Irmağı ağzına, Karadağ ve Arnavutluk'a ulaşırdı). Ünlü *via Ignatia* Roma'yı Yunanistan'a yaklaştırma düşünün ürünüdür. İberik Yarımadası'nın iç bölgelerine kadar giren *Argentea, Maxima* ve *Augusta* dar geçitlerden ve köprülerden geçerdi ama bu yollar bizi daha az ilgilendirir. Toprak dolgusu yapılmış ve üzeri taşla kaplanmış dört bin millik bir yol, Afrika'nın kuzey kıyıları boyunca çöl *limes*inden ve Biban Denizi yakınlarından geçerek Sirte Körfezi'nden Suriye'ye, Libya Trablusu'ndan Lübnan Trablusu'na, Marmara Denizi'nden "Sazlık Denizi" *(iam sûf)* denen yere kadar uzanırdı.

7 *itineraria* (Lat.): Yol, yön, güzergah (ÇN).
8 *adnotata* (Lat.): Yazılmış, yazılı (ÇN).
9 *picta* (Lat.): Çizilmiş, resmedilmiş (ÇN).

Filistin ve Anadolu'nun yolları da, kıyı kentlerini kıyı boyunca karadan (*via maris*) birbirlerine bağlardı: Sidon ve Tir, Biblos, Beyrut ve Asi Irmağı üzerindeki Antakya, Bergama, Milet, Efes ve İzmir'den, daha önce sözünü ettiğimiz *via Ignatia* ile birleştiği Boğaziçi'ne kadar uzanırdı (Peutinger'in haritasında bu yol açıkça gösterilmektedir). Barbar istilalarından sonra ırmak çamuru altında kalan Aquileia limanından, biri Adriyatik'in gururu amber yolu olan, beş önemli yol geçerdi. Traianus lejyonerleri Cerdap (Demir Kapılar) civarında Tuna'nın üzerindeki *Kazan*'ı yararak tekrar denize çıkmışlardı. Irmak kenarında bugün de hâlâ görülebilen bir taşa oyulmuş olan *Tabula Traiana* buna tanıktır. Şamlı Apollodorus, Traianus Forumu'ndaki dev sütun üzerine imparatorluğun gelişim evrelerini kabartmalarla resmettirerek ölümsüzleştirmişti. Bu sütunun kaideleri de böylece bir harita oldu. Agrippa'nın emriyle imparatorluğun Akdeniz ötesine taşan sınırları Roma Forumu yakınlarında sergilenen oval bir mermere oyulmuştu; dünya tarihi artık dünya haritasına dönüşmekteydi.

Musevilik ve Hıristiyanlık deniz seferlerini teşvik etmemişti. İncil'de deniz kutsal olarak nitelendirilmez. Eski Ahit, Musevi halkla çatışan "deniz halkları"na karşı bir tutum gösterir. Peygamberler balıkçıları Leviathan ve Rahab gibi deniz canavarları ile korkuturdu. Daniel "denizden dört canavarın çıktığını" görmüş, Aziz Jean ise "Kıyamet Günü"nde "yedi başlı, on boynuzlu bir ejderha"yı betimlemişti. Pagan Homeros ise çekiciliklerini göz ardı etmeden denizin korkunçluklarını anlatmış, denizde acımasız denizkızlarının yanı sıra, iyilik melekleri olan Nereidleri de görmüştür. Bu türden iyiliklere Hıristiyanlık hiç önem vermemiştir. Akdeniz'in batı kıyılarında Ortaçağ haritacıları Ptolemaios'u tanımazdı.

Eski Ahit'e göre Amalesitlere karşı yürüttüğü başarılı savaşı bitirebilmek amacıyla Josue, güneşin Gibeon üzerinde durması için dua etmişti. "Ve güneş durdu". Güneşin düz olan yeryüzü üzerinde hareket ettiği sanılırdı. Bu mucize daha sonra (metaforlardan pek hoşlanmayan) yorumcular tarafından "dünyanın her şeye karşın döndüğü"ne inandıkları için basit

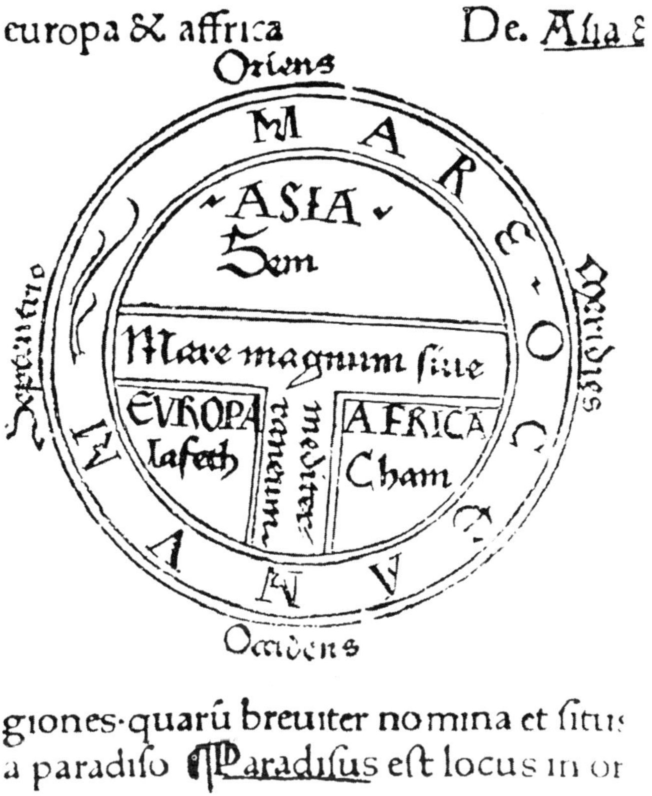

Sevillalı Isidoros'un *Etymologiae* adlı yapıtıyla birlikte yayımlanan Hıristiyanların T-O biçimli dünya haritası (Augsburg, 1472).

bir metafora dönüştürüldü. Aziz Augustin düz olduğuna inanılan yerin arkasında yaşayan varlıkları kesin olarak reddetmiş, bunları "inanılmaması gereken saçmalıklar" olarak nitelemişti. Kilise'nin ileri gelenleri T harfiyle üç kıtanın ortasındaki Akdeniz'in, O harfiyle de tüm kıtaları çevreleyen okyanus ırmağının simgelendiği T-O haritasına inanırdı: Kutsal kitaplarda yazılanlarla da uyum içinde olan bu haritalarda Kudüs dünyanın merkezi olarak görülüyordu; Ezekiel'in tüm kötülüklerin habercisi olarak gördüğü Yecüc ile Mecüc bu haritanın doğu ucunda gösterilmişti. T-O işaretine simgesel bir anlam yükleniyordu: Kimileri belki de hatalı olarak, T harfinin *Theos*, O harfinin de *Oceanos* sözcüklerinin baş harfleri olduklarına inanıyordu. Daha laik düşüncelere sahip olanlar bunun *Terrarum Orbis*'in kısaltılmış hali olduğunu düşünüyorlardı. Laik (ya da hümanist) dizinler bu tür haritalara "Sallustus Haritaları" olarak yer verir, çünkü Roma tarihçilerinin yapıtlarında Afrika savaşları ve aynı adlı denizdeki seferlerin anlatımında bu haritalardan yararlanılmıştı. Bu haritaların bazı çeşitlemeleri tamamen Kilise'nin dünya görüşünün etkisi altındadır; Saint Sever Manastırı'nda saklanan bir haritada yer aldığı biçimiyle, Liebanalı Beatus "Kıyametin Yorumu"nda Sevillalı rahip Isidoros'un "Kökenler"ine sadık kalmış ve Kudüs'le birlikte doğuyu tepeye yerleştirmişti; Hereford Katedrali'nde bulunan haritanın üst tarafında, denizin üstünde "Son Yargı" betimleri vardır; Ebstorf Manastırı'nda bulunan dev parşömen haritada T harfi bir haça dönüştürülmüş ve Akdeniz'e *Mare strictum*[10] adı verilmiştir. Gerçekten de Akdeniz haritalarda dar bir şerit olarak gösterilmiş ve Rönesans'a kadar soluk renklerle resmedilmişti. Yalnızca el yazmalarının kenarlarına yapılan minyatürler, gökyüzünü olduğu kadar denizi de daha canlı renklerle betimledikleri için bu yaklaşımdan bir ölçüde farklıydılar. Ama bu sanat dalı da tek başına tüm Akdeniz'i kucaklamak ya da dünya görüşünü değiştirmek için yetersiz kalıyordu.

Hıristiyan dünya görüşlerinde de ayrılıklar yok değildi; deniz kültürüne ve denize pek eğilimli olmayan Tagaste[11]'de doğan Aziz Augustin'in karşısına Dalmaçya kökenli Aziz Jerôme dikilir (bu Dalmaçyalı aziz, İllirya'da arkasından hiç iz bırakmadan yok olan ve Split ile Sibenik arasında olduğu tahmin edilen Stridon kentindendir). Patmos Adası'nın taş zindanlarında Domizianus'un eziyetleriyle ölen Aziz Jean'a karşı, Adriyatik'te bir fırtınadan ve Kutsal Topraklar'dan Ebedi Kent'e (Roma'ya) giderken Malta yakınlarında batan bir gemiden canlı kurtulabilen Aziz Paul karşı örneği verilir; din Akdeniz'de en acımasız olduğu bölgelerde bile denizi hepten yadsıyamamıştır.

10 *Mare strictum* (Lat.): Dar deniz (ÇN).

11 Tagaste: Bugünkü Souk Ahras (Cezayir) (ÇN).

Ptolemaios, *Geografia*'sının başında "yolculuk öykülerinin ve büyük zorluklarla bilinmeyen yerleri keşfe çıkan gezginlerin sağladıkları bilgilerin" önemine dikkat çeker. Ortaçağ'dan modern çağların başlangıcına kadar, Akdeniz kıyılarından Uzakdoğu'ya hattâ daha da ötelere kadar olan bölgeleri kara ya da denizyoluyla dolaşmış olan gezginler, yazdıkları ve anlattıkları, nasıl insanlar oldukları ile bize garip gelen özellikleri hakkında, kendileri tarafından yazılmış ya da başkaları tarafından onlara adanmış yapıtlar sayesinde, elimizde pek çok bilgi vardır. Adları hayranlık ya da kuşku, coşku ya da alayla anılır; bunlardan aklımıza ilk gelen, önce tüccar ve maceracı, sonra Aziz Paul tarikatı adına dünya haritasını hazırlamış bir dindar ve Sina dağında keşiş olan, Bizans'ta *Indocopleustes* (Hindistan gezgini) olarak tanınan Kosmas'dı. Sonra (tarih sırasına uymadan) peder Rubriquis (ya da Rubrück), Pordenoneli Odorico, Pian Canpinolu Giovanni, Cremonalı Bartolomeo (bunların yolculukları çok güç yolculuklardı, burada hiç değilse adlarını anmaya değer), Fransız hekim Jehan de Mandeville, efsanenin "üç Hindis-

Abraham Ortelius'un Aziz Paul'ün yolculuklarını gösteren haritası (1697).

tan'ın tahtına" oturttuğu peder Jean, eski anıtların imgelerini ve elyazmaları kopyalayan tüccar ve hümanist Anconalı Cyriacus, Küçük Kardeşler tarikatından *fra'* Maringoli, Musevi diasporasını ziyaret edip koruması altına alan haham Tudelalı Benjamin, bazen tüccar, bazen korsan, deniz kazazedesi, ünlü *Peregrinaçao*'nun yazarı Portekizli Fernao Mendes Pinto, duruma göre İtalyan ya da Portekizli, Hıristiyan ya da Müslüman olan gizemli Varthema (ya da Barthema), ve kuşkusuz Akdeniz kıyılarında da dolaşmış olan İrlandalı aziz ve denizci, efsanevi Brendan gibi gezginlerin adları sayılabilir.

Tıpkı gezginler gibi yolculuğa çıkma, denizlere açılma ve uzaklara ulaşma isteğinin altında yatan nedenler de birbirlerinden çok farklıdır. Doğrusal, dairesel, kesişen rotaları olan, belirli bir noktaya ulaşma amacını taşıyan ya da bir amaca bağlı olmadan bilinmeyeni ve kendimizi keşfetmek için ötelere doğru yolculuklara çıkılır. Bu yolculukların hepsinden geri dönülmez. İnsanlar ve toplumlar, yaşamın daha kolay ve daha tehlikesiz olduğu yerlere göç eder. Yola yalnız ya da yol arkadaşlarıyla çıkılır. İçten gelen bir dürtü ya da görev duygusuyla ya da bir gereksinim ve zorunluluk nedeniyle yola koyulan, çevrelerini, iyice inceleyip gördüklerini anlatan ya da haritalarının üzerine not eden ya da yalnızca zevk için yolculuk eden gezginler vardır. Günler, haftalar, aylar boyu, denizden, yalnızca sakin ya da hırçın, mavi ya da gri renkli denizden başka bir şeyin görülmediği deniz yolculuklarına çıkanları kuşatan düşünceler, yüreklerine ve akıllarına egemen olan duygular hakkında pek az bilgiye sahibiz.

Yolculuk öyküleri anlatanlar giden ve geri dönen kahramanlardan başka gidip de geri dönemeyenleri de anlatır: Odysseus Ithaca'yı yeniden bulmuştu, Eneos hiçbir zaman geri dönmemişti. Odysseus'un öyküsü *Odysseia* olmuş, *Eneideia* yarım kalmıştır. Toplumların göçleriyle istilalar arasında bir fark görülmediği gibi, bir gezgin açısından da kişisel olarak, yolculuk ile hac arasında bir sınır yoktur (tarihçiler kıyı kentlerimizi yok eden barbar istilalarına, genellikle *halkların göçü* adını yakıştırır). Pek çoğu uzak ufuklara gitmek için Akdeniz kıyılarından yola çıkmıştır. Bunlardan "durağan bir zaman kesitinden boşluğa doğru" en büyük kararlılıkla atılanı Marco Polo olmuştur (çevirmenlerinden biri onu böyle tanımlıyor). Marco Polo Uzakdoğu'da Zipangu Adası'nı keşfetmişti: Bu ada daha sonra adı Akdeniz yerel dillerinde Zipangu, Cipango, Zapango olarak değiştirilerek haritalarda da yer almaya başladı.

Yolculukların tarihi, haritaların tarihinden ayrı tutulamaz: Kristof Kolomb yolculuğuna Ptolemaios'un *Geografia*'sı, kardinal Petrus de Aliaca'nın yapıtı *Imago mundi,* Marco Polo'nun gezi notları ve başka birkaç yapıttan daha yararlanarak hazırlanmıştı. Kolomb'dan önce Dante, *Cehennem*'inde Odysseus'u Herkül Sütunları'nın ötesine "güneşin öte tarafında, insanların olmadığı başka bir dünyaya" yollamıştı. Hayal gücü daha İspanyol kadırgaları yelken açmadan çok önce Yeni Dünya'yı keşfe çıkmıştı. Böylece Okyanus, Akdeniz'in bir parçası olmaktan çıktı.

Fransa Kralı Saint Louis, Tunus'a doğru bir haçlı seferi sırasında denizde seyrederken, Sardinya Adası açıklarında (tarihçilerin belirttiğine göre tam Cagliari önlerinde) denizin ve kıyıların kusursuz bir biçimde resmedilmiş olduğu bir haritayı gördüğünde şaşkınlıktan gözleri fal taşı gibi açılmış: Ortaçağ'ın son demlerinde, denizcilerin elinde artık pusuladan başka *portolan* ya da *portulan* adı verilen yeni deniz haritaları da vardı (*portolano, carta de marear, carta nautica, roteiro, routier* gibi farklı adlar alırlardı). Böylece seyir rotaları daha kesin, uzaklıklar daha doğru, işaret ve simgeler ister Luxor Atlası'nda, ister Katalan Atlası'nda, ister Pisa haritalarında, ister Modena haritalarında, ister Cenovalı Pietro Visconte'nin, Venedikli Pizigano kardeşlerin ya da Balearlı Angelino Dulcerto'nun portolanlarında olsunlar, daha güvenilir bir hale gelmişti. Bu sırada önce sekiz, sonra daha fazla köşeli, renkli yıldız biçiminde ilk rüzgâr gülleri Mallorca Adası'nda görüldü. Bu sıralarda haritaları ve yolculuk anlatılarını Akdeniz'in güney kıyılarında daha farklı bir yazgı bekliyordu.

Araplar kıyılar arasında harita kullanmadan yolculuk ederdi; denize karada elde ettikleri zaferlerle egemen oldular. Doğudan batıya, Maşrık'tan Mağrip'e doğru ilerlediler. Bu aynı zamanda Musevi diasporasının, Hıristiyanlığın, Yakın ve Uzakdoğu göç yollarının ve güneşi arkalarına alıp yola çıktıkları için belki de başkalarından daha uzaklara ulaşan gözü pek insanların da seçtiği yöndü. Araplar "İfrikya"nın kuzeyini ele geçirdi, İskenderiye'yi aldı, Akdeniz'in güney kıyılarına yerleşti. İskenderiye kütüphanesinin yakılmış olmasına karşın Aristoteles ile Ptolemaios'u bizden önce tanımışlardı. *Geografia* hem Yunancadan, hem Suriye dilinden Arapçaya, Avrupa dillerinden önce çevrilmişti. Astronomi ve matematik, ünlü *Almacest* adı altında bir araya getirilmişti. Coğrafyacı Al-Mussadi Ptolemaios'un da kendine örnek aldığı Tir denizcileri haritalarını incelemişti. Al-Bathani Ptolemaios'un görüşlerini benimsemişti, Al-Huvarizmi ise bu görüşlerin eksikliklerini tamamlamış, Al-Biruni daha öteye giderek onları geliştirmiş ve Galileo'nun öncüsü olmuştu. Güneydoğu Akdeniz'in sahip olduğu bilgiler Akdeniz'in batısına ve kuzeyine taşınmıştı.

Arapların anavatanlarında denize ve deniz seferlerine ne kadar yatkın olduklarını bilmiyoruz. Gene de denizciliği çabuk öğrendikleri ve bu konuda karşılaştıkları sorunların üstesinden kolayca geldikleri söylenebilir. Phenix Burnu yakınlarında Bizans donanmasını alt etmeyi başardılar, Cenova ve Venedik'e ciddi bir rakip oldular, İspanyol ve Katalan kıyılarına egemen oldular. Kullandıkları aletlerin bir bölümünü kendileri bulmuş ya da geliştirmişler, diğerlerini ise başkalarından, bazen de zor kullanarak elde etmişlerdi: *Asturlab* (ya da kendi dillerinde *kamal* ya da *safinah*) dedikleri kendi usturlapları vardı. Archimedes'in Siracusa'da mükemmelleştirdiği *alidade* yardımıyla yıldızlara ve güneşe göre konumlarını belirlemeyi biliyorlardı; Al-Havakandi *sudas-al-fahri* adını verdiği yüksek nitelikli bir açıölçer yapmıştı. Hepimizin benimsediği azimut[12] sözcüğü Arapçadır (kökeninde yol anlamına gelen ve *zenit*[13] sözcüğüne de kaynaklık eden *sumt* sözcüğü vardır). Venedik, Arapçadan *arsenal* sözcüğünü almış ve Venedik Lagünü'ndeki ünlü yapıya bu adı vermişti. Cenova'da eski tersane yakınlarındaki *darsena* ile Toulon'da Henri IV ta-

12 azimut (Fr.): (gökb.) Güney açısı (ÇN).
13 *zenit* (Fr.): (gökb. ve coğr.) Başucu; (mec.) zirve (ÇN).

rafından yaptırılan *Vieille Darse*'da (Eski Tersane) adlarını aynı sözcükten alır. Barselona'nın eski limanında dört tersane yer alırdı; bana göre en güzeli Sant Beltran Mendireği ile Moll de Barcelona (Barselona Mendireği) arasında, liman şefliğinin ve Kolomb anıtının yakınlarında bulunan Dàrsena de Sant Beltran (Sant Beltran Tersanesi) idi. Araplar gemi yapımında katranın (*al-gatran*) önemini herkesten önce kavramıştı. Önce Akdeniz, sonra tüm dünya donanmalarının benimsediği *amiral* sözcüğü de onlara aittir. Arap rakamları romen rakamlarının yerini aldı (Arapça *sifr* sıfır ya da hiçlik anlamına gelir). Diğer Akdeniz deniz halklarından (Amalfi denizcilerinden de) daha önce pusulaya sahip olup olmadıklarını bilemiyoruz. Araplar pusulaya *dirah* ya da *daira* (çember ya da çevre) derlerdi. Afrika'nın doğu kıyılarına vardığında Avrupalı büyük denizci, Hindistan'a doğru yaptığı yolculuğa devam edebilmek için bir kaptan aradı; Vasco de Gama'nın gemisinin dümeni Ahmed İbn Macid adlı bir Arap denizciye emanet edilmişti. Arapların denizcilik hakkındaki bilgileri o zamanlar Yeni Dünya'yı keşfetmeye çıkmış Lusitanyalı ve İspanyol denizcilerinkiyle boy ölçüşebilecek düzeydeydi. Tüm Rumeli Denizi kentlerinin Arap haritalarında yer almalarına karşın Atlantik kıyısındakilerin hemen hiçbir yerde belirtilmemiş olduğunun farkına varan İbn Haldun oldu. Araplar haritalara Arapça kökenli *as-sahifa* (İbn Haldun da bu adı kullanmıştı), *as-sura*, *tarsim*, *deftar* ya da Yunanca kökenli *kharita* ve Latince kökenli *tavla* (ya da *tabla*) adlarını verirdi. Bu sözcük bolluğu başlı başına dikkat çekicidir; bu uzun liste bile Arapların Akdeniz'de ne kadar önemli bir yere sahip olduğunu kanıtlar niteliktedir.

Haritacılara belki de herkesten çok Arap gezginlerin yardımı dokunmuştu. Denizden çok karaya yatkındılar, gemiye binmektense yürümeyi tercih etmişlerdi. İnananlar normal olarak günde beş, yolculuktayken de üç kez, yüzleri Kabe'ye dönük olarak namaz kılarlardı; daha doğudaysalar batıya, daha batıdaysalar doğuya döner, Kabe'ye göre yönlerini, konumlarını ve uzaklıklarını belirlemeye çalışırlardı. Bu türden bir ibadet, kendini haritalarda da belli eden özel bir coğrafya bilincinin gelişmesinde etkili olmuştur. İslam geleneğinde yolculuklar önemli bir yer tutar: İlk Müslümanların Habeşistan'a gitmeleri, Mekke'den Medine'ye (eski adıyla Yathrib'e) *hicretleri*, Kabe'ye *umre* ya da *hac* ziyaretleri gibi. Kuran'da (ve genelde Arapçada) yol kavramı için çok sayıda sözcük vardır: *Seir, tarik* ya da *tarikun, sebil, sefer* ya da *seferun* (İspanyol Musevileri için kullanılan *seferad* –yolcu– sözcüğü de aynı Sami kökenli sözcükten gelir). Eski Arap belgelerine bakılırsa deniz seferleri (*mellaha*) tek başına bir kavram olmaktan çok, genel anlamda yolculuk kavramının bir parçası olarak görülürdü. *Rihla* hem yolculuk, hem de yolculuk hakkında yazılanlar için kullanılan bir sözcüktü. Bu edebiyat türü coğrafya, haritacılık, bilim ve edebiyat gibi pek çok kaynaktan beslenirdi. Bu tür içinde almanaklara, günlüklere, takvimlere, dil kurallarına, yıldız haritalarına, fallara, Akdeniz'de ve dünyanın herhangi bir yerinde yapılan yolculuklarla ilgili tanım ve betimlemelere yer verilirdi; haritalar da bu tür içinde doğallıkla yerlerini alırlardı.

Arapların yayıldığı alanlar kolay ulaşılır, kolay aşılır bölgeler değildi. Arap gezginleri bu toprakların da ötesine ulaşmaya çabalamışlardır. En uzaklara gidenler, Valencia doğumlu İbn Cubair ile Cadiz ve Lizbon gibi Atlantik kıyısında yer almasına karşın Akdenizli sayılan Tanca'da doğmuş olan İbn Batuta olmuştu. Arap *rihla*larını özetlemek bir yana, içerikleri açısından tam anlamıyla sınıflandırmak bile son derece güçtür. İbn Batuta pek çok şeyin yanı sıra İskenderiye Feneri ve İskenderiye'nin dört kapısını da anlatır: "*Bab-es-Sadra* (Çiğdem Kapısı), *Bab-er-Resid* (Doğruluk Kapısı), *Bab-el-Bahr* (Deniz Kapısı) ve Cuma günleri halkın mezarlıkları ziyareti için açılan *Bab-el-Akdar* (Yeşil Kapı). "İskenderiye bir mücevher gibi parlar. Işıltısı batıya kadar varır. Doğu ile Batı arasında olduğu için tüm güzellikleri kendinde toplar". Bu alıntı Akdeniz'in geçmişinden geriye pek az şeyin kaldığı bu eski kentin bir duvarında, yazı sanatının en güzel örneklerinden biri olarak yazılı durur; biz de oradan kopyalayıp size aktarmak istedik.

Arap geleneklerini inceleyenler yurtiçi yolculuklarla yurtdışı yolculuklar arasında önemli bir fark olduğuna dikkat çeker. Benzer bir biçimde İbn Batuta'nın yaptığı daha dünyevi amaçlı gezilerle, doğduğu Murcia'dan "kırmızı kükürt" ün arayışıyla kendi topraklarındaki güneşten daha parlak bir *Nur*'un izinde, tek başına Allah'a kavuşmak için yola koyulan İbn Arabi'nin iç yolculuğunu birbirlerinden ayırırlar. Denizin çölle karşılaşması gibi Allah'a giden yollarla dünyanın yolları birbirleriyle kesişir. Hazreti Muhammed çöl kadar denizden de söz etmişti. Kuran'daki bir sure çok gezenlerin "anlaşılması gereken her şeyi yüreklerinde hissedip anladıkları"nı anlatır. Bu gezginler olmasaydı, kendi devirlerinin en güzel haritaları olan Arap haritaları da olmazdı.

Bu haritalar da bazı ödünler vermişti. Kuran, suları birbirlerinden görülmez bir engelle ayrılmış iki denizden söz eder ("yedi deniz" kavramı yalnızca benzetmelerde kullanılır). Gene Kuran'a göre "Güneş bir sınıra kadar hareket eder", "Allah yeryüzünü yayıp düzleştirmiştir". Arka tarafta hiçbir şey yoktur, haritalar da (ilk Hıristiyan haritaları gibi) yerin yalnızca tek yüzünü temsil ederdi. Öte yandan Peygamber denize açılan gemileri kutsamakta sakınca görmemiştir. Denizde tuttukları tüm canlıları yemelerine, buldukları her şeye sahip olmalarına izin vermişti. Deniz egemenliğini yüreklendirmiş (ve pek çok hadiste belirtildiğine göre de) denizde kazanılan bir savaşın karadakinden on kat daha değerli olduğunu söylemişti. Ancak bu zaferleri kazanmak, Akdeniz'i egemenlik altına alabilmek için daha iyi yapılmış, daha güvenilir haritalar gerekiyordu.

Arap haritacıları, dünya görüşlerine uygun olarak, kuzeyi aşağıya, güneyi yukarıya yerleştirmişlerdi. Gene dine bağlı olarak ana meridyenleri Kabe'den geçerdi. Dinin emirlerinin gerektirdiği biçimde haritalarında Yecüc ile Mecüc'ün yerleri belirtilirdi. Bununla birlikte Kuran'da da yer almayan deniz canavarlarını resmetmezlerdi. Tümünün adını sayamayacağım sayısız Arap haritacısı vardı. İçlerinden en ünlüsü Al-İdrisi'nin iki takma adı vardı: Biri yapıtlarını yarattığı adaya ithafen Sicilyalı (*Al-Sakali*), diğeri de sanatını öğrendiği yere ithafen Kordobalı (*Al-Kortubi*); Cebelitarık'a çok yakın olan Septe'de doğmuştu. Haritalarını "dünyayı gezmek isteyenlerin keyfi"

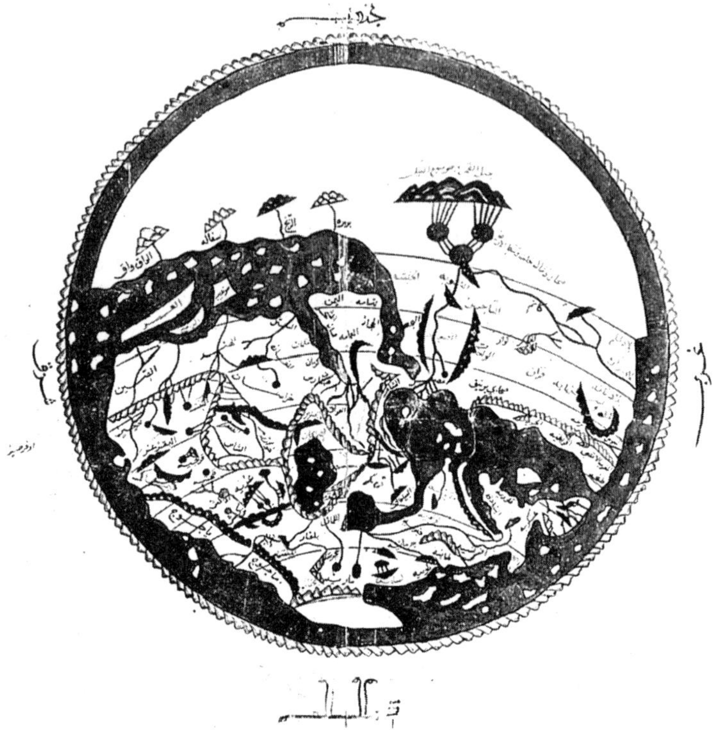

Al-İdrisi: Sicilya'da XII. yüzyılda yapılan dairesel dünya haritası; kuzey altta, güney üstte gösterilmiştir; sağda fil biçiminde Akdeniz yer alır.

için XII. Yüzyılda Palermo'da Norman kralı II. Roger'nin himayesinde çizmişti (sonra bunları ünlü *Kitap*'ında toplamıştı). Bu yolculuk davetlerini "neşe bahçeleri" adını verdiği süslemelerle zenginleştirmişti: "Roger Haritası" adında, üç buçuk metre boyunda bir buçuk metre eninde gümüşten dev bir dünya haritası çizmiş olduğu söylenir ancak bu harita kısa süre içinde parçalanmış. Al-İdrisi pek çok farklı kültürün çocuğuydu, yalnız Ortadoğu ve Doğu Akdeniz kaynaklarını değil, Yunanca ve Latince kaynakları da yakından tanırdı. Ptolemaios'un iklim araştırmalarını yeniden ele almış ve her bir iklime bir renk vermişti; Akdeniz çevresi sıralamada "dördüncü iklim" olarak yer alıyordu, burada denizin yeşili ve mavisi, çölün sarısı, çöl ve deniz üstündeki gündoğumu ve günbatımının tüm tonlarıyla en açığından en koyusuna kırmızı renk hakimdi. Atlantik'e karanlık renkler vermişti: Araplar bu denize Karanlıklar Denizi (*Bahr-al-Zulumat*) adını verir. Al İdrisi'nin haritaları belki çok kullanışlı değildi ama çok güzeldiler. Hele Ortaçağ Avrupası'nda bir benzeri daha yoktu; onun sanatına *mudejar* denmiştir.

Araplar Akdeniz kıyılarında kendilerini kabul ettirip buralarda bir canlılık yarattılar ama deniz yollarını ele geçiremediler. Bu durum, en güçlü oldukları zaman bile çok rahat olamamalarına ve bir belirsizlik durumunun doğmasına neden oldu. Daha sonra bölündüler, İspanyol *Reconquista*sı ile zayıfladılar, Osmanlı'nın gücüne boyun eğdiler ve haritalara varıncaya dek tüm üstünlüklerini yitirdiler; haritalarında denizle kurdukları ilişki ve denize bakışları bir özlem duygusunu yansıtır. Denizci Sinbad şansını başka kıyılarda denemek için Bağdat'tan ayrılmış, Umman Denizi'nden yelken açıp Hint Okyanusu'nun cennet adalarına kadar gitmişti; halkının Malayam dili konuştuğu Laccadive adalarına ya da Tiladummuti ve Ihavandifullu mercan adalarına uğrayarak (özgün adlarının ne olduğunu Allah bilir) Amadivi ve Maldivler'e kadar ulaşmış olduğu sanılır. Bu tür yolculuklarda bütün denizler aynı denizdir ve her biri ayrı bir deniz sayılır. Sinbad, İbn Batuta'nın anlattığı Akdeniz limanlarına da uğramış olmalı.

Her şeyi bilen Arap haritacılarının bunu da bilmesi gerek. Al-Mukaddesi'nin Suriye ve Filistin haritalarında yer alan kentler arasında antik Sidon'un yerine kurulan Said, Tir'in tek kalıntısı Sur, antik Laodecea'nın yerinde bulunan Al-Latakieh de vardı. Haritacılık geleneğini hicri IX. Yüzyıldan sonra (MS XVI. Yüzyıl) Tunus'un Sfax kentinde yeniden canlandırmaya çalışan Al-Sharfi'dir; en güzel haritalarından birinde (ki deve derisinden yapılmış bir kopyasını Sfax'da bulmuştum) Kabe dünyanın merkezinde yer alıyordu. Bu (belki de Doğu anlatı geleneğinin etkisiyle çok fazla detayla süslü) Arap öyküsünden tüm Akdeniz için geçerli, son derece değerli bilgiler elde ederiz.

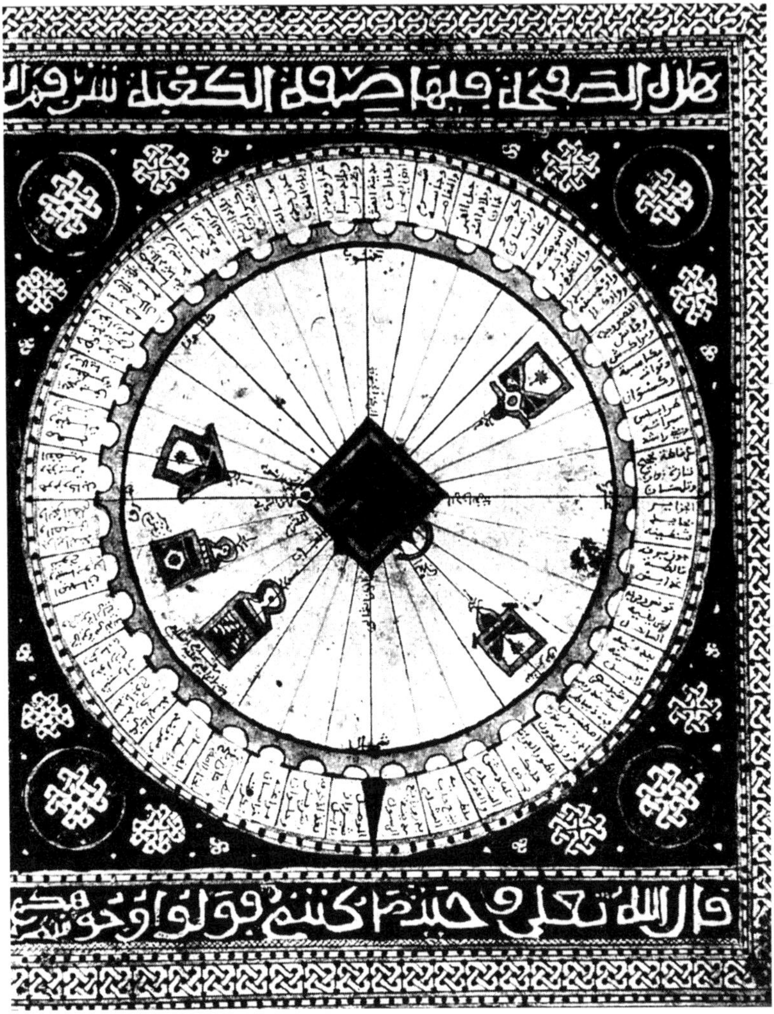

Al-Sharfi: Dünya'nın merkezi Kâbe. Tunus, XVI. yüzyıl; Sfax Harita Okulu.

Yeni Dünya'nın keşfinin arifesinde coğrafyacılar sonunda Ptolemaios'un haritaları üzerinde eski dünyayı tanımış oldular. Bizanslı Manuel Chrysoloras (burada adını, ziyaret ettiği Avrupa kentlerinde tanındığı biçimde yazıyorum) XV. Yüzyıl başlarında Roma ve Floransa'ya geldi. Paleolog sarayının elçisi sıfatıyla o sıralarda doğudan yaklaşan tehlikeye Avrupa'nın dikkatini çekmek üzere gönderilmişti. Aynı zamanda hem coğrafyacı, hem felsefeciydi. İstanbul'dan yirmi yedi harita ve yedi iklim betimlemesiyle birlikte Ptolemaios'un *Geografia*'sının el yazmalarını da getirmişti. Bu yapıtı Latinceye çevirmeye başladıysa da hastalanarak yarım bırakmak zorunda kaldı. Yapıt kendinden sonra İtalyan öğrencisi Jacopus Angelus tarafından tamamlandı. Paris'te Louvre Müzesi'nde (çizimler odasında) bir portresi vardır: Geniş bir alın, yorgun bakışlar, elinde bir kitap, yüzünde hastalığının bıraktığı izler (hastalığı büyük bir olasılıkta 1415'de Costanza'da ölümüne neden olacak olan veremdi). Onu tanıyanlar inanılmaz bir belleğe sahip olduğunu ve çok iyi bir konuşmacı olduğunu söyler (Platon ve Ptolemaios'a eşdeğer bir heyecanla konuştuğu söylenir). Genç Angelus hakkında ise pek az şey biliyoruz. Gene de aralarındaki ilişki hakkında bazı tahminlerde bulunabiliyoruz. Angelus çevirisini Papa V. Alessandro'ya sunmuştu; bundan da bu olayların 1410'larda geçtiğini çıkarıyoruz. Papa onun günahlarını bağışlamış ve onu kutsamıştı. Bu arada bir bilimsever ve sanatsever olan Palla Strozzi'nin Chrysoloras'dan önce *Geografia*'nın bir elyazması kopyasını Floransa'ya getirdiği söylenir ama bu, konumuz içinde ikincil bir öneme sahiptir. Haritacılık tarihi benzer pek çok olaya sahne olmuştur; haritalar bir sahne arkası olarak tarihteki yerlerini almıştır.

Ptolemaios'un yapıtının (Papa'ya adanan) çevirisinin el yazması kopyaları ve daha sonra (Gütenberg'in buluşundan sonra) yapılan baskıları, eksiklikleri tamamlanarak, haritaları düzeltilerek ve yeni haritalar (*tabulae modernae*) eklenerek Avrupa'nın tüm merkezlerine yayılmaya başladı. Bu işte pek çok kişi rol aldı. Alman asıllı tanrıbilimci ve coğrafyacı Kardinal Nicola di Cusa (asıl adı Nicolaus Krebs'di) Akdeniz'e daha yakın ve yatkın gördüğü

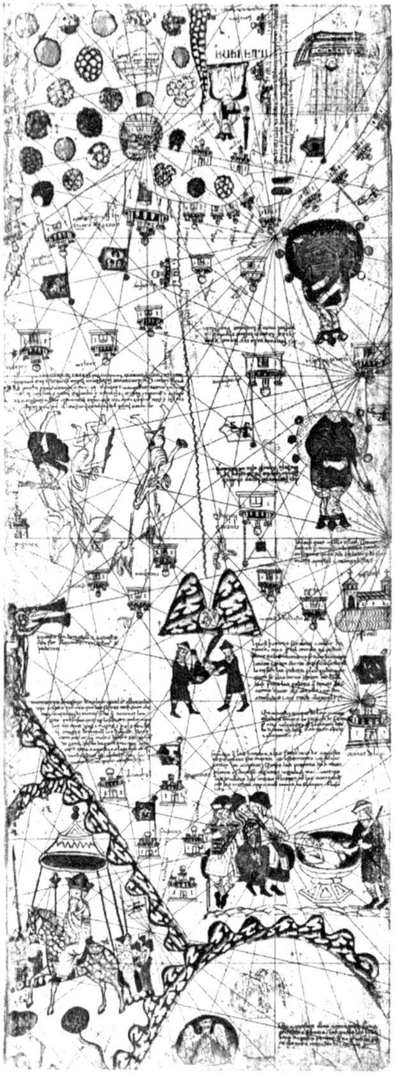

Palma de Mallorca'daki Abraham Cresque atölyesinde 1375'te yapılan *Katalan Atlası*'nın anlatım bölümleri.

Orta Avrupa'nın yer biçimlerinin haritalara aktarılması işini tamamladı; bu yapıt bugün bile Akdeniz ile Orta Avrupa'nın sınırları hakkındaki tartışmalarda aydınlatıcı bir kaynak olarak kullanılabilir.

Chrysoloras'ın getirdiği haritalar (ki Agathodaimon adlı İskenderiyeli bir ustanın kopyaları oldukları sanılıyorlar) renksizdi; onları renklendirmek gerekiyordu. XV. Yüzyıl Rönesansı resme manzara kavramını sokmuştu; deniz artık daha geniş bir alan kaplayacak bir biçimde ve daha belirgin renklerle resmediliyordu. Bu etki kendini haritalarda da gösterdi.

Yer yuvarlağının haritalardaki düz yüzeylere aktarılması (projeksiyon) problemi resimdeki perspektif anlayışının gelişimiyle birlikte çözüldü. Haritacılarla ressamlar sonunda bir noktada buluştu: Albrecht Dürer Ptolemaios'un yayımlanmasında rol aldı; Martin de Vos, Ortelius'un ünlü *Theatrum Orbis Terrarum*'unun yapımında yardımcı oldu; Genç Holbein pek çok tanınmış haritaevi ile birlikte çalıştı; Mantegna, Mantova Düklük Sarayı'nın (şimdi yıkılmış bulunan) bir duvarına dünya haritası çizdi. *Katalan Atlası*'nın yaratıcısı Abraham Cresque haritacılıkla minyatür sanatının inceliklerini birleştirmişti; Seferadların Barselona'dan Balkanlara getirdikleri ve Saraybosna'da sakladıkları ünlü *Haggada* hiç kuşkusuz onun okulunun eseridir. Krk yakınlarında Kvarner'deki bir adacıkta, Ptolemaios'un az bulunan eski bir kopyasının saklandığı Košljun Manastırı'nda (Adriyatik'in kıyılarıyla batısına ait) beşinci ve altıncı haritaların çok özel kopyalarına rastladım. Kullanılan lacivert tonlarından anlaşıldığı kadarıyla, bugün artık unutulmuş olan Floransalı Francesco Berlinghieri tarafından yapılmış olmalıydılar. İtalyan ve Dalmaçyalı denizciler, Venedikli ve Bizanslı tekfurlar, Akdeniz kıyılarının tüm kalburüstü insanları, evlerinin en görünür yerlerine, denizin ve denizciliğin onuruna yaraşır bir biçimde haçla, armalarıyla, aile portreleriyle aynı düzeyde, duvarlara çerçevelenmiş haritalar astılar.

Gezginler gibi haritacılar hakkındaki bilgilerimiz de sınırlı. Denizi ve karayı betimlemek, dünyayı ve yıldızları bir şu açıdan, bir bu açıdan incelemek sıradan bir iş değildir; kendilerini bu işe adayanlar da sıradan insanlar değildir. Asıl uğraşı mühendislik olan Giacomo Castaldi örneğin, Venedik'te çalışmak için Piemonte'yi terk etmişti. Pietro Coppo ise Venedik'i bırakıp Istria'ya gelmiş ve bu yarımadanın en güvenilir haritasını yapmıştı; Murano'daki San Michele Manastırı rahiplerinden Mauro, hazırladığı dünya haritasını Lizbon'a Papa'nın rakibi Portekiz kralı V. Alfonso'ya yollamıştı. Kardeşler tarikatından peder Marco Vincenzo Coronelli, dünyadaki ilk coğrafyacılar derneğini (Argonotlar adıyla) kurmuş ve San Marco Cumhuriyeti'nin resmi haritacısı sıfatıyla Güneş Kral XIV. Louis'ye dev bir yerküre göndermişti (bu küre hâlâ Versailles'da görülebilir). Başka İtalyan kentleri gibi Floransa ve Cenova da önemli harita atölyelerine sahipti. Görkemli başarılarına yabancıların da katkısı olmuştur: Bu büyük haritacılardan ikisi, Latinceleştirilmiş adlarına *Germanicus* sıfatını da eklerlerdi. Livorno'daki harita okulunun kurucusu, alçakgönüllü Ragusalı Vicko Demetrije Volčić adını Volcius'a çevirmişti. Behaim'in ilk yerküresinden Mercator'un *Atlas*'ına kadar pek çok başyapıt Akdeniz kıyılarından uzakta yaratıldı. Coğrafya elkitapları, tümüne birden yer veremeyeceğimiz sayısız haritacı adıyla doludur. Bunlardan Osmanlı İmparatorluğu'nun haritacısı ve *Kitab-ı Bahriye*'nin yazarı Piri Reis'in adını anmadan geçemeyeceğim. Osmanlı kaptanı Kemal, Valencia yakınlarındaki bir deniz savaşında (1501) Kristof Kolomb'un yeni keşiflerinin yer aldığı pek çok haritayı İspanyol kadırgalarından ganimet olarak almış ve daha sonra yeğeni Piri Reis'e vermişti. Piri Reis de bunlardan yararlanarak, bugün elimizde yalnızca batı parçasının kaldığı kusursuz bir dünya haritası çizmişti. Böylece Asya Amerika'yı, Akdeniz kıyılarından da olsa ilk kez görmüş oluyordu; devir Kanuni Sultan Süleyman devriydi. O zamanlar hâlâ büyük haritacılar vardı. Yolculuklar, özellikle de deniz seferleri size tanıtmamız gereken kişiliklerden çok, yolları bizimkiyle çakışanları karşımıza çıkarır. Ana deniz yolları da Akdenizli haritacıları başka kıyılara doğru yönlendirmişti. Hayal gücü okyanusların çekimine kapıldı, onunla birlikte haritalar da.

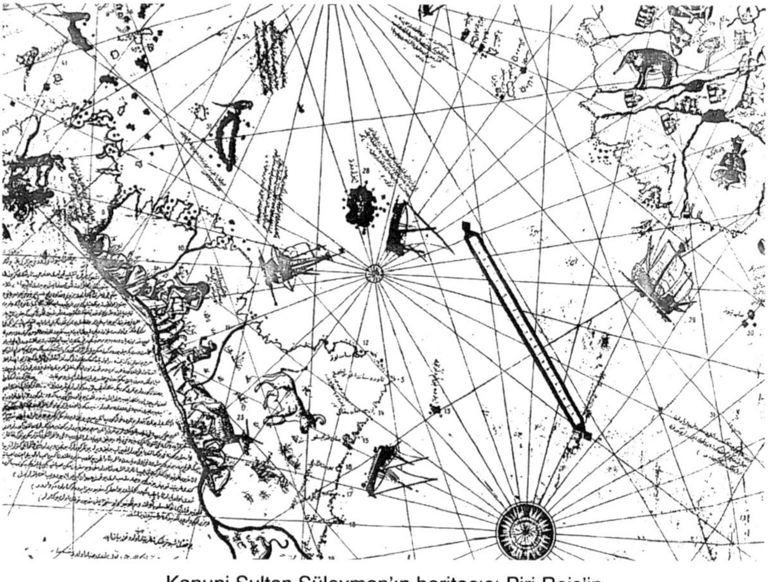

Kanuni Sultan Süleyman'ın haritacısı Piri Reis'in kenarına notlar alınmış dünya haritasından bir ayrıntı (1513).

Akdenizli denizciler kendi denizlerinde edindikleri sağlam deneyimlerle yolculuk ediyordu. Büyük deniz seferleri hakkında yazılanlar (seyir defterleri ve benzeri yapıtlar), mürettebatın sanki kendi kıyılarına benzer kıyılarla karşılaşmayı beklermiş gibi, yeni kıyılarda yaşadığı şaşkınlıklardan söz eder. Akdeniz'den başka denizleri keşfetmek için yola çıkanlar sanki Akdeniz'i keşfe devam etmek istiyorlardı. Yeni dünyalara yelken açan kaşifler denizin uçsuz bucaksız enginliğinden çok, uzaklığı kavrayabiliyor, uzaklık ve farklılıklardan çok, boşluğu ve bilinmeyenleri hissediyorlardı (ve ikisinden de korkuyorlardı). Denizlere açılma isteği geri dönüş belirsizliğine baskın çıkıyor, umutlar endişelerin önüne geçiyordu. (bu tür davranışlar ve bakış açıları Akdeniz düşünce yapısına daha yakındır). Akdeniz'in uzak sınırlarını belirlemeye çalışırken bu etkenleri de göz önünde tutmak gerekir. Bu kaşiflerin gerçekten yeni bir dünya keşfetmektense sahip oldukları dünya görüşlerinin doğruluğunu ve inandıkları söylencelerin varlığını (Atlantis, Hesperides, Altın Post, Eldorado, Arcadia, Eden vb.) kanıtlamak amacıyla yola koyuldukları kuramını öne sürmek çok yanlış olmaz sanırım (bu kuram çağımızın önemli bir antropoloğuna aittir). Dünyaya ve denize yönelik görüşlerimiz ancak yeni bir dünya ve yeni denizler keşfedildiğinde değişir; Akdeniz'e sadık kalıp okyanuslara açılmamış bizler için böyle bir tehlike yoktur.

Kristof Kolomb (ona bir kez daha geri dönmemiz gerekiyor) kutsal kitapların, yolculuk öykülerinin ve bazen de eski haritaların söz konusu ettiği Tarsis, Ofir, Saba, Sefora, Pançaya,

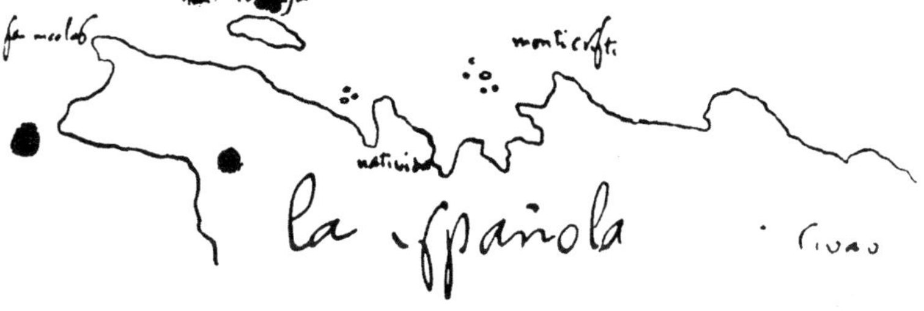

Hispaniola Adası: Kristof Kolomb'un el yazısı ile kroki (1492).

Taprabana, Ultima Thule, Katay, Zipangu ve Hint adalarıyla etrafındaki yeryüzü cenneti gibi gizemli ve efsanevi ülkelerin adlarını biliyor olmalıydı. İlk seferlerinden sonra "bilimin ve haritaların" söylediklerinden çok "Isaïe'nin kehanetleri"nin gerçekleştiğine inanmaya başlamıştı (tırnak içindekiler kendi sözleri). Yeni Dünya'nın keşfi için bizim denizin kıyılarından yola çıkan bu insan "bu dünyanın sonunun yakın" olduğuna inanıyordu. Akdeniz, tarihinin uzun deniz yolculuğunun sonuna gelmişti; ufukta yeni bir tarih görünmekteydi.

İki deniz ve okyanus ırmağıyla çevrili üç kıtasıyla eski düz dünya anlayışı, Ortaçağ'ın *imago mundi*'si, kendi kendine un ufak oluverdi. Yeni keşfedilmiş yerlerin temsil edilmesinin yanı sıra bambaşka bir temsil yolunun bulunması da gerekiyordu. Mercator, bilimi masaldan ayırarak coğrafyaya Atlas kavramını soktu. *Odysseia*'daki Atlas, sırtında "dünyayı göklerden ayıran sütunları" taşırdı. Mercator'un *Atlas*'ında ise, dünya tüm ayrıcalıklarına karşın evrenin bir parçası olarak kabul edilmişti. Bazı Fransız haritacıların önerdikleri (Atlas ile aynı anlama gelebilecek) Neptün adı ise pek tutulmadı; antik tanrılara yapılan gönderme fazla öyküsel bulunmuştu. Önemli harita yapıtlarına verilen adlar da yeni bir dünya görüşü arayışının habercisiydi: *De Summatotius Orbis, Civitas Orbis Terrarum, Speculum Orbis Terrarum, Spiegel der Zeevaert, The Mariners Mirrour, Theatrum Orbis Terrarum, Teatro del Cielo e Della Terra, Teatri Europei, Théâtre François, Liber Chronicarum, Universalis Cosmographia, Cosmographicae Meditationes de Fabrica et Fabricati Figura*. Ayna (*speculum*), sahne (*theatrum*) ve daire (*orbis*) benzetmeleri, dünyanın bir imge, bir olay ya da bir öykü halinde betimlenmesine ilişkin epik Rönesans tutkusunun yansımalarıdır (biz de bu kitabın başında bu terimlerden söz etmiştik). Akdeniz artık dünyanın merkezi değildir, onu oluşturan parçalardan yalnızca biridir ama bunun farkına varması ve sonuçlarıyla yüzleşmesi için zamana gereksinimi olacaktır.

Yeni karaların keşfi yeni yıldızların keşfiyle el ele gidiyordu. Gökadalarla uzak denizlerin adaları birbirlerine benzer. Denizcilerin seferleri dünyanın, gökbilimcilerin gözlemleri gökyüzünün haritalarını değişime uğratıyordu. "Çekingen Polonyalı rahip" Nikolas Kopernik'in *De Revolitionibus Orbium Coelistium* adlı yapıtındaki evren görüşü, Galilei ve *scienza nuova*[14] tarafından da doğrulanıyordu. Deniz yolları ve yıldızların konumları birbirlerine iyice bağlanıyordu. Akdeniz'de birbirlerinden zaten hiç ayrılmamışlardı.

Haritacılığa yeni heves edenler duvarlara asılan büyük dünya haritaları karşısında hayranlıklarını gizleyemezler: Dünyanın aynasını, sahneye koyduğu oyunu, içinde döndüğü dairenin bu biçimde büyütülmesinin arkasındaki çabaları, umutları ve niyetleri irdelemeye çalışırlar. Bu büyük duvar haritalarının sergilendiği önemli yerlerden birkaçını ben de gezdim. Bunlardan, Vatikan'daki coğrafya haritaları galerisi ve özellikle Papa IV. Paolo'nun en yetenekli ustalara yaptırdığı ünlü *Terza Loggia;* kendisi de bir coğrafyacı olan Papa IX. Zacaria'nın harita freskleriyle süslediği Latran Sarayı; Roma yakınlarında (pek çok gündelik sahnenin yer aldığı) duvar süslemelerini Antonio Varese'nin yaptığı Farnese ailesinin yazlık evi Cararola Sarayı, Floransa'da Palazzo Vecchio, Venedik'te Palazzo Ducale; (İkinci Dünya Savaşından sonra yıkılan) Hereford Katedrali sunağı; Kutsal Topraklar ile Mısır'ın bir bölümünün haritasının yer al dığı Ürdün'deki eski bir Bizans kilisesinin tabanında bulunan Madaba mozaikleri, beni gerçekten en derinden etkileyenleri oldu. Bu resimlerde denizin kendisi, genellikle onu ele geçirme ve ona egemen olma isteğinden daha az önemlidir. Viyana Ulusal Kütüphanesi'nde, Hollandalı usta ressam Vermeyen'in bir çalışmasından yola çıkılarak yapılmış (V. Charles tarafından Tunuslulara karşı) Cenova'dan Tunus'a düzenlenen bir seferin rotasını resmeden bir halı parçası saklanmaktadır. İstanbul'u aldıktan sonra Fatih Sultan Mehmet, Yunanlı coğrafyacı Yorgos Amiroutsos'a, Ptolemaios'un haritalarının Yunanca ve Arapça yazılarıyla birlikte Anadolu'da dokunacak halılara desen olmak üzere kopyalanmalarını emretmişti, ancak bu halılardan günümüze hiçbiri kalmamıştır. Ünlü Fransız halılarında da (örneğin Beauvais halılarında) kara desenleri kadar olmasa bile deniz desenlerine rastlanır; bu deniz Akdeniz'den çok Atlantik'tir.

14 *scienza nuova* (İt.): Yeni bilim (ÇN).

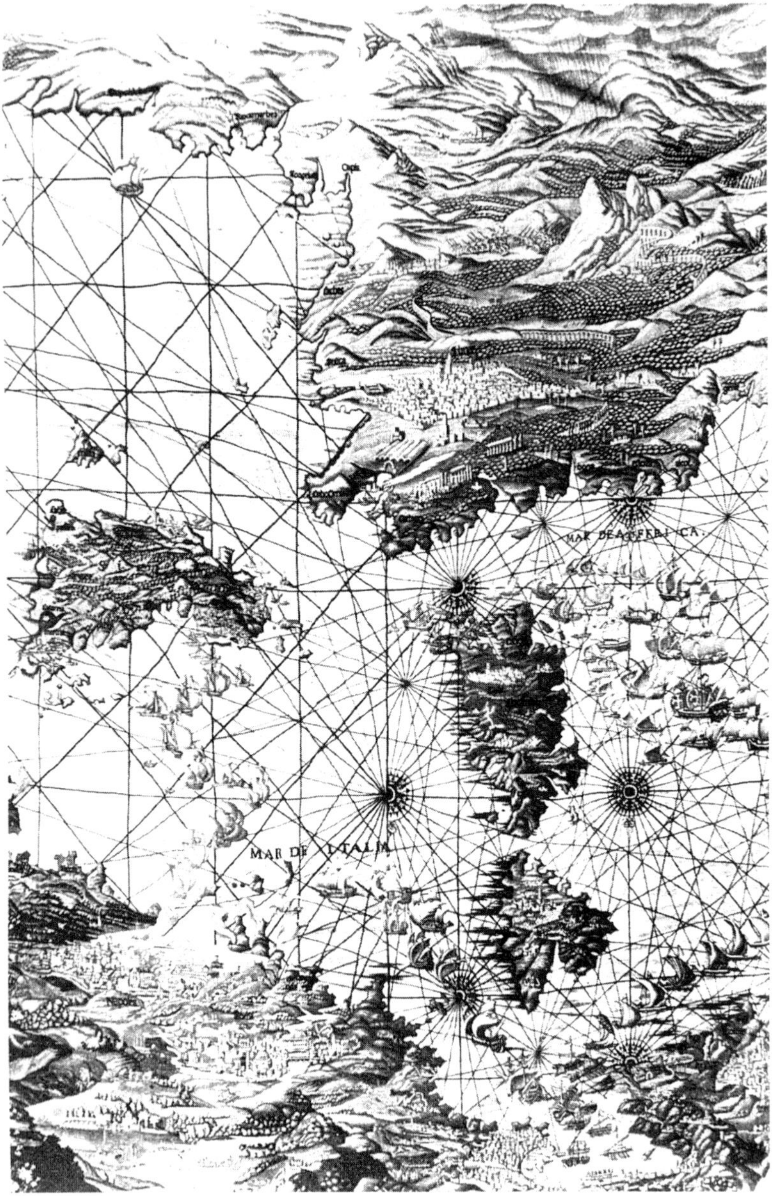

V. Charles'ın Cenova'dan Tunus'a deniz seferi (1535): Hollandalı ressam Vermeyen'in bir deseninden esinle halı üzerine dokunmuş harita (Viyana Kent Müzesi).

Her şeye karşın, haritacılığı epik ve dramatik türlere bağlamak yanlış olur. Harita (*mappa*) kavramı temelde meclislerde kullanılan bir kumaş parçası anlamına gelen bir sözcükten gelmektedir; kökeni tam olarak bilinmemekle birlikte tarihçiler Kartaca dilinden geldiğini öne sürer. Haritalar uzun süre, özellikle uzak denizlerin canavarlarına ve Leviathan ya da Rahab gibi dikenli yüzgeçleri olan ya da keskin dişlerini gösteren dev balıklara yer vermişlerdi. Mercator'un yapıtı bu açıdan da önemli bir devrim sayılır; haritaları canavarlardan kurtaran o oldu. Onun *Atlas*'ında da canavarlar vardı ama bu sayfalar Hondius'un ya da başka yazarların hazırladıkları sayfalardı. Coğrafyanın, Antik Çağ'da bir çeşit roman eleştirisi rolü de üstlendiğinden daha önce söz etmiştik. Mercator onu hayal gücünün eleştirisi seviyesine yükseltmiştir. Voltaire ise ona "kendini beğenmişliğin eleştirmeni" sıfatını yakıştırmıştır. Akılcı bir yaklaşıma sahip Fransız haritacıları (güneyli baba-oğul haritacılar Cassiniler örneğin) haritacılıkta ölçülü olmaya ve kesinliğe önem veren bir tutum seçmişlerdi. Papa V. Paolo, XVII. Yüzyılın başında bu yeni düşüncelerin kökünü kazımak ve kutsal kitapların eski yorumunu korumak için bir papalık genelgesi yayımlamıştı. Aydınlanma Çağı gerek Hıristiyan, gerekse İslam engellerinin karşısına dikilmiştir. XVIII. Yüzyıl ortalarında ana meridyen Kudüs'ten ve Kabe'den uzak Greenwich'e taşındı. Deniz hakkındaki görüşlerin değişmesiyle birlikte haritalar da laikleşti.

Büyük haritalar, iktidar desteği olmadan yapılamazdı. Harita kenarlarındaki ithat yazıları da buna bir kanıttır. Bu ithaflar haritacıların destekçilerine bir şükran ifadesidir, onları koruyanları yüceltme amacıyla yazılmıştır. Haritacılık tekniği eski Fenikelilerden Bizans'a kadar bir devlet sırrı olarak görülmüştü. Chrysoloras'ın yapıtının tamamlanmasına kadar Ptolemaios'un haritaları Doğu İmparatorluğu'nun resmi kontrolü altındaydı. İspanyol ve Portekiz haritaları hakkında ise pek az şey biliniyordu (bu kitapta da onlardan çok söz etmeyeceğiz). Kristof Kolomb'un yol arkadaşı Basklı Juan de la Cosa'nın bir eşek derisi üzerine çizdiği Yeni Dünya haritasına kadar büyük deniz güçleri böyle bir politika gütmüştü. Bu harita da uzun süre gizli tutulmuştu. Büyük keşifler arifesinde Avrupa'nın en uç noktalarından São Vincente burnu yakınlarında Sagres'de, Denizci takma adlı Portekiz prensi Enrico bir uluslararası coğrafyacılar kongresi toplamıştı; Enrico, Avrupa'nın bir ucunda kıraç bir artbölge ile acımasız bir okyanus arasına sıkışmış bir ülkenin şansının haritalarda olduğunu anlamıştı. Lusitanya'nın da kurtuluşu denizcileri kadar haritacıları sayesinde olmuştur. Portekiz yönetimi Casa de India adlı kurumla haritaları da kontrol altında tutmaya başladı. Kastilyalı devlet adamları da Sevilla'da benzer bir kurum oluşturdu: Kopyası çıkarılan ana haritaların (*patròn general*) doğruluğunu onaylayan *Casa de Contractiòn*. İktidarlar böylelikle denizciliği ve bir ölçüde de denizin kendisini tekelleri altına almış oluyordu. Küçük Ragusa Cumhuriyeti, doğu Adriyatik'te benzer bir kontrol sağlamaya çalışmıştı. Venedik de Cenevizliler, Bizanslılar, Arap halifeleri ve Türk sultanlarına karşı aynı uygulamayı tüm Adriyatik kıyıla-

Pierrandreo Mattioli tarafından yeniden çizilen Ptolemaios'un beşinci haritası üzerinde Tiren ve Adriyatik denizleri (*Geografia*, Venedik, 1548).

rıyla Akdeniz'in bir bölümünde hayata geçirmişti. Haritalara ve haritacılığa resmi bir statü vermeyen devletler büyük deniz seferleri düzenleyememiştir. Gerek eski, gerek daha yeni haritalarda politikanın önemi büyük olmuştur. Politika denizi kendi işine geldiği gibi görür, bizim de öyle görmemizi ister. Akdeniz'deki politikalar son derece yerel oldukları için okyanusları sansüre uğratamamıştı. Ele geçirme ve fethetme arzusu genellikle haritaların ana nedeni olsa da haritaların varlığı da böyle bir istek doğurmuştur. Haritalar, kurulmakta ya da genişlemekte olan devletler için bazen geçmişlerinin tanığı, bazen de geleceklerinin programı oluyordu. Akdeniz'in tarihinin haritaları biçimlendirmesi gibi, haritalar da Akdeniz'in tarihini biçimlendirmiştir.

Venedik ve Hollanda haritacılığının altın çağı, az bilinen olayların bir sonucu olarak doğdu. Hollandalılar gibi Venedikliler de denizden parça parça toprak elde etmişlerdi; Hollandalılar *polder*ler üzerine setler yapmışlar, Venedikliler ise *laguna*yı batık bir orman üzerine kurmuşlardı; haritalarında rastladığımız, denizle kara arasındaki özel ilişkiye farklı bakış açısı bu nedenle ortaya çıkmıştı. Ptolemaios *Geografia*'sında ülke ve bölge betimlerine ayrıcalıklı bir yer vermişti; bu betimlemeler bölgelerin ve kentlerin, gemiden ya da kıyıdan, seren direğinden ya da komşu bir tepeden, yandan ya da kuşbakışı görünüşlerini yansıtan çizimlerdi. Rönesans, coğrafyanın bu dalına olan ilgiyi yeniden canlandırmıştı. Bu tür betimlemeleri içeren haritalar, İtalya'nın dört bir köşesindeki ve özellikle Venedik'teki coğrafyacıların, basımevlerinin, gravürcülerin, yayıncıların, atölyelerin, *bottega*[15]ların ortak yapıtıydı. Bu haritaları ilk olarak Marciana kütüphanesinde gördüm; uzmanlaşmış kütüphanelerle özel koleksiyonlarda bulduklarımı da daha yakından inceleme fırsatım oldu. Adriyatik'in ilk haritasını basan Giovanni Andrea Vavassori'den peder Coronelli'ye kadar, bu arada Bordone, Rosaccio, Ballino ve Camocio (adı Camoccio ve Camutio olarak da yazılır) gibi bazı haritacıları daha yakından tanıyabildim: Haritaları, denizle kara arasındaki ilişkiler üzerinde yaptığımız düşünce çalışmalarının bazen önsözü, bazen sonsözü olarak yardımcı olmuştur. Simgesi

15 *bottega* (İt.): Küçük atölye, dükkan (ÇN).

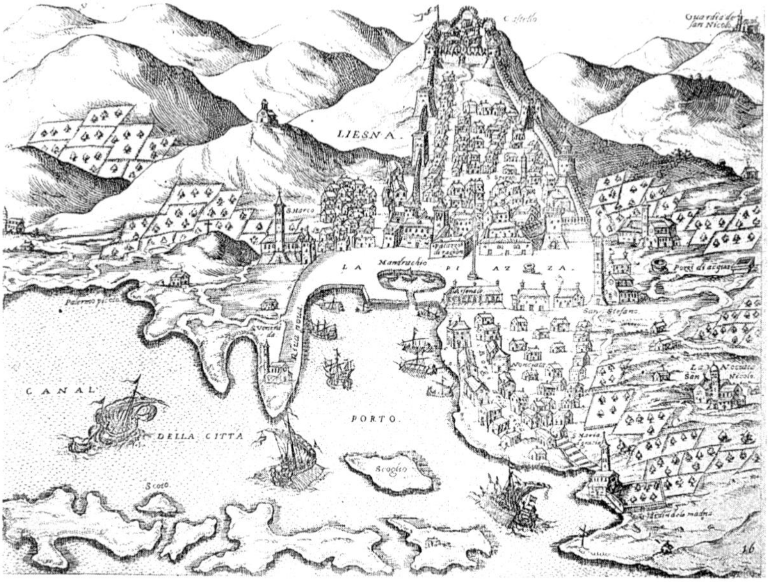

G. F. Camoccio: Hvar Adası (Lesina) ve Hvar kenti ile Cehennem Adaları (Venedik, XVI. yüzyılın sonu).

piramit olan (ve *"Al segno delle Piramide"* damgası taşıyan) Camocio atölyesinde, hemen yakındaki görkemli San Marco Kilisesi'nin yanındaki zindanlardan yükselen kendi vatandaşlarının çığlıklarını ve iniltilerini duyup *Schiavoni*ler[16] ile aynı yazgıyı paylaşmadıkları için şükreden Dalmaçyalı Natale Bonifacio (Božo Bonifaćić) ve Martino Rota (Martin Kolunić) da çalışmıştı. Aynı atölyede Yunanlı Zenon da (imzasını Domenico Zenoi olarak atardı) pek çok yüksek nitelikli harita çizmişti (bu haritaların İspanyol kıyılarını gösterenlerinden bir bölümüne Valencialı konuksever bir koleksiyoncunun evinde rastlamıştım). Zenon'un Venedik polisinde sabıka kaydı da vardı: Zamanın ozanlarından birinin deniz betimlemeleri ile dev bir deniz kabuğu içinde çıplak bir Afrodit çizmişti; genel ahlâka aykırı bulunan bu çizim yüzünden hem kendisi, hem de yayıncısı Camocio bir altın ceza ödemeye mahkûm edilmişti. Sansür, haritacılardan yalnızca hari-

16 *Schiavoni* (İt.): Tutsak Slavlar; Fransızca (*ésclave*), İtalyanca (*schiavo*) ve İngilizcede (*slave*) köle karşılığı olarak kullanılan sözcükler Slav sözcüğünden gelir (ÇN).

ta çizmelerini istiyordu. Akdeniz haritacılarının başlarından geçenlere başka bir kitapta daha çok yer ayırabilmeyi umuyorum.

Bu kitabı yazarken yararlandığım notların bir bölümünü, adadan adaya, mağaradan mağaraya dolaşırken üzerinde yolculuk ettiğim *Dodekanessos* ve *Hydra*'nın güvertelerinde tuttum. *Isolario*lar[17] en güzel gezi notları sayılabilir. Haritalarda adalar genellikle gelişigüzel ya da uydurma biçimlerle çizilir; bazı adaların bütünden kopuk bir kendine özgülükleri olduğu için mi bilinmez, çizerler sanki bütünden çok ayrıntıya önem vermişlerdir. Bu adalar haritalarda pek çok değişikliğe uğrar, adla-

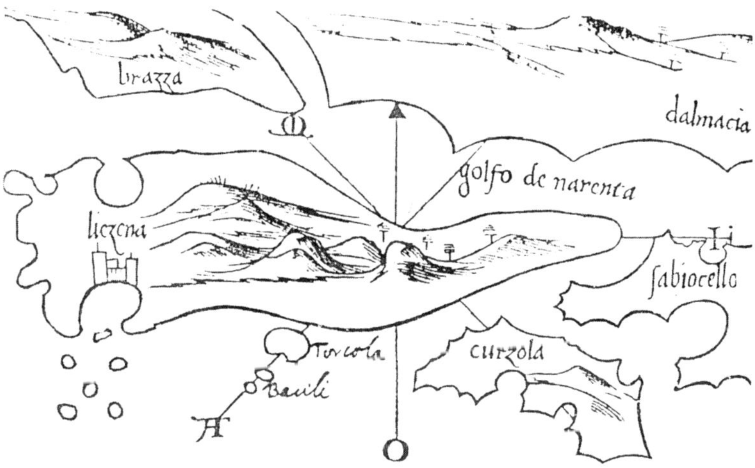

Benedetto Bordone'nin *Isolario*'sundaki Hvar, Brac ve Korcula Adaları (Venedik, 1547).

rının bile değiştirildiği olur. *Isolario* resim, edebiyat ve coğrafyadan ayrı bir daldır. Bu kitaplardan bir bölümünü kaynak olarak kullandım: Bartolemeo dalli Sonetti'nin *Isolario*'su, Cristoforo Buondelmonte'nin *Liber Insularum Archipelaghi*'si, Benedetto Bordone'nin *Isolario Nel Cui Si Ragiona di Tutte le Isole del Mondo*'su, Camocio'nun *le Isole Famose*'si, Tomaso Porcacchi'nin *le Isole Più Famose del Mondo*'su, Coronelli'nin *Isolario*'su ile *Mari, Golfe, Isole*'si. Akdenizli olmasalar da Henricus Martellus Ger-

17 *Isolario* (İt.): Çizime ya da yalnızca anlatıma dayalı ada betimlemeleri (ÇN).

manicus ve Matthäus Merian da bu denizin adalarını haritalarında canlandıran adlar olmuşlardı. Merian belki diğer bütün haritacılardan daha büyük bir ustalıkla Venedik'i tek bir ada olarak görmüştü. Bu örnek, kıyıdan yatay bakış açısının ne denli önemli olduğunu gösterir. Adaların uyandırdıkları esin, ne geçici, ne de rastlantısaldır. Modern çağlar özgünlüğe farklı bir anlam yüklemiştir: Akdeniz adaları ise gerçekten kendilerine özgü adalardır. Dünyanın merkezi başka denizlere kaymaya, Akdeniz artık merkezdeki deniz olma konumunu kaybetmeye başladığında haritacılar özlemle, Akdeniz adalarının çok güzel olduğunu ve Akdeniz'in her şeye karşın başka denizlerden daha ayrıcalıklı bir yere sahip olduğunu anımsar oldular.

Araştırmacılar *Odysseia*'nın *isolario*lar ve *portolan*lar yardımıyla yazıldığını, ozanın bunları tıpkı denizcilerin seferlerinde haritalardan yararlandığı gibi kullandığını öne sürer. Çok söz edilen ve bizim de burada yer verdiğimiz deniz konulu her türden yapıt böyle doğmuştur. Antik Çağ'ın sonlarına doğru Caius Julius Salinus, yazarlardan çok coğrafyacıların kafalarını karıştıran sayısız betimleme ve öykü toplamıştı. Giovanni Battista Ramusio, bu örneklerden yola çıkarak Rönesans döneminde üç büyük ciltten oluşan bir yapıta imza atmıştı: Haritalarla tamamlanan *Delle Navigazioni e Viaggi*. Bu yapıt Ptolemaios'un *Geografia*'sından bile daha çok baskı yapmıştı: Hayal gücü ve bilim hep birbirlerine rakip olmuşlardır. Büyük keşifler devrinde Hernandez de Enciso'nun *Suma de Geografia*'sı ve Pedro de Medina'nın *Arte de Navigar*'ı gibi bilimle denizciliği bir araya getiren yapıtlar yayımlanmıştı. Roma'da Bartolomeo Crescentio, gemi yapımında kullanılan ağaçların özelliklerinden, kullanılabilecek metallere; halatlardan, reçinelere; "yerküreler ve denizcilik haritaları"ndan, rüzgârlara; rüzgâr güllerinden, "denizci ve kaptanların davranış özellikleri"ne kadar, o zamanlarda gemiler ve denizcilikle ilgili bilinen her şeyin toplandığı *Nautica Mediterranea* adlı bir yapıt yazmıştı (*gospar* Nicolo Sagri -peder Niko Sagroević- gibi Ragusalı kaptanlara büyük bir saygısı vardı). Buna benzer yapıtlarda sınıflandırmalara sık rastlanır (bu Ortaçağ'ın aykırı düşünürlerinin pek sevdiği bir şeydi); bu sınıflandırmalar olmasaydı Akdeniz hakkında bir şeyler yazmak herhalde çok zor olurdu; kolayca görebileceğiniz gibi bu kitapta ben de benzer bir yol izlemeye çalıştım.

Gezginler ve denizciler hakkındaki düşünce alıştırmalarımız, seyir defterleri ve gezi notları ile tamamlanacaktır. Tüm enerjilerini ve tutkularını yolculuğa ve sefere veren bu insanlar, gidip gördükleri yerler hakkında yazmaya pek zaman bulamazdı; onlar için yolculuğun kendisi, yolculuğun betimlenmesinden, izlenimlerinin kağıda dökülmesinden daha önemliydi. Marco Polo anılarını Pisalı yazar Rustichello'ya (Rusticciano), ancak tutsak düştüğünde yazdırmış, o da çok iyi bilmediği Fransız dilinde gelişigüzel notlar tutmuştu. İbn Batuta da *rihla*sını tamamlayamamıştı: O da anılarını, uzmanlara bakılırsa bazı bölümleri kendi anlatımıyla yazmakta sakınca görmeyen İbn Cuzi-al-Kaldi'ye yazdırmıştı. Kristof Kolomb yolculuğuna destek verenlere, betimlemelere nadiren yer verdiği çok az sayıda mektup yazmıştı; seyir defteri de yarım kalmıştı (çağdaşları bu seyir defterinin varlığından bile habersizdi). İkinci yolculuğundaki yol arkadaşı Juan de la Cosa ondan hem daha iyi, hem daha çok yazıyordu. Kaptanlar yazma işini yardımcılarına havale etmişlerdi. Macellan için Fransızca olarak yazan ise Akdenizli Antonio Pigafetta idi (onun sivri dişli bir balık hakkındaki bir anlatımını okuduğumu anımsıyorum). Vasco de Gama'yı seferlerinde yalnız bırakmayan tarihçi Jõao de Barros'du (o olmasaydı Portekiz görkeminden çok şey yitirirdi). Buna benzer pek çok örnek vardır. Büyük denizciler kendilerini tamamen seferlerine veriyorlardı; bunun dışındaki hiçbir şey o kadar önemli değildi. Bu eğilim haritalarda da karşımıza çıkar; yeni haritalardan çok eski haritalarda, başka denizlerden çok Akdeniz'de... Haritalardaki denizle denizin kendisi birbirine karışır.

Meslekten haritacılar gibi acemi gezginlerin de denizle kara arasında kurulan ilişkiyi gözlemledikleri kıyıdaki yüksek noktaların kulağa hoş gelen adları vardır: *Belvedere* (güzel manzaralı yer), *mirador* (bakacak), *panorama*, *miramare* (deniz manzaralı yer), *faraglione* (deniz kıyısındaki sarp kayalıklar) gibi yerlerin betimlemeleri insanda büyük bir istek uyandırır. Bu gözlem yerleri belleğimizde yer eder ve tüm canlılıklarıyla anılarımızda kalır. Bunlardan bir bölümü ünlenmiş ve ölümcül yerler olarak anılır olmuşlardır: Hem kadın şair Sappho hem de Halikarnas kraliçesi Artemis, Venediklilerin Santa Maria adını verdikleri adadaki bir kayalıktan "karanlık uçurumlara" atılmıştı (en azından söylenceler ya da tarih böyle der); Icaros da eski haritacıların adını verdikleri denize çakılmadan önce yüksek bir burundan havalanmıştı; Capri'deki *Villa Iovis*'in yüksek balkonlarından Tiberius'un emriyle pek çok coğrafyacı aşağı atılmıştır; efsanevi kral Arthur, Aix-en-Provence'ın güneyinde Sainte-Marie-de-la-Victoire Manastırı yakınlarındaki Sainte Victoire doruğunda aşağıdaki azgın dalgaları görüp donakalmıştı; sayısız coğrafyacı ve şair Dubrovnik (Ragusa) ve Kotor'a hakim tepelerden çevredeki takımadaları ve körfezleri hayranlıkla izlemiştir. İspanya ve Türkiye kıyılarında , Kerkennah Adaları ve Sardinya Adası çevresinde benzer yerleri ben de gördüm. Burada duyulan kendinden geçme ve kurban olma duygusu yalnızca güzellikten ve umutsuzluktan ileri gelmez: Akdeniz'in bir ad vermeye cesaret edemediği, haritaların da sessizce geçiştirdiği bir gönül bağı ve baş dönmesi söz konusu olsa gerektir.

Haritalarda öyle noktalar vardır ki buram buram tarih kokar; buralarda hem daha çok sayıda olay olmuştur, hem de bu olayların etkileri çok daha güçlüdür; olaylar daha sık ve göze çarpıcıdır. Eski limanlar böyle yerlerdi. Bununla birlikte tarihin görmezden geldiği çok daha büyük yerler vardır; bazı koylara ve körfezlere insan ayağı hiç değmemiş sanırsınız. Bu durum doğallıkla haritalara da yansır. "Öyle yerler vardır ki haritalardaki görüntüleri aniden Tanrı'yla birleşir. Buralarda tarihin önüne geçemezsiniz, tıpkı bir seferdeki avaryaları[18] ve felaketleri engelleyemediğimiz gibi; buralarda coğrafya tarihe kafa tutar" diye yazmıştı *Hydra*'nın dümencisinin diasporadaki ozan arkadaşı. Akdeniz'in eski haritalarında aradığım yerler böyle yerler, böyle limanlardı.

Kıyı kentlerinin belediye arşivlerinde saklanan yerleşim haritaları da kıyıyla deniz arasındaki bazı ilişkilerin ortaya çı-

18 avarya: Bir geminin ya da taşıdığı yükün gördüğü zarar (ÇN).

karılmasını sağlar. Arsalar kıyıda bazen gidebilecekleri en uç noktaya kadar uzanır. Rüzgâra ve hava değişimlerinin etkilerine açık olan parseller (ki buralarda kıyıyla deniz arasındaki ilişki açıklığa kavuşmamıştır) sık sık el değiştirir, sonunda kimseye ait olmazlar: Denizin bu kıyıları yutacağından, toprağı sahibinin elinden alacağından korkulur. Bazı haritalarda (»isiko Sarayı yakınlarındaki Trogir kent müzesinde gördüklerimde örneğin) kadastro memurları deniz kıyılarını ve buralardaki taşınmazları farklı renklerle boyar. Yalnızca zaman geçirmek için böyle yaptıklarını sanmıyorum; karanın Akdeniz'le olan ilişkisini belirlemek için böyle bir işaretleme kullanmış olmalılar.

Deniz manzaraları, deniz yolculukları ya da yazlık yerlerden görüntülerin yer aldığı kartpostallar da eski aile fotoğrafları gibi aile sandıklarında saklanır; siyah-beyaz, kahverengi ya da sepya rengidirler. Onları sınıflandırmak kolay değildir ama bu çabaya değer; denizle kıyının betimlenmesinde ve anılarının oluşmasında onların da bir rolü vardır. Eski haritalar gibi onlar da solmuştur. Bir zamanlar denize nasıl gidildiğini, insanların bedenlerini nasıl sergilediklerini, buralarda ne gibi maceralar ya da dinlenceler aradıklarını anımsatırlar. Mendirekleri, rıhtımları, kıyıya yanaşan (buharlı) gemileri, birbirlerinden farklı pek çok manzarayı resmederler: Bir plaj görüntüsü, bir liman, bir koyda denize giren bir kadın... Fotoğraflar (haritacıların hep anımsattığı gibi) harita değildir ama pek çok kez onların yerine geçer ya da haritalardaki eksiklikleri tamamlarlar. Denize ve bu denizin ulaştığı yerlere bu resimler sayesinde bir bakış fırlatırız; denizi tanımayı ve anlamayı öğreniriz. Aile albümleri pek çoğumuz için ilk Akdeniz atlasları olmuş, Akdeniz'le tanışma arifesinde denizle ilk karşılaşmamız onlar sayesinde gerçekleşmiştir.

Vikont Ferdinand Marie de Lesseps ilk fotoğrafçıları tanıma fırsatını bulmuştu. Bu fotoğrafçılardan Süveyş Kanalı'nın açılışını izlemelerini ve görüntülemelerini istemişti. Amer, Ballah ve Timsah gölleri yakınlarında Bur-Seid ve İsmailiye şantiyelerinde, o zamanın basit fotoğraf makineleri bu işin üstesinden gelmekte zorlanıyordu. Paris'teki denizcilik müzesinde adları fotoğrafları anımsatan resimler vardır: "İsmailiye yakınlarındaki altıncı şantiye", "Akdeniz sularının Timsah Gölü'ne ulaşması" gibi. Bu resimlerde kanal açıkça görülür; kanal bazı noktalarda, Abbasi halifesi Abu Cafer al-Mansur'un daha sonra çöl kumuyla doldurttuğu, firavun Nekos'un (Nekao) kölelerinin ve Philadelphialı II. Ptolemaios'un işçilerinin açtıkları kıstağı izler. Lesseps'in arkadaşı, zamanın Mısır hükümdarı Muhammed Said Paşa, diğer engellerle birlikte din engelini de aşmak zorunda kalmıştı; Kuran'da Allah'ın "iki deniz arasına bir engel" koyduğu yazılıdır. Kanalın açılması tamamlandığında iç deniz artık iki okyanus arasında bir geçit, bir boğaz olmuştu. İnsan eli böylece Akdeniz'in hem haritasını hem de imgesini değiştirmiş oluyordu.

Kentlerin ve limanların yanı sıra antik tiyatrolara yer veren haritalar da vardır: Bu tiyatrolar yarım daire biçiminde, sırtlarını bir tepeye vermiş, kayalara oyulmuş, taştan oturma yerleri sahneye ve manzaraya hakim olan yapılardı. Bu tiyatrolara, yalnız Akdeniz kıyılarında değil iç bölgelerde de rastlanır. İlk tiyatroları yapanlar Yunanlılardı, Romalılar ve diğerleri onların izinden gitmişlerdir. Akdeniz haritalarında yerleri özel işaretlerle belirlenir.

Tiyatrolar ender olarak kent merkezlerinde yer alırlardı, hele kendileri birer merkez olan liman kentlerinde hemen hiçbir zaman merkezde değildiler. Bulundukları yer çok önemli değildir: Dyonissos tiyatrosu önce Atina dışındaki "kırlar"da (*en lymnais*) yer alıyordu. Devasa tek parça bir kayaya oyulmuş olan Siracusa tiyatrosu zaman zaman Atina tiyatrosunu gölgede bırakıyordu. Sicilya, Aischylos'un ilk oyunlarını Yunanistan'dan önce sahneye koymuştu. Karayollarıyla deniz yollarının kesiştikleri yerlerde, en önemli limanlar ve en zengin pazarlarla birlikte pek çok yarım daire biçiminde tiyatro doğmuştu. Sık anılan ünlü tiyatrolardan Sagalassos, Termessos, Aspendos, Leptis Magna ve Cesarea tiyatrolarıyla birlikte, Yunanistan, Anadolu, İtalya ve İspanya'da yok olup giden tiyatroları, Corinthos Odeonunu, Kıbrıs'ta Baf yakınlarındaki Kourion'u, Milet ve Bergama'daki görkemli yapıların yanı sıra Mantenia ve Eretria'yı, Tunus'taki Thugg'u, Cezayir'deki Timgad'ı (antik

Thamugas ya da Thamugadis), Suriye çölündeki Palmira vahasını, eski Likya'da şimdi yarı yarıya kumlar altında kalmış olan Patara'yı da unutmamak gerekir. Makedonya'da Kara Irmak'ın Vardar'a karıştığı yerdeki Strobi'yi, yakınından *Via Ignatia*'nın geçtiği Heraclea'yı (*Heraclea Lyncestris*), ilk kez milattan sonra 518'de yerle bir olan Üsküp'ü, Ohrid Gölü'nün daha bir mavi göründüğü yüksek bir tepede kurulmuş eski Lychnidos'u (Ohrid) gördüm: Kalıntıları topraktan eski bir gemi batığı gibi yükseliyordu. Adriyatik'teki Issa Adası ve kenti (şimdiki adıyla Vis) daha büyük bir adanın, Sicilya'nın ve daha büyük bir kentin, Siracusa'nın bir kolonisiydi; vatan hasreti ile dolu Siracusalılar Vis limanı yakınlarında Pirovo Yarımadası'nda güneye bakan, kendi tiyatrolarına benzer bir tiyatro yapmışlardı. Bu sahne Salona'dan, Narona ve Zara'dan, Pola'dan, doğu Adriyatik'teki diğer tüm tiyatrolardan daha eskidir. Akdeniz'in bütün eski tiyatroları taştan yapılmıştı: Atina Akropolü'nün altındaki tiyatro, Roma'daki Pompeus tiyatrosu, Pompei'de lav ve küllerden etkilenmeden kurtulmayı başarmış küçük ve büyük *theatron*lar ve hepsinden daha iyi korunmuş bir durumda olan Argolide kıyısındaki Epidauros tiyatrosu. Bu yapıların bazen tuğla ve hattâ ahşaptan bile yapıldığı olurdu. Yapılan kazılarda bazen sahnede ve orkestra çukurunda kullanılmış olan araç ve aksesuarlar bulunur: Maskeler, figürler, bakkhus rahibeleri, satirler... Bu kalıntılar arasında aktörlerin mezar taşları da bulunur, örneğin Sisak (antik *Siscia*) yakınlarında milattan sonra III. Yüzyılda ölen Leburno adlı bir aktörün mezar taşında "Sahnede pek çok kez ölmüştüm, ama böyle asla (CIL. III. 3980)" yazar. Denizciler gibi tiyatrocuların da mezarları haritalarımızda görünmez: Aktörlerin Pantheon'u tüm Akdeniz'dir.

Eski harita meraklıları sayısız bahaneyle bir araya gelir. Bu toplantılardan birine Campania bölgesindeki Amalfi kentinde ben de katılmıştım. Salerno körfezindeki önemli bir denizcilik geleneği olan bu küçük kentte Leo Barow'un anısına bir toplantı düzenlenmişti. Asıl adı Leonid Barov olan XX. Yüzyılın bu en büyük haritacısı (1881'de doğmuş, 1957'de sürgündeyken ölmüştü) büyük zorluklar içinde ve insanüstü bir çabayla uzun yıllar boyu "*Imago Mundi*"nin haritalarını hazırlamış, bu haritaları bir ülkeden diğerine, gittiği her yere götürmüştü. Bu arada o toplantıda bir rüzgâr gülleri sergisi düzenlenmiş ve bu konuyla ilgili bu kitapta da yer verdiğim ateşli tartışmalar yaşanmıştı (bu sayfalarda yer alan rüzgâr gülü resimleri o sergidendir). Tartışmalar sırasında coğrafya araştırmacılarından ilk bölümde söz ettiğim kendini yetiştirmiş insanlara kadar pek çok konuşmacı söz aldı. Crescentio'nun *Nautica Mediterranea*'sında öne sürdüğü gibi rüzgâr güllerine haritalarında ilk yer verenlerin gerçekten Amalfililerin olup olmadığını kesin olarak bilemiyoruz ama pusula gibi rüzgâr gülünü de Napolili ve Taranto Körfezi'ndeki rakiplerinden daha önce bildikleri sanılıyor. Pusulayla birlikte rüzgâr gülünü de Araplardan (Al-İdrisi'nin haritalarında rüzgâr gülü yoktu) ya da Normanlardan aldıklarına dair bir kanıt yoktur ama bu da çok yabana atılmaması gereken bir iddiadır. XIII. Yüzyıl sonu parşömen portolanı ünlü *Carta Pisana*'da, biri Sardinya diğeri Rodos yakınlarında yer alan iki ana kesişim noktası görülür ama bunlara sözcüğün tam anlamıyla rüzgâr gülü denemez (Nordenskiöld *Periplus*'unda eski portolanlarda rüzgâr güllerinin olmadığını yazar). Bilinen en eski rüzgâr gülü 1357'de yayımlanan *Atlas Catalan*'da yer alandır. O zamanlar İberik Yarımadası'nı terk etmeden önce Musevi diasporası, Afrika, Anadolu ve özellikle Filistin limanlarıyla sıkı bir ilişki içindeydi. Eski uygarlıklar zamanında dünyanın farklı bölgeleri ve yönler renklerle belirtilirdi (bazı kaynaklara göre Hazarlar, rüzgârları da renklerle adlandırıyordu); rüzgâr güllerindeki bu renkler o günlerden kalmış olmalı. Akdeniz haritalarında başlangıçta daha çok siyah, kırmızı ve yeşil renkler kullanılırdı; daha sonra başka ara renklerle uydurma renkler de eklendi; bunlar bellekten çok göze hitap ediyordu.

Floransalı Gregorio (Gorio) Dati ya da kardeşi Leonardo tarafından yazılan *La Sfera* şiirinde rüzgâr gülleri de geçer (La Sfera'nın gerçek yazarının kimliği üzerinde Amalafi'de yapılan tartışmalara hiç değinmeyeceğim). Çoğu kişi rüzgâr güllerinin yalnızca bir simge olduğunu öne sürer ama bu işaretler bir simgeden çok daha önemli işlevlere sahiptir. Başkaları ondan bir

Amalfi sempozyumunda sergilenen ve *Imago mundi* dergisinde yayımlanan XIV ve XVI. yüzyıllara ait rüzgâr gülleri (VII, Stockholm, 1950).

metafor olarak söz etseler de yalnızca metafor değildirler. İlkel örneklerini; Prag'da saklanan Roma dönemine ait on iki ya da on altı ana rüzgâr yönüne bölünmüş bir mermer parçasında, üzerinde Triton figürü olan Andronikos saatinin bulunduğu Atina rüzgâr kulesinde; Anadolu'da Sipar yakınlarındaki bir kazıda çıkartılan ve üzerinde dört yıldızla birlikte köpüren denizin resmedildiği bir levhada; Kartaca yakınlarındaki Roma köyü Thuburbo-Majus'un yıkıntıları arasında bulunan ve üzerinde farklı renklerde dalların yer aldığı iki daire biçimindeki mozaik parçasında görmek olasıdır. Rüzgâr güllerinin işaret ve simgeleri, taşıdıkları anlam ve biçimleri, eşlik ettikleri takvim ve astrolojik yapıtlar (yalnızca mekanı değil zamanı da bölmeye yarayan), 4, 8, 16 ya da 32'ye ya da 12 ve 24'e bölünmüş olmaları hakkında çok şey yazılıp söylendi. *Pusula gülleri*nin (bunlar pusulanın iğnesinin altında bulunan ve önemli yerlerle yönleri gösteren işaretlerdir) ilk kez kuzey denizlerinde kullanıldıkları söylenir. Uzun yol kaptanı Albert Schick bunları uzun yıllar boyu incelemiş ve onlara yüzyılımızın başında Akdeniz'den uzakta, Hamburg'da basılan *Der Kompass* adlı yapıtının pek çok cildinde yer vermişti. Rüzgâr güllerindeki T harfinin anlamı T-O haritalarındakinden farklıydı; kuzey (*Tramontana*) anlamına geliyordu. Kuzey yönü de bir nokta ya da mızrak imgesiyle gösteriliyordu (örneğin Gastaldi'de), bazen de kutup yıldızı kullanılıyordu (*stella maris* ya da *stella polaris*). Zambak motifi, haçlı seferlerinden sonra Fransız tacına bir saygı belirtisi olarak (saygıyı hak edenlerin aslında Akitanyalı denizciler oldukları söylenir) rüzgâr güllerinde görülmeye başladı. Ayrıca rüzgâr gülünün solundan doğuya, kutsal topraklara, Kudüs'e, Hıristiyan dünyasının merkezi, Akdeniz'in kutsal yeri olan doğuya doğru bir haç çizilirdi.

Rüzgâr güllerinde farklı nedenlerle renklendirilmiş bölümlere biçimlerinden dolayı eşkenar dörtgen denir. İtalya'da (haritalarla ilgili sayısız yapıtında Roberto Almagià'nın öne sürdüğü gibi) ana rüzgârların adlarının başharflerini taşıyan bu eşkenar dörtgenler, gül biçimli süslemelere benzeyen kapalı bir daire oluşturur (özgün bir harita yapmanın katedral yapmaktan daha zor olduğu söylenir). Dairenin dışına taşan gül yaprakları, zaman zaman alev gibi resmedilir ve "neşe ateşi" (*feu de joie*) adını alırdı. Rönesans haritacıları rüzgâr güllerinin sayısını kısıtlamaya ve (taşıdıklarına inanılan gizli güçlerin anlamını sınırlamak amacıyla) onları önemsememeye başladı. Her şeye karşın rüzgâr gülleri haritalarda yeniden yer aldı. Denizciler, onların tılsımlar ya da gemi başındaki heykelcikler gibi uğur getirdiklerine inanırlardı. Rüzgâr güllerinin Akdeniz'de doğduklarından kuşkunuz olmasın.

Amalfi deniz kütüphanesinde burada anlattıklarımla ilgili pek çok kitap vardır. Büyük olasılıkla Yunan kökenli olan Zacharios Lillius'un 1493'te Floransa'da basılmış *Orbis Breviarium* adlı yapıtına de orada rastladım: Bu başlığı ilk seçen ne yazık ki ben olmamışım[19]. Basit ve küçük bir kitabı koca bir kutsal kitaba dönüştürme dürtüsüne karşı koymak kolay değil (bu dürtü Akdeniz gibi yüce bir denizde daha da karşı konulmaz bir nitelik kazanır hiç kuşkusuz). Zacharios Lillius da pek çokları gibi bu dürtüye karşı koyamamış. Haritalarla ilgili yaptığımız bu seferden bu bölümün başına tekrar geri dönüyorum. Akdeniz'i ne kadar yakından tanırsak, ona o kadar başkalarının bakış açısından bakmaya başlarız: Akdeniz bir yalnızlık denizi değildir.

19 Kitabın özgün adı *Meditaranski Brevijar*'dır -*Mediterraneo, Un Nuovo Breviario* (It.) / *Bréviaire Méditerranéen* (Fr.)-. *Breviario/bréviaire* sözcükleri dilimize "küçük dua kitabı" ya da "küçük kitap" olarak çevrilebilir (ÇN).

III
SÖZCÜKLER

ANGLETE RRE
MARSEILLE
GENES
MER
OCEANE
BRETAIGNE
POICTOU
XAINTONGE
FRAN CE
LANGVE DOC
PROVENCE
GENVA
GOLFE DE LION
NAVARRE
CATALOGNE
ESPA GNE
CAST ILLE
MVRCIE
MER
ME DI
DESTROIT DE GIBRALTAR
ALGER
TVNIS
TERMISEN
MARROCS
ESCHELLE DES MILLES
BARBARIA
TRIPOLI

Akdeniz ve Akdeniz kentleri: Marsilya, Cenova, Napoli ve Toulon
(François Olive, Marsilya, 1662).

Gerek Akdeniz'i yakından tanımayan karalıların, gerekse yalnızca kendi kıyılarını ya da Akdeniz'in yalnızca kendi köşelerini tanıyanların Akdeniz'i daha iyi anlayabilmeleri için, bu kitapta yer verdiğim bazı kavramların ve tanımların açıklığa kavuşturulmasında yarar var. Kıyıda egemen olan "çan kuleciliği" anlayışı, körfezden körfeze, adadan adaya denizde de kendini gösterir; Akdeniz'de sayısız çan kulesi ve minare vardır.

Niyetim, yumuşak Akdeniz ikliminden, seyre uygun denizinden ve kıyılarının birbirine çok yakın olmasından (Akdeniz'in boyu yaklaşık 2000 mil, genişliği en fazla 400 mil civarındadır) ya da ırmaklarının ve ırmak ağızlarının sunduğu avantajlardan söz etmek değil. Ne de antik dünyanın büyük bir hızla geliştiğini ve başkaları denizlere korkuyla bakarken Akdenizlilerin bu denizde cirit attıklarını anlatmak istiyorum. Bu tür bilgiler herhangi bir denizcilik ansiklopedisinde rahatlıkla bulunabilir. Akdeniz'in tarihini bir kez daha yazmak değil amacım.

Farklı lehçelerde sözcüklerin, gündelik eşyanın, bakış açılarının ve tutumların bir listesi oluşturulabilir. Deniz edebiyatında farklı uzmanlık konularında, pek çok ansiklopedik sözlük ve terimler sözlüğü yazılmıştır. Akdeniz üzerine yazanların bu sözlüklerden söz etmemesi düşünülemez. Bu son bölümün başlığını da bu yüzden "sözcükler" olarak seçtim.

Ansiklopedik sözlükler diğer sözlüklerden daha özgür bir okuma sağlar. Bir bölümden diğerine atlayarak yalnızca ilginizi çeken konuları okuyabilirsiniz. Bu sözlükler filolojiyle edebiyat arasında bir noktada kendine özgü bir tür olarak karşımıza çıkar. Akdeniz hicvine (satirine) daha yakındırlar; *satura* başlangıçta Akdeniz'de yetişen ürünlerin saklandığı kaplara verilen addı (*lanx satura* ya da *satir*). Bugünkü anlamını Horatius ve Giovenale'nin yapıtlarından sonra kazanmıştır.

"Tarih bilimini hor görmeyen denizcilerle, denizcilikle ilgilenen bilgelere" adadığı (iki büyük cilt halinde, Donanma Bakanlığı'nın parasal katkısıyla Paris'te 1848'de yayımlanan) *Denizcilik Sözlüğü*'nün önsözünde, amatör denizci Augustin Jal ansiklopedik sözlükten daha geniş ve küçük notlar bakımından daha zengin yapıtlara göre, ayrıntıların ansiklopedik sözlükte daha rahat yer alabildiğine dikkat çeker (s. 9). Dipnotlar genellikle yazının bütünlüğüyle bağdaşmayan bilgi parçalarıdır; ansiklopedik sözlük onlardan kurtulmamıza yardımcı olur. Birbirini izleyen terimler, sözcükler bir meyve tabağındaki karışık meyvelere benzer; bazıları bilimsel, bazıları edebidir. Aslında (yaklaşım ya da anlatımı değiştirerek) daha önce ele aldığım konulara bir başka bakış açısı getirmek, bazılarını derinleştirmek istiyorum. Belki yer yer yararlandığım kaynakları, yolculuklarım sırasında karşılaştığım insanları, bana yol gösterip yardımcı olanları da anlatmam gerekiyor. Koca Ptolemaios'un, daha sonra İbn Haldun ve Mercator tarafından da benimsenen öğüdünü dinledim: Gidemediğimiz kıyılara giden, görmediğimiz yerleri gezen gezginlerin gözlemlerinden yararlandım. Bu nedenle bu bölüm, Akdeniz'in terimler sözlüğü değil, bu küçük Akdeniz kitabının terimler sözlüğü olacak.

"Akdeniz'in farklı kıyılarda farklı adları vardır" diyordu *Atlas*'ında Mercator (s. 30, Amsterdam 1609). Denizin aldığı adlar, konumuna, kıyıyla olan bağa ve kıyılarında yaşayan insanlarla kurduğu ilişkilere bağlıdır. Mısırlılar ve Sümerler gibi eski halklar Akdeniz'e, denizin ülkelerine göre konumlarına bağlı olarak "Üst Deniz" derlerdi. İncil ona pek çok ad verir: Büyük Deniz (*iam hagadol*; Jos, I, 4), Arka Deniz (*iam ha-aharon*; Deut, XI, 24), Filistin Denizi (*iam p'lishtim*; Ex, XXIII, 31). Bazen de yalnızca Deniz denirdi; hangi denizden söz edildiği anlaşılırdı. Sami dili kökenli *iam* sözcüğü deniz, göl, ırmak gibi tüm büyük su kütleleri için kullanılırdı.

Eski Mısır'da sular MW (*M*'den sonraki harfin *O* olarak mı *U* olarak mı okunduğunu bilmiyoruz) simgesi ve sözcüğüyle belirtilirdi. Nil'in ve denizin dalgaları hiyerogliflerde uzun kırık çizgilerle gösterilirdi. Kıptilerin hâlâ kullandığı Sami dili kökenli *iam* sözcüğünde de Akdeniz ve Sazlık Denizi'ne gönderme yapacak biçimde M harfi vardır. Ancak bu sözcüğün asıl kökeni başkadır ve büyük olasılıkla sonraki dönemlere aittir.

Eski Ahit'e göre (I. Kitap, Krallar), Kral Salomon gemilerini "Kızıldeniz kıyılarında Eloth ülkesinde Ezion Geber'de yaptırmıştı. Hiram, Salomon'un adamlarına yardımcı olmak için bu gemilere kendi adamlarını ve denizi yakından tanıyan tayfalar göndermişti" (IX, 26). Bundan da en eski çağlarda Musevi kralı için Sazlık Denizi'nin Filistin kıyılarındaki Akdeniz'den daha önemli sayıldığı anlamını çıkartabiliriz.

Miletli Hekateos için Akdeniz Büyük Deniz'di. Bu denize ilk açılan Fenikeliler de Akdeniz için bu adı kullanırdı. *Peloponessos Savaşı Tarihi* adlı yapıtında Thucydides Akdeniz'i, Yunanlılara ait anlamına gelecek biçimde Yunan Denizi olarak adlandırmıştı. Yunanlılar için de Akdeniz "bizim deniz"di; Romalılarla onlardan sonraki pek çok halk bu adı ödünç almıştır (mare nostrum). Platon büyük bir saygıyla Akdeniz'den "yanımızdaki deniz" (*par' hemin thalassa,* Phaid, 113, a) olarak söz eder. Hatalı olarak Aristoteles'e mal edilen *De Mundo* adıyla tanınan yapıtta Dış Deniz'in yani Okyanus'un bir karşıtı olarak İç Deniz (*he eso thalassa* III, 8) adı kullanılmıştır. Bu addan daha sonra Latince çevirisinden gelme şimdiki ad türetilmiştir[1].

Dilbilim Bizim Deniz'in tarihine ışık tutar. Aslında başlangıçtaki *mediterraneus* sıfatı çok doğru bir sıfat değildi. Altın Çağ'ın dilbilgisi uzmanı Festus bunun yerine *mediterreus* sözcüğünün kullanılması gerekliğini söylese de bu tür öğütler, bir sözcük yaygın olarak kullanılmaya başlandığında pek bir işe yaramaz; Roma tam bu dönemde bir deniz gücü olmaya başlamıştı. *Meditullius* sıfatı (ki Yunancada "topraklar arasında" anlamına gelen *mesogaios* ile ilintili olan *tellus* sözcüğünden türetilmiştir) o zaman bile kulağa eski bir sözcük gibi geliyordu. *Mediterraneus, maritineus* sözcüğünün karşıtı olarak, iç kara anlamına gelirdi. Cicero karalı halklara *homines maxime mediterranei* (Verr. II, 5) diyordu. *Mediterraneum* sözcüğü de iç bölgeleri belirten bir sözcüktü (örneğin *mediterranea Galliae* Gallia'nın iç bölgeleri anlamına gelirdi). Karalarla çevrili olduğundan iç de-

1 Méditerranée (Fr.) / Mediterraneo (İt.) (ÇN).

niz için de bu sıfat kullanılmaya başlandı. Antik Çağ'ın gerileme dönemlerinde ve Ortaçağ'da büyük bir ilgi ve merakla okunan, milattan sonra III. Yüzyıldaki çeşitli coğrafya yazı ve anlatılarını topladığı yapıtında (*Collectanea Rerum Mirabilium*, XVIII, 1) Caius Julius Solinus da bu sözcüğü bu anlama gelecek biçimde kullanmıştır. Sevillalı Isidoros bu sıfatı alıp özel bir ada dönüştürmüştür: "Büyük Deniz (*Mare Magnum*) batıdaki Okyanus'tan doğup güneye dönen ve kuzeye ulaşan denizdi. Büyük Deniz adını almasının nedeni, diğer denizlerden daha büyük olmasıdır. Bu deniz İç Deniz'dir (Méditerranée/Mediterraneo) çünkü Avrupa, Afrika ve Asya'yı birbirlerinden ayırarak doğuya kadar çevresindeki toprakların arasında (*mediam terram*) yer alır" (*De Mediterraneo Mar*: Orig: XII, 16). Kilise de "Bizim Deniz"i böylece "İç Deniz" olarak adlandırmış oldu; bunda Solinus'un *"Olağandışı Olaylar Hakkındaki Anlatılar"*ının ne kadar katkısı olduğunu bilmiyoruz. Okyanus adını efsanevi Titanlardan almıştı; Akdeniz ise söylencelerden daha gerçektir.

Yunanlılar deniz için pek çok sözcük kullanmışlardı: Tuz anlamına gelen *hals* denizin bir madde olarak, engin su anlamına gelen *pelagos* bir imge ve görüntü olarak, *pontos* uçsuz bucaksız olma ve yol kavramları olarak, (kökeni bilinmeyen ama büyük olasılıkla Giritçeden geldiği tahmin edilen) genel kavram olan *thalassa* da bir deneyim ve olay olarak tanımlanması için; kucak anlamına gelen *kolpos* denizin kıyıyı kucakladığı körfez ya da koyları anlatmak amacıyla kullanılırdı; ozanların pek sevdiği, intihar sahnelerinin değişmez dekoru *laitma* da deniz derinlikleri anlamına gelirdi. Ozanların ve yazarların yapıtlarında bu sözcükler, anlamlarının sınırlarını genişletecek biçimde yan yana kullanılırdı: Madde-varlık, derinlik-enginlik, yolculuk-uçsuz bucaksız olma, imge-olay gibi deniz görüntüsünün birbirini tamamlayan ve bir özelliğinden diğerine geçişini sağlayan sonsuz olasılıkta çeşitlemeler oluşturabilirdi. Bütün bunlar Yunanlıların Akdeniz'le iç içe yaşamanın etkisiyle edindikleri deneyimlerin bolluğunu ve zenginliğini gösterir.

Romalılar deniz terimleri açısından daha yoksul sayılırdı. İtalyan ve Slav dilleri gibi pek çok Hint-Avrupa dili ile paylaştıkları ve pek çok Roma deyimine kaynaklık eden *mare* kavra-

Philippe Briet: *Roma gentium domina* (Paris, 1687).

mı, başlangıçta deniz, göl, ırmak gibi tüm su kütleleri için kullanılırdı. Daha sonra Yunan geleneğine uyarak Romalı yazarlar *pontus* ve *pelagus* gibi sözcükleri aldılar ve Yunanca kavramları, Latinceye çevirerek (*sal, salum, aequor*) yeni sözcükler türettiler. Gene de denize ait benzetmelerinde ve kavramlarında bir karalı etkisi ve karaya bağlılık durumu sezinlemek olasıdır: *Campi*[2] *aequorei* açık deniz; Vergilius'da deniz seferleri ile tarla işlerini birbirlerine yakın kavramlar olarak niteleyen satırlar göze çarpar (*maris aequor arandum*, Aen II, 780). Halklar Akdeniz'e verdikleri adlarla da birbirlerinden ayrılabilir.

Önce Araplar, sonra da Türkler, Akdeniz'e Bizans ya da Roma Denizi anlamına gelen Rumeli Denizi, *al-bahr al-rum* dediler. İbn Haldun *Al-Mukaddima* adlı yapıtının pek çok yerinde Akdeniz'den Suriye Denizi olarak söz eder. Al-İdrisi de *Roger Kitabı*'nda aynı terimi kullanır. *Al-bahr* sözcüğü de büyük su kütleleri için kullanılırdı; bunlardan en önemlisi olan Nil için bugün hâlâ kullanılır. Eski Sami dili kökenli arkaik ve yazınsal terim *al-iam* da Arapçada hâlâ kullanılmaktadır. Müslüman halklar Hıristiyan dünyasının Akdeniz için kullandığı İç Deniz

2 *campus (Lat.)*: Alan ya da arazi (ÇN).

kavramını kendi dillerine çevirerek benimsemişlerdir: *Al-bahr al mutavisit.*

Deniz kavramı dilden dile farklı cinste sözcüklerle belirtilir; Latince ve Slav dillerinde cinsiyetsizdir, İtalyancada eril, Fransızcada dişil, İspanyolcada hem eril hem dişildir. Arapçada deniz anlamına gelen iki eril sözcük vardır. Yunancada her iki cinsten pek çok sözcük vardır. Denizler arasındaki sınırları belirlemek zordur; bu sınırlar genellikle denizlerin doğal sınırları değildir; bunda herkesin kendi denizini kayırma çabası rol oynar. Eski Yunan deyişine bakılırsa "Peloponessos'un ucundaki Malea burnunu aşan vatanını terk etmiş olur"du. "Bizim denizin diğer denizlerden her açıdan üstün bir tarafı vardır" diye yazmıştı Strabon *Geografia*'sında, "her şeye ondan başlamak gerek" (II, 57). *İlyada*'da yalnızca iki denizden söz edilir: Trakya Denizi ve Icaros Denizi. *Odysseia*'da denizin özel bir adı yoktu: Her şey "Deniz"di, bizim deniz. Her bir denizin aidiyeti konusunda, özellikle de başka toprakların denizleri söz konusu olduğunda pek çok soru ortaya atılır. "Başka toprakların denizleri güzel midir?" diye sormuştu bir ozan (Fernando Pessoa, *Denizci* adlı şiirinde). Akdenizlilerin çoğu bu soruya ya olumsuz yanıt verir ya da bu soruyu sormayı dahi gereksiz bulur. "Yalnızca başka toprakların denizi güzeldir" (a.g.e.); bu da başka denizlere, Yeni Dünyalar'a açılmak için Akdeniz'i terk edenlerin cevabı oldu.

Denizin doğurduğu hayranlık ya da korku duyguları her zaman sözcüklerle ifade edilemez. Xenophon *Anabasis* adlı yapıtında uzun süre denizden uzak kalan Yunanlı askerlerin denizle buluşmasını betimler: "Deniz! Deniz! Bu sözcükler ağızdan ağıza yayıldı. Herkes ona doğru koştu... ağlayarak birbirlerine sarıldılar" (IV, 7). Herkes aynı denize bakıyor ama kendi denizini görüyordu. Bu sahne herhalde insanın denizle ilk karşılaştığı andan beri yinelenir: Sözün yetmediği yerde sözcük, bir heyecan ve ünlem haline gelir. Denizi ilk kez görenlerle onu tanıyanlar, daha önce görmüş olanlar ve ona geri dönenler arasında önemli farklar vardır. Kimilerimiz onu her defasında ilk kez görüyormuş gibi görürüz; bu duyguyu yaratan biraz da denizin kendisidir.

"Deniz mutlak, adları görecelidir" diye yazardı herhalde sözlükbilimci Augustin Jal. Akdeniz'e hem Güney Denizi, hem de Kuzey Denizi dendiği olmuştur. Herodotos Mısır gezisine çıktığında onu Kuzey Denizi olarak görmüş ve ondan *boreia thalassa* olarak söz etmişti (IV, 42). Güney Denizi nitelemesine Rönesans haritalarında da rastlıyoruz: Goro Dati'nin coğrafi şiiri *La Sfera*'da da Akdeniz'e Güney Denizi adı verilmişti. Ariostos *Kızgın Orlando* adlı yapıtının başında, ondan *Afrika tarafındaki deniz* olarak söz etmişti. Ölü dilleri tanıyanlar eski uygarlıklarda her ana yöne ve bölgeye bir renk verildiğine dikkat çeker; bizim denizin rengi beyazdı. Araplar *Ak Deniz* (*al-bahr al-abyad*) terimini benimsemişti; beyaz, batı anlamına geliyordu. Bu arada Bulgarlar da Türkler de bu denize *Akdeniz* dediler. Eski Güney Slav halk şarkılarında yalnız lacivert denizden söz edilmez, çalkantılı olmadığı zamanlarda bile Ak Deniz'in adı geçer. Eski Yunan geleneğinin yanı sıra modern Yunanca da bu sınıflandırmaya yabancı değildir. Kızıldeniz (*Erythros Pontos*) bir zamanlar tüm Hint Okyanusu için kullanılırdı: Kırmızı renk doğuyu gösterirdi. Eski Mısırlılar bugünkü Kızıldeniz'e Sazlık Denizi derdi (*iam n'shari*; Amateus Peyron'un Torino'da 1835'de basılmış *Lexicon Copticum* adlı yapıtında da bu ad kullanılır). Karadeniz (*Pontos Euxeinos*) adı farklı bir kökenden gelir. Konuksever anlamındaki *euxeinos* sıfatı *axeinos* (düşmanca) sözcüğünden gelir. Karadeniz, Altın Post arayıcılarına da öyle görünmüş olsa gerektir; eski Pers sözcüğü *akseana* (karanlık, kara) halk dilinde değişime uğramış da olabilir. Kuzey siyah renkle gösteriliyordu. Karadeniz bizim denize bağlı başka bir deniz olarak görülürdü: Argonotlar[3] için Karadeniz Akdeniz'in bir parçası, bir köprü, bir macera ve keşif denizıydi.

Kabala'da renklerin anlamlarına yönelik ipuçları vardır. Balkanların bazı bölgelerinde, Akdeniz kıyıları ve bu kıyıların yakın çevrelerinde, yönlerin metaforik adları yer adlarında gizlidir: Arnavutluk ve Makedonya'daki suları arasında hiçbir fark olmayan Kara Drim Irmağı ile Ak Drim Irmağı, Sırbistan'daki Kara Timok ile Ak Timok, Bulgaristan'daki Kara İskar ile Ak İskar gibi. Karadağ ile Arnavutluk (Albania, *alba* = be-

3 Argonotlar: Altın Post'u arayan denizci ve maceracılar (ÇN).

yaz), Kızıl Hırvatistan (*Croatia Rubea-Dalmatia Superior*) ile Ak Hırvatistan (*Croatia Alba-Dalmatia Inferior*) da Ortaçağ'da yaşamış ünlü Slav keşiş ve coğrafyacı Dukljanin (Duclea) tarafından adlandırılmışlardı. Bu arada Ortaçağ'da Macaristan da kuzey tarafında *siyah*, batı tarafında *beyaz* bölgelere ayrılmıştı. Karşı kıyıya bakarsak Ak Nil ve Mavi Nil (bazen de Yeşil Nil) adları da benzer çağrışımlar uyandırır. Côte d'Azur (*arzak* Arapçada mavi anlamına gelir) bu bağlamda adını denizin özel bir renginden çok yönlerden alır. Bazı dilbilimcilerin asma ve zeytini bize tanıtan Eski Yunan'ın ilk sakinlerinin Pelasglar ya da Pelastların "beyaz halklar"ı oldukları, adlarını *Pelasg* Denizi'ne (*Ak*deniz'e) verdikleri yolunda cesur kuramları vardır. Bu tahminleri daha fazla uzatmayalım.

Kıyıdan bakıldığında deniz, mavinin ve yeşilin tüm tonlarında, pek çok farklı renge bürünür; ayın ya da güneşin ışığı al tında, "gümüş ya da altın" rengi alır. Vergilius'un metaforlarındaki gökyüzü gibi berrak (*caeruleum mare*), Homeros'un şarap betimlemelerindeki gibi koyu renkli (*oinops*), bazen de geceden ve ölümden bile daha kara olur. Yalnızca renkler ve imgeler söz konusu olsaydı eğer, pratik anlamlardan söz etmek kaçınılmaz olurdu; özellikle de renklerin ana yönlerle olan bağlantısından. Ama bu gene de zihnimizde canlandırdıklarımızın ve yanılsamalarımızın etkisini göz ardı etmemize neden olmaz: Her şeye karşın bunlar bazı sözcüklerle sıfatların sevilip benimsenmesini ve kullanılır olmasını sağlamıştır. Eski haritalardaki yönleri gösteren rüzgâr güllerini bir kez daha burada anımsatmak isterim. Borges'in dediği gibi benim için de "deniz, çözemediğim çok eski bir dildir" (Akdeniz'i çok seven bu Arjantinli yazar, 1925 tarihli *Yakındaki Ay* adlı yapıtında yer alan "Deniz Seferi" başlıklı yazısında böyle yazmıştı). Akdeniz'in farklı adlarını ve sıfatlarını ararken, sayısız denizcilik sözlüğünü karıştırırken, *Akdeniz'in Kitabı*'nı, özellikle de *Sözcükler* bölümünü yazarken bu sözleri hiç aklımdan çıkarmadım.

Akdeniz pek çok küçük denizden oluşur. Sevillalı Isidoros'un belirttiği gibi bu denizler "bölgelere" ya da "halklara göre" (*"a gentibus: Tuscum, Ligustum, Dalmaticum"* v.b.), "adalara göre", "insanların yazgılarına göre", "hükümdarların anısına", "bölge halklarının geleneklerine göre" hattâ "boğaların geçişlerine göre" (*a bovis transitu: Bosphores* – Boğaziçi –, Orig. XIII, 16) farklı adlar alır. Küçük denizlerin "büyük" adları vardır, herkes kendi kıyısında kendi denizine sahip olmak istermiş gibi. Çok eskiden bu denizlerin özel adları vardı: Fenike Denizi, Kilikya Denizi, Lidya Denizi, Icaros Denizi gibi; daha sonra da Alboran Denizi, Biban Denizi, Balear Denizi, Cenova Denizi, Taranto Denizi, Marsilya Denizi, Valencia Denizi, Candia Denizi, Mora Denizi gibi. Rodoslu Apollonios için Adriyatik yalnızca "İyon Körfezi" idi. Strabon içinse İyon Denizi "bugün Adriyatik körfezi denen yerin" bir parçasıydı. (II, 5) *Havarilerin Yaşamı* adlı yapıta göre (XXVII, 27) Aziz Paul o zamanlar Girit ve Malta'ya kadar uzanan ve bazı eski haritalarda Sicilya kıyılarına kadar ulaşan "Adria" üzerinde yolculuk etmişti. Hırvat Kralı Petar Krečimir 1069 tarihli bir belgede bu denizi "*mare nostrum Dalmaticum*" olarak adlandırmıştı. Bizans imparatoru ve tarihçi VII. Konstantin de aynı adı kullanmıştır (Chron. V, 31). Türk gezgini Evliya Çelebi *Seyahatname*'sinde Adriyatik için iki ad kullanır: Akdeniz'in bu bölgesinde o zamanlar benimsendiği şekliyle *Venedik Körfezi* ve daha eski bir Pers sözcüğünden gelme *Körfez Deryası*.

Pek çok halk denize doğru inmiş ve ona farklı adlar vermişti. Güney Slavları ilk defa gördükleri deniz için Yunanca, Latince ya da Roman dilinde sözcükler duydular. Bazı dilbilimciler dillerinin değiştiğini, yeni yurtlarına uyum sağladığını ve daha anlaşılır olduğunu öne sürer. Deniz anlamına gelen (*mare* sözcüğünden bozma) *More* sözcüğünü o günlerden beri kullanırlar. Yunanlılarla karşılaştıklarında *thalassa* sözcüğünü duydular; bu sözcüğü de dalgalar ve dalgalı deniz anlamına kullanır oldular. *Pelagos* sözcüğü güney Adriyatik'te, Šipan Adası çevresinde hâlâ kullanılır (*pelagat* açık deniz balıkçılığı anlamına gelir). Adriyatik'teki Palagruza takımadalarıyla Apeninler'in güneyindeki *Isole Pelagose* de adlarını aynı kökten alır. *Kolpos* sözcüğünden Elafit Adaları çevresinde hâlâ kullanılan *kulaf* sözcüğü doğmuştur: Akdeniz'den tüm dillere yayılan *Golfo* (körfez) sözcüğü buradan gelir.

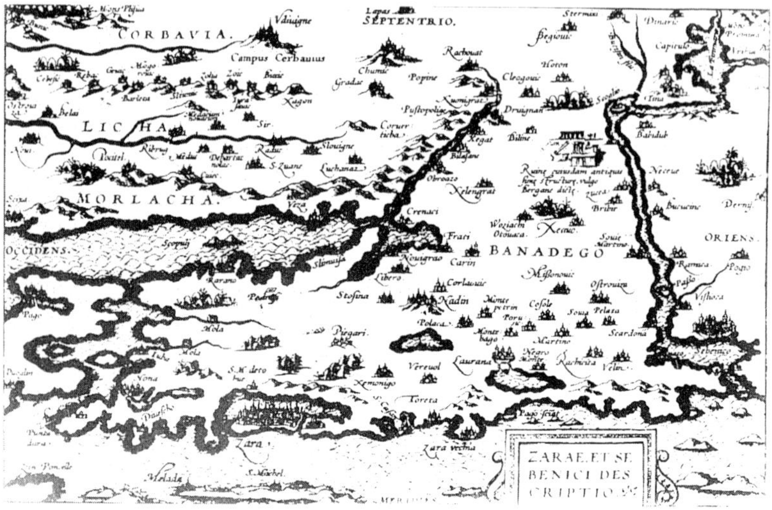

Natale Bonifazio (Šibenikli Božo Bonifačič): Ortelius'un *Theatrum orbis terrarum*'undaki Zadar ve Šibenik çevresinin tasviri (1595).

Platon da *Phaidon* adlı yapıtında Akdeniz'in sınırlarından söz etmiştir. Bu diyalogda Socrates "Phasis ile Herkül Sütunları arasında, deniz kenarında dar bir kıstakta, bir bataklığın çevresinde yaşayan karınca ve kurbağalara" benzettiği insanlara gönderme yapar (II, 56). Kıyılar Akdeniz'in değil, denizin sınırlarıdır. Bu kıyılar adlarını kıyısında bulundukları denizden alır: *Ta epithalattia, ta parathalattia, ta paralia* kıyılara verilen farklı adlardır. *Epeiros* (*Epiros* bölgesi anlamına) kara anlamına gelir ve Latinceye *terra firma* olarak çevrilmiştir. *Khersos* bölge anlamında kara demektir (Ukrayna'da Dinyeper ağzındaki Kherson adını buradan alır). *Eion* deniz ya da ırmak kıyısı anlamında bir sözcüktür, *aigialos* ise çakıllı kumsal anlamına gelir (Kotor Irmağı ağzındaki Igalo termal plajının adının kaynağı da bu sözcüktür). Sarp kıyılara *akte* denirdi (mitolojideki bahtsız Akteon adını buradan alır); *rakhia* da daha dik yamaçlar için kullanılırdı. Yunanca bu konuda da çok zengindir: Kıyıları pek çok farklı biçimdedir. Bu kıyılarda karaya ve karalılara karşı alaycı, (genellikle kuşkucu hattâ edepsizce sayılabilecek) bir tutum görülür. Yunancada pek çok Akdeniz dilinde kullanılan paradigmalar vardır; kıyıda oturan *Epithalattidios* ile karalı *Khersaios* arasındaki farklılıklar Platon'un *Yasalar*'ında ortaya konmuştur (704, b). Heredotos da adalılar (*nesiotes*) ile karalılar (*epeirotes*) arasındaki farka dikkat çeker. Aristophanes'in *Kurbağalar*'ında (204) özgün bir ad kullanılır: Denizin ne ıslatabildiği ne de tuzlayabildiği şey anlamında *athalattotos*. Kıyıdaki Attika düşüncesi karalı Boiotları hor görürdü. Kıbrıslı Gregorios karalı zekâsını küçümserdi (*Boition nous*, III, 45). Makarios yaban domuzu yakıştırmasını yapardı (*Boisotia hys*, II, 79). Felsefecilerle yazarların klasik kültüre soktukları sayısız sıfat ve benzetmeyle süslenmiş benzeri örnekleri tüm kıyı boyunca, her devirde her dilde bulmak mümkündür. Bunlara en çok İtalya'da rastlanır; bunlardan en yaygın olan *cafone* Napoli kökenlidir ama İtalya'nın hem güneyinde hem de kuzeyinde yaygın olarak benimsenmiştir; *terrone* genel olarak karalılara verilen addır; *polentone* özel bir deyimdir. Cenova'da kullanılan *gabibbo* ile Abruzzi bölgesinde kullanılan *tamarro* bu bölgelere özgü bir deyimdir (bunlardan kuzeyde ve güneyde bolca bulunur), öte yandan Puglia'da kullanılan *truzzu* ya da *chezzale (di faor)* terimleri "Pugliacılık", *buzzuro* ve *zaurdo* Sicilyacılık ya da daha çok Cataniacılık yüklüdür. Strabon'a bakılırsa Pompeiililer hemen tepelerin arkasındaki komşularından (*Nuceria, Nola, Acerra*) alaycı bir dudak bükmeyle söz ederdi. İncil'de karalı Musevilerle kıyıdaki "sünnetsiz" Filistinliler arasındaki düşmanlıktan söz edilir (L, 25, c). Onlar da, birbirlerine hiç kuşkusuz Kutsal Kitap'ın yazamayacağı adlar takmışlardır. Araplar karalılara *zbali* (ya da *cbali*), Bulgarlar da *balkanci* derdi. Hırvatça *žabar* (kurbağa yiyen), kıyılarda bazen karalılar, bazen de komşular, örneğin İtalyanlar için kullanılır. Fransa'nın kibarlık geleneğine karşın Fransızcada da *cul-terreux*[4] terimi vardır. Provencelıların Fransızlar, Katalanların Aragonlular, Dalmaçyalıların Valaklar ve Morlaklar, Kotor ağzında oturanların Karadağlılar için kullandıkları kendilerine özgü terimleri vardır. Bu tiplemeler Akdeniz'in açıkhava sahnelerindeki komedi ve trajedilerde çoktan beri bilinen rollerdir.

4 *cul-terreux (Fr.):* Hödük, köylü (toprak kıçlı) (ÇN).

Gemilerin biçim ve adlarının kökenlerini bulmak son derece güçtür. Neredeyse tüm halkların (dillerin) benimsediği *barka* (tekne) sözcüğünün kökeninin neresi olduğunu bilemiyoruz. Bu sözcüğün ilk kez eski Mısır'da kullanıldığı sanılıyor. Mısırlılar da başkalarından almış olabilir. Bu sözcüğü Fenikeliler, Kartacalılar, Yunanlılar ve Romalılar da benimsemişlerdi. En eski teknelere pek çok dilde yalnızca "*ahşap*" (ya da tahta) denirdi (Arapçada *al'ud,* İtalyancada *legno,* İspanyolcada *leño*). Baltıkslav kökenli *ladja* (tekne, kayık) sözcüğü de ağaç kütüğü anlamına gelirdi. Latince *navis* sözcüğünün köklerine Sanskritçe, Yunanca, Kelt dilleri, hattâ Ermeni lehçelerinde de rastlarız; ilk olarak kimler tarafından kullanıldığını bilmiyoruz. Kalyon (*galea, galera, galion, galéasse, galeota*) sözcüğünün kökeni de tüm denizlerde yelken açmış, tüm dillerde gurur ya da umutsuzluk yüklü olarak kullanılmış olmasına karşın tam olarak bilinmez; *Romanisches Etymologisches Wörterbuch* adlı yapıtında Meyer Lübke bile bu sözcüğün doğum yerini tam olarak saptayamamıştı. İtalyan sözcük kökeni araştırmacıları C. Battisti ve G. Alessio'ya göre "Venedik'e kadar tüm Dalmaçya kıyılarında benimsenmiş eski İllirya kökenli bir sözcüğün kalıntısı" söz konusudur (*Dizionario Etimologico Italiano,* II, Floransa, 1951); *gaea* hareket ederken tek ya da çift sıralı kürekli bir tekneye benzeyen bir çeşit kaplumbağa *(testuggine)* olmalıydı. *Korablja* (gemi) sözcüğü de Yunancadan *(korabion)* büyük göçler öncesinde slav dillerine girmişti; bu sözcüğün de bir tür böcek ya da yengeçle bağlantısı olduğu sanılıyor. (*karabos,* bkz. Aristoteles, *Historia Animalium,* 531, b, 25). Bu ve burada sayamayacağım buna benzer örnekler, ortak ya da benzer biçim, yaratı ve metaforların varlığına işaret eder. Bazen, kaynakları ve kökenleri tam olarak belirleyemediğimiz durumlarda, sözcükler ve kavramlar, Akdeniz'in derinliklerinden kopup kendiliklerinden ortaya çıkmış sanısı yaratırlar.

Slavca *brod* (gemi) sözcüğü, eski Slavcada suya basmak, su sıçratmak, suyu geçmek, anlamında kullanılan *bresti-bredo* sözcüğünden türetilmiştir. Kökeni kesin olarak kıta içlerine aittir. A. Jal'in *Denizcilik Terimleri Sözlüğü* kadar değerli bir yapıt olan Radovan Vidović'in *Denizcilik Sözlüğü*'nde (Split, 1984) *brod* sözcüğünün karşısında kökenleri Yunanlı, Latin, Romalı şu sözcüklere yer verilmiştir: "*Banzo, barca (barka), bastasia, bastassiza (bastasica), batel, bergantinus (brigantin), biremis (fušta), barcon, barcosa, barcusius (bragoc), carabus (korablja), caraca, carachia, casselata, chelandia, cocha, codura, drievo, dromo, frigada, fusta, galea (galija), galera, galion (galiun), grippus (grip), gumbara, karavela, katrga (katurga), ladja, lembus, lignum (drievo*-ahşap*), linter, londra, marziliana, navicula, navigum, navis, ormanica, plav, saetta, sagittea, sagiteda, saita, saena, sebeka (sambek), tartana, treciones (galeae), triremis, zolla, zopula*" (s. 70). Sonra farklı tipteki gemiler için farklı adlar yer alır. Vidović, aslında akademik araştırmalardan çok, ancak bu türden özel uzmanlık sözlüklerinde kullanılabilecek denizci defterlerini kaynak göstererek, denizcilerin sözümona "iyi beslenme" alışkanlıklarına ilişkin önyargıları göz önüne serer: "Variller içinde İtalya'da Trieste'den, İngiltere'den ya da Marsilya'dan alınan kurutulmuş tuzlu et, köpek eti gibi kara ve kurudur; İngiliz deniz peksimetleri taş gibi sert ve kötüdür; ne kahve, ne de suyla yumuşar ama kaptanlar Odessa ve Cenova'da bulunan ve bir fiskeyle dağılan galetalar yerine, daha ucuza gelen ve daha uzun süre dayanan bu peksimetleri tercih ederlerdi. Yelkenlilerde yemekler hep aynıdır. Sabah kahvaltısında yalnızca kuru ekmek olurdu, yalnızca çok az sayıda gemide kahve ya da çay verilirdi; öğle yemeğinde çorba ve tuzlanmış et, akşam yemeğinde de yahni ve bazen de tuzlu et ve patates salatası. Limanlarda ise tuzlu et yerine tazesi alınırdı ama et olarak değil, sığır başı olarak, hattâ tasarruf olsun diye beyinsiz ve dilsiz baş alınırdı; küçük tekneler ise yarım başla idare ederdi. Ahçının bundan kaptan ve yaveri için iki parça et çıkarması gerekirdi. Gemide çok yağ tüketilmezdi, yahninin soğanlarının tuzlu etin yağında şöyle bir çevirilmesi yeterdi... Tüm tayfalar aynı kaptan yerdi, yalnızca nostromonun kendi tabağı vardı; kaptanından tayfasına kadar tüm mürettebat suyu aynı maşrapadan içerdi". Vidović bu uzun anlatılara denizci Valado Ivelić'in 1933'te Split'te bastırdığı *Deniz Yaşamından Anılar* adlı kitabında da yer vermişti. Akdenizliler bu tür uzmanlık sözlüklerini bir tür anı kitabı gibi okur; bazen gerçekten de öyledirler. Venedik'te çok uzun süreden beri baskı üzerine baskı

Breydenbach'ın *Sanctarum Peregrinationum in Montem Syon* adlı yapıtındaki Venedik (1486).

yapan *Atlante Linguistico Meditteraneo* (Akdeniz Dil Atlası) bunun en güzel örneğidir. Her yeni yayın Akdeniz'de bazen coşkuyla, bazen tepkiyle, ama her zaman gittikçe artan geçmişe olan özlem duygusu içinde karşılanır.

Yetenekli amatörlerin yazılarında da gemilere ve gemi yapımına ait çok değerli bilgilere rastlanır. Venedik Lagünü'ndeki küçük adaları *vaporettolarla* gezmiştim. Torcello, Burano, herkes gibi benim de cam üfleyicilerine hayran kaldığım Murano, Mazzorbo ve eskiden yönetim merkezi olan Malamocca'yı ziyaret ettim; Isole Realtine ile Chioggia'yı görme fırsatım oldu. Burada Dino Memmo'nun iki ciltlik *Calafati, Squeri e Barche di Chioggia* adlı terimler sözlüğü elime geçti (Chioggia Belediyesi tarafından 1985'te yayımlanmış). Bu yapıt bize, küçücük bir kasabanın Venedik'in gücüne ne denli önemli katkıda bulunduğu; tersanelerle kalafatların (*galafa'*) burada nasıl ve nelere mal olarak geliştiği; *mariegole* denen gemi yapım ortaklıklarının ne zaman doğduğu (*mariegola'*dan ilk kez 1211 yılında söz edilir); *ancora rinascimentale* denen Rönesans çapasından önce çapaların hangi biçimde oldukları; Navarra dümeninden önceki dümen biçimleri; *curiaga, canagola, chissa, gala, gala verta, catorafa, cartabon, polacchina, cortelo, verna, becanela a due, becanela a tre, alzana, berlasso, imberlasso* gibi pek çok aletin kökenlerinin neler olduğu gibi pek çok şey öğretir. Bu sözcüklerden pek azı Venedikli sözlükçü Giuseppe Boeri'nin eski ve sevimli terimler sözlüğünde yer alır (*Dialetto Veneto*, Venedik, MDCCCXXIX). Bunları çevirmeye gerek duymuyorum. Eski toprak Venediklilerin hâlâ yaşadıklarını varsaysak bile, bu terimler İtalyanları bırakın, Venediklilere bile yabancıdır, tıpkı daha önce söz ettiğim kıyı Dalmaçyası terimlerinin Slavonia Dalmaçyası, hele Sırplar, Boşnaklar ve Karadağlılar tarafından anlaşılmaması gibi. Mağrip'ten Libya'ya, Filistin'den Suriye'ye, Anadolu'dan Provence'a, Katalonya'dan Aragon'a ve Cebelitarık'a kadar bütün kıyılar ile karalar arasında böyle bir durum var galiba. Bu da Akdeniz'in temel özelliklerinden biri olsa gerek.

II. Ptolemaios'un amirali Timosthenes'in on ciltlik yapıtı *Limanlar* kayıp olmasaydı, şimdi eski limanlar hakkında çok daha fazla bilgiye sahip olacaktık. Bu limanlara yalnızca yükleme, boşaltma, nakliye işleri gibi gündelik işler açısından bakmamak gerek. Limanlar daha gemiler ortaya çıkmadan doğmuşlardır. İlk denizciler başka kıyılara ulaşmak için basit ağaç sallar üzerinde bu limanlardan denize açılırdı. Yunanlılar, ilk kez tarihçi Thucydides'in söz ettiği *limen autophnes* (I, 93) gibi, kendiliklerinden konumları gereği denizin iradesiyle oluşmuş olan limanları diğerlerinden ayırırdı. Strateji uzmanı Polienos'un söz ettiği (III, 9) *pelago-limen* ise uzun dalgakıranlar biçiminde inşa edilmiş taş setlerle oluşturulurdu. Fenikeliler iki zıt yöndeki rüzgâra karşı, iki iskelesi olan limanlar yapardı. Akdeniz'deki en uygun noktaları seçip, bunları MHVZ sessiz harfleriyle gösterirlerdi (eksik sesli harflerin neler olduğu bilinmiyor).

Yüzyıl başından bu yana, yosunlarla, deniz kabuklarıyla ve deniz bitkileriyle örtülmüş batık rıhtımlara dalarak ya da onları tamamen örten çamur ve kumu kazarak eski limanları arayan ve araştıran pek çok kişi vardır. Bir Fransız arkeolog grubu Byblos'un olduğu yerde kazılar yapmıştı (Maurice Durand, *les Fouilles de Byblos*, Paris, 1937): Dünyanın en çok okunan kitabına adını veren bu limanın kazıları sırasında bulunanları, o zamanki gündelik yaşama dair bulguları ve her şeyin nasıl felakete sürüklendiğini okurken içimi bir korku kaplamıştı. İskenderiye yakınlarındaki Pharos limanında (1910'dan 1915'e kadar) sualtı kazıları yürüten mühendis Gaston Jandet'nin notları da eski inşaat ustalarının yeteneklerini gözler önüne serer; burada eski bir adacıkla Abu-Bakar tepesi arasında, Minos modeline göre harçsız ve sıvasız bir araya getirilmiş ve Mex taşocaklarından taşınmış taş bloklar üzerine oturtulan, her biri altmış metre genişliğinde ve iki buçuk kilometre uzunluğunda iki iskele bulunmuştu. Kıyıları su altında kalmış olan Napoli yakınındaki Pozzuoli'de, tarihin tanık olduğu en büyük liman inşaatının kalıntılarını görmüştüm. Bu liman inşaatı sırasında, suyla temas ettiğinde kendiliğinden sertleşen volkanik bir kum *(puteolanus pulvis)* kullanılmıştı. Gerek Seneca (Quaest.nat., III, 35) gerek mimariyle yakından ilgilenen Vitruvius (II, 6), bu limanın dünyanın harikalarından biri olduğunu söyler. Serapis tapınağının yakınlarında, suyun yaklaşık on metre altında yarı batık durumda bir heykel atölyesi bulunur. Aziz Paul Roma'ya giderken burada karaya çıkmıştı. *Via Domiatina* da buradan geçiyordu. Petronius *Satyricon*'una fon olarak burayı seçmişti. Pozzuoli'den ayrılırken Marziale'nin, Baia'ya Penolepe gibi gelip Helen gibi dönen Romalı hanımefendilere adadığı bir yazıt buldum (I, 63). Pozzuoli rıhtımı en ünlü rıhtımlardan biriydi. Dönerken Ruder Bosković'in *Del Porto di Rimini* adlı bilinmeyen bir yapıtını buldum (Pesaro, MDCCLXV). Kozmoloji ile ilgilenen, atom teorisini daha o zamanlarda sezinlemiş, Cizvitlere katılmış, matematikte D'Alembert'le yarışan, Roma ile Rimini arasındaki meridyenin uzunluğunu ölçmüş olan bu bilim adamına Rimini yöneticileri limanla ilgili sorunların çözümü için başvurmuştu; bu bile limanların Akdeniz için ne kadar önemli olduğunu göstermeye yeterlidir.

Kapılarla limanlar arasındaki ilişkilere başka sözlükler de yer vermiştir (bkz. Georges Dumézil, *Fêtes Romaines d'Eté et d'Automne*, "Kapılar ve Limanlar" bölümü). Her iki sözcük de (porta/porto –İt., porte/port –Fr.) aynı Latince kökten gelir. Limanların tanrısı ve kapıların koruyucusu (*Deus portuum portarumque praeses*) Portunas adına düzenlenen şenlikler 17 Ağustos'ta kutlanırdı; tapınağı ise Varrone'ye bakılacak olursa (VI, 9)

Eski Split limanı ve Diocletien Sarayı (Ch. L. Clérisseau, R. Adam'ın *Ruins of the Palace* ... adlı kitabından, Londra, 1764).

bir ırmağın, bir köprünün ve bir limanın yakınındaydı (*in portu Tiberino*). Eski takvimlerde liman şenliklerine *(portunalia) Tibernalia* da denirdi. Limanlarla şenlikler birbirlerine sıkı sıkıya bağlıdır. Liman ve kapıların, daha önce söz ettiğim ırmak ağızlarıyla olan ilişkisinin, Akdeniz kültürü üzerinde henüz tam çözemediğim önemli bir etkisi vardır. Şu anda Zagreb Arkeoloji Müzesi'nde bulunan bir mumyanın ketenden yapılma kefen bezi üzerinde yazılı bulunan Etrüsk dilindeki bilinen en uzun yazıda geçen *culş* sözcüğü de, büyük bir olasılıkla kapılar, limanlar ve her ikisini de koruması altına alan bir tanrı (*culsanş*) için kullanılan bir sözcüktür. Apenin kıyılarında pek çok liman kurmuş olan Etrüskler, Akdeniz'in saygın denizcilerinin en eskileriydi.

Başka örnekler de sıralanabilir; bunlardan bazıları bu kitabı yazmaya başlarken bana yol gösterici olmuşlardı. Batık bir liman bir tür nekropoldür. Batık kentler ve adalarla aynı yazgıyı paylaşırlar; onlar da gizem doludur, onlar da önemli bir bilgi kaynağıdır. Bazıları en ince ayrıntısına kadar incelenmiştir; bazılarını araştırmak artık olanaksızdır. Bilinen en eski limanlardan Tir Limanı bir adayı karaya bağlardı (bu limanlar o zamanlar en iyi liman türüydü); dalgakıranları en azgın dalgalara karşı koyabilirdi: Kalıntıları çok yakın bir zamana kadar sivri kayalar gibi denizden çıkardı (1836 tarihli bir gravürde bunları görmüştüm); bazı bölümleri deniz sakin ve berrak olduğunda hâlâ dipte görülebilir; dalgıçlar buradan elinde bir denizatı tutan Poseidon heykeli çıkartmıştı. Helicas kenti limanının ani ve trajik bir biçimde sular altında kalmış olmasından yüzyıllar boyu korku ve çekinmeyle söz edilmiş, bu olay tarihçilerin yapıtlarına konu olmuştu (Strabon, VIII, 7; Pausanias, VII, 24). Eskiden Callistes (en güzel) adını taşıyan Ege Adalarının en güneyindeki adada bulunan antik Theras ya da Phiras, yanardağ lavları altında kalmıştı. Libya kıyılarındaki, ünlü Apollonia ve Fenike tarzı inşa edilmiş, iki dev limanı (ki bu limanlar setlerle korunmuşlardı ve birbirlerine bağlıydılar) Ostia'ya buğday taşımacılığını sağladığı için yakındaki Kyreneia kentini zenginleştirmişti; Apollonia da tüm güzelliğine ve adını aldığı koruyucunun gücüne rağmen sulara gömülmüştür. Denizin sakin ve berrak olduğu günlerde kalıntılar burada da görülebilir. Afrika kıyılarında buna benzer pek çok sahne vardır; Kartaca yakınlarındaki Utica'nın örneğin, insan eliyle mi, azgın deniz yüzünden mi yıkıldığını saptamak olası değildir (Utica da sırtını bir adaya dayamış limanlardan biriydi). Romalıların Etrüsklerden miras aldığı ve Kartacalılardan öğrenerek mükemmelleştirdiği bir teknikle denizin dibine yerleştirdikleri devasa kaya parçalarının üstüne kurulan, Pozzuoli yakınlarındaki ele geçirilemez askeri liman Misenum'un da sonu aynı olmuştur. Bugünkü Marsilya yakınlarında, Foçalı Yunanlıların milattan altı yüz yıl önce kurdukları Massalia limanının yapımında kullanılan çam ve köknar kütükleri bulunmuştu. Pytheas, Ultima Thule'ye ulaştığı yolculuğuna buradan çıkmıştı; bu liman da suların derinliklerine gömülmüştür. Daha doğuda Saint-Gervais koyu yakınlarında Fos-sur-Mer sularında, denizin dört, beş metre altında dalgakıran blokları, bina sütunlarının kalıntıları ve Rhône Irmağı'nın çamuruna gömülmüş tanrı heykelleri görmüştüm (ırmaklar hep böyle bir oyun oynar). Posillipos'un hemen yanında, denizin altında eski Yunan kenti Parthenopes ile Palaiopolis emporyumunun kalıntıları yatar; hemen yakınındaki Yunan kenti *Casa degli spiriti* denen yerin doğusundaki sularda, bazen Gaiola ve Marechiaro limanlarının kalıntıları da görülür. Sicilya'nın görkemli yıllarından kalma Mozia limanı da sonsuza dek sulara gömülmüş limanlardandır. Adriyatik'teki Pag Adası'nda Cissa ya da Kissa adıyla anılan İllirya limanı vardır, aynı biçimde Vis Adası'nda da bu limanlardan çok sayıda vardır. Ben çoğunu göremedim. Bu sahneler çok rahat yüzleştiğimiz sahneler değildir. Bazılarımız Akdeniz'in balık limanlarına benzer.

Adalar da denizler ve limanlar gibi sık sık ad değiştirirdi. Bunun neden olduğunu anlamak güçtür. Bu arada adlarını aldıkları halklar ve hükümdarlar da değişirdi. *Tarih Kütüphanesi*'nde adalara bir koca kitap (*nesiotike*) ayıran Diodoro Siculo, doğum yeri olan Sicilya'nın nasıl "önce biçiminden dolayı Trinacria adını aldığını (Sicilya'da üç sivri uç benzeri burun vardır), sonra da adaya yerleşen Siculolardan dolayı adının Sicania olarak değiştiği"ni anlatır (V, 2). Kıbrıs'a çok eskiden Alasia ya da Alasiotas denirdi; peygamberler Kittim (Ez. XXVI, 6), Eski Yunanlılar da *Cypris* ya da *Afrodit Adası* derlerdi. Eski Ahit'e göre Girit'in adı Kaftor'du (Gen., X, 14), daha sonra Araplar Candia demişlerdi. Lipari Adası *Eolia Adası* olarak tanınırdı. Venedikliler Peloponessos'a (Mora Yarımadası), dut ağaçlarından dolayı Morea derdi. Ibiza, çamlarından dolayı Pitiusa olarak bilinirdi. Hvar Adası'nın adını da İtalyanlar Lesina olarak bilir. Kerkennah Takımadaları'nın bir zamanlarki adı Kyrannos'du; Hannibal karada yenilip, anavatanı Fenike'ye ulaşmak için bu noktadan açılıp kurtuluşu denizde aramaya başladığında da, Romalı tarihçiler buraya Cercina (Kerkina) adını vermişlerdi. Adriyatik'in en büyük adası Krk, antik devirlerde adını Curicta ya da Curicum ya da Yunancasıyla Kurikon ve Kuriatika olan ana kentinden alıyordu. İtalyanlar buraya Veglia, bu adanın yerlilerine de Vejla derdi. Bu adayla kara arasında, bir zamanlar adı Almis (sarp ve kıraç) olan, küçük kayalık San Marco (Sveti Marko) vardır. Bazen Sakin (*Tihi*) bazen Hırçın (*Burni*) adı verilen boğazı geçen köprünün ayakları da buradadır. Akdeniz'in bazı adalarıysa hep aynı kalmıştır. Rodos hep Rodos'tur, Lesbos (Midilli) hep Lesbos kalacaktır.

Adalar genellikle karadan bağımsız olarak değerlendirilir. Adalardan çok söz ettim, gene dönüp dolaşıp onları anlatıyorum. Dil kökeni araştırmacıları Yunanca ada anlamına gelen *nesos* ile Hint-Avrupa kökenli "yüzen şey" anlamına gelen bir sözcük arasında bir bağ kurar. Latince ve Roman dilinden gelen *insula, isola, île* gibi sözcüklerin asıl kökenleri bilinmiyor. İtalyanca *isolare* (izole etmek) yüklemi pek çok dilde benimsenmiştir ve ada (*isola*) sözcüğü ile ilişkilidir; adalar ayrılık ve yalnızlık simgeleriydi. Yaşlı Plinius Adriyatik adalarından bazılarını gezmiş ve onları betimlemişti: "İllirya kıyılarının, sığ ve dar koylara sokulabilen, zayıf akıntıları olan bir denizde, binlerce adası vardır." (III, 151). Pomponius Mela da onu izlemişti ama onun kadar yetenekli değildi; Adriyatik kıyılarına vurulmuş, sayfalar dolusu övgü düzmüştü (*De Chorographia*, II, 55). Akdeniz'de her denizin bir Pomponius'u vardır; ona buradan şükranlarımızı yollayalım.

VTOPIAE INSVLAE FIGVRA

Utopia insulae figura: Tommaso Moro'nun *Utopia*'sının ilk baskısında yer alan gravür (Louvain, 1516).

"Mutluluk Adaları"ndan söz eden bilinen en eski yapıt Hesiodos'un *İşler ve Günler* adlı yapıtıdır: "Okyanus'un büyük girdabının yakınındaki kutsanmış adalarda, kalpleri tüm kederlerden arınmış mutlu kahramanlar yaşar; verimli toprak onlara yılda üç ürün veren bal meyvesini sunar" (169, 173). Salomon'un kutsal yazılarında da adalar zengin, adalılar cömert olarak betimlenir: "Tarsis'in ve adaların kralları armağanlarını getirdi" (LXXII, 10). Dışarıdaki her türlü kötü etkiye kapalı, üzerinde mutlak bir düzenin hüküm sürdüğü bir ada fikri en heyecanlı ütopyalara esin kaynağı olmuştur. Platon, *Critias* ve *Timaeos*'da görkemli Atlantis'i "bol güneşli, etrafa güzel kokuların yayıldığı ... tapınakları, sarayları, limanları ve tersaneleriyle kutsal bir ada" olarak anlatır (*Critias*, 115). Böyle bir ada, mutluluğun ne denli geçici olduğunu öğretmek için sulara gömülmeliydi. Hakkında bu kadar çok şey yazılan ve iddialı tahminlerde bulunulan bu adaların sonu ne olmuştur? Aulilia, Satanazes, Yedi Kent adaları neredeler? Onların da akıbeti aynı mı olmuştu, yoksa hiç var olmamışlar mıydı? Kimse bilmiyor. Bu adaların Akdeniz'de mi, başka bir denizde mi olduklarını bile bilmiyoruz. Ama Akdeniz'de olduklarına inanılırdı.

Adalar yalnızca mutlu ve kutsanmış yerler değildir. Skylla ile Kharybdis[5] arasında sizi tehlikeler ve kışkırtmalar bekler. Adalar aynı zamanda bir sürgün ve inziva yeridir. Yalnızca eski mitler ve efsanelerde değil, tarihte Yunanlı ve Romalı, Arap ve Türk, Roman ve Slav hükümdarların yönetiminde de bu böyle olmuştur. Dedalos zindanların en korkuncunu, labirenti Girit'te yaptırmıştı. Oğlu Icaros bu adanın kayalıklarının üzerinden uçmak istemiş ve adını verdiği denize çakılmaktan kurtulamamıştı. Zorba hükümdarların rakiplerini sürgüne gönderdikleri adalar sayılamayacak kadar çok sayıdadır. Roma'da "ada cezası" kavramı vardı; milattan sonra IV. Yüzyılda yaşamış az tanınan tarihçi Ammianus Mercellinus'un yazılarını karıştırırken, *poena insularis* terimiyle karşılaşmıştım (XV, 7); bu terim Roma hukukuna gerileme döneminden önce girmiş olsa

5 Skylla ile Kharybdis: *Odysseia*'da da söz edilen, Sicilya ile İtalya arasındaki Messina Boğazı'nda yaşadıklarına inanılan söylencesel canavarlar. Kharybdis aynı zamanda Messina Boğazı'ndaki akıntılar ve girdaplar için de kullanılır (ÇN).

gerektir. San Nicola adacığı Napoli Krallığının *colonia penale*'si (ceza kolonisi) idi. Seneca, Korsika'da sekiz yıl sürgünde kalmıştı. Ragusalı ozan Ivan Gundulić, gençlik günahlarının kefaretini ödemek için Elafit Takımadaları'nın en küçüğünde, Daksa Adası'nda inzivaya çekilmişti. Güney Adriyatik'te Lastovo ile Šipan arasındaki Mljet Adası'na (ki adının kökeni bal sözcüğü ile ilişkilidir: *Melite nesos*) Romalı devlet adamları, *consules atque proconcules*, en saldırgan rakiplerini sürgüne gönderirlerdi; ortasında çok güzel bir tuz gölü olan bu tatlı adada gardiyanlara gerek yoktu, çünkü ada zehirli yılan kaynıyordu. Ragusa Cumhuriyeti de bu Latin geleneğini benimsemiş ve Akdeniz'in ortasında küçük bir Sibirya yaratmıştı.

Bu, sık rastlanan bir uygulamaydı. Korsikalı Bonaparte önce Akdeniz'deki Elbe Adası'nda, sonra da Sainte-Hélène'de sürgüne gönderilmişti. Leon Troçki'nin sürgünü Marmara Denizi'ndeki *Büyük Ada*'da başlar; "burası yalağa eğilmiş tarih öncesi bir canavara benzeyen ... lacivert suların üzerine eğilmiş kızıl kayaların olduğu bir adaydı" (Max Eastman, *Great Companions*, s. 117, New York, 1940). Lipari Adaları, İkinci Dünya Savaşındaki toplama kamplarıyla yeniden gündeme gelmişti. Kotor Körfezi'ndeki Mamula adacığındaki eski Avusturya kalesi de aynı dönemde solcular ve faşizmc karşı savaşlar için bir zindan olarak kullanılmıştı. Rab Adası da (belki şu anda bir akıl hastanesi olarak kullanılan yerde) 1941-1943 yılları arasında İtalyanlar tarafından Yahudi toplama kampı olarak kullanılmıştı. Küçük Iaros Adası'yla Macronissos'da, İkinci Dünya Savaşından sonra albaylar demokratlarla aydınlar için toplama kampları kurmuştu. Tito'nun 1948'de Stalin'le yollarının ayrılmasına karşı çıkanlar, Kvarner Takımadaları'ndan Goli Otok'ta hapsedilmişti. Mahkûmlar burada kayaları parçalayıp, adeta denizi doldurmak içinmiş gibi denize atmaya zorlanıyordu. Bu saçma cezayı akıl eden her kimse Sysiphos'un torunu olmalı.

İspanyollar bazı geleneklerini kolonilerine de taşıdılar; adını ünlü Akdeniz azizinden alan San Fransisco Körfezi'ndeki Alcatraz Adası üzerinde, çok yakın bir zamana kadar "dünyanın en iyi korunan cezaevi" yer alıyordu. Fransız Guyanası'ndaki adalarda (Kurtuluş Adası, Şeytan Adası) Antik Çağ'daki örnek-

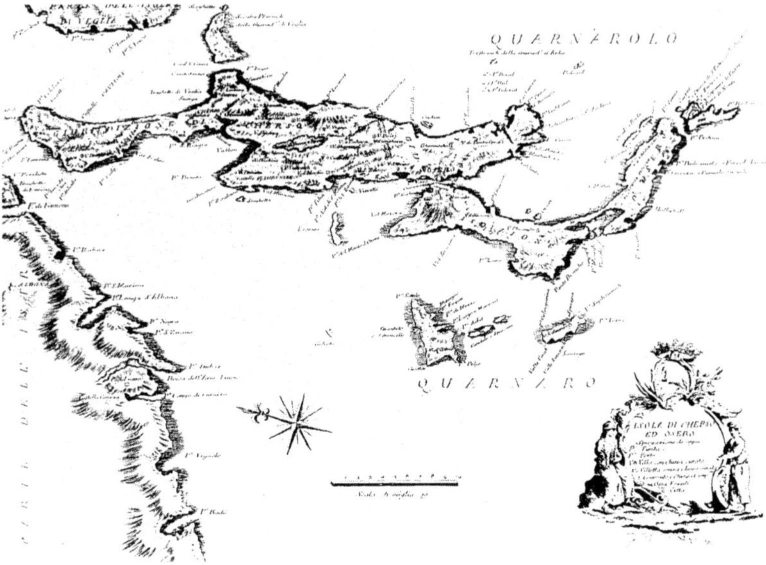

Alberto Fortis'in *Saggio di osservazione sopra l'isaola di Cherso e Osero* adlı yapıtında Kvarner Adaları (Venedik, 1771).

leri aşan zindanlar ve hapishaneler kurulmuştu. Bu arada üç büyük gezginin, Macellan, La Pérouse ve Kaptan Cook'un da çok uzaklardaki adalar üzerinde öldüğünü de anımsayalım. Kafka'ya esin kaynağı olan adanın hangisi olduğunu bilmiyoruz. Akdeniz'de ve başka yerlerde buna benzer örnekler boldur.

Daha sonra *Elégies Romaines*'ine esin kaynaklığı edecek olan İtalya yolculuğuna hazırlık yapan Goethe, bir ada ütopyasına benzeyen bir rüya görür: "Büyük bir tekneyle, en iyi sülünlerin yaşadığı zengin bir bitki örtüsüne sahip verimli bir adanın kıylarında dolaşıyorum... Genelde rüyalar gerçeği saptırır, bu rüyada da sülünlerin tavuskuşu ve ender cennet kuşlarının kuyrukları gibi renkli kuyrukları vardı" (*Italienische Reise*, 19 Ekim 1786). Sicilya bu büyük ozana "Asya ve Afrika'yı anımsatmıştır; dünya tarihinin pek çok ekseninin kesiştiği bu olağanüstü noktada bulunmak bile küçümsenebilecek bir şey değildir" (a.g.e. 26 Mart 1787). Akdeniz tarihi genellikle adalarda sona erer.

Akdeniz'in bütün adalarını dolaşmak kolay iş değildir. Görmediğim adalar hakkında yazarken, bu adaları benden daha iyi tanıyan yazarlardan yararlandım, örneğin D. H. Lawrance'ın az bilinen yapıtı *Sea and Sardinia*'dan. "Ne Romalılar, ne Fenikeliler, ne Yunanlılar, ne de Araplar Sardinya Adası'na boyun eğdirememişlerdir. Bu ada uygarlık akımlarının dışında tek başına bir adadır... Bana Malta'yı anımsatır: Avrupa ile Afrika arasında kaybolmuştur ve hiçbirine ait değildir. Hiçbir yere ait olmadığı için de hiç kimseye ait olmamıştır. Deyim yerindeyse tarihin öte tarafında kalmıştır" (s. 11 ve 65, yay. Anchor Books, New York, 1954). Tarih Akdeniz'in her yerinde aynı hızda seyretmemiştir.

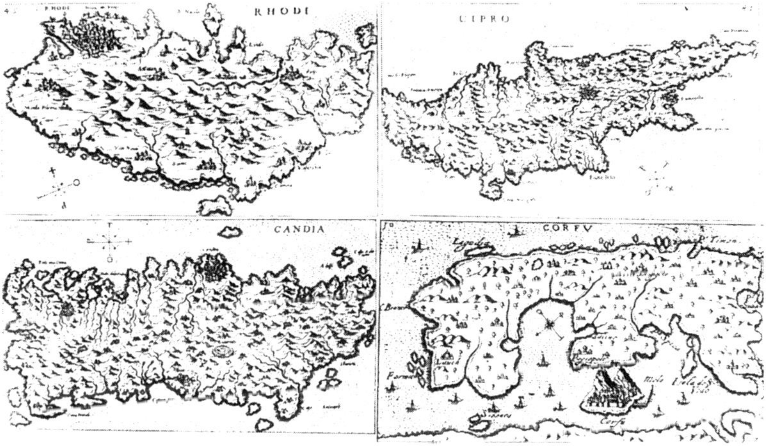

Gioseppe Rosaccio'nun *Viaggio da Venetia a Constantinopoli* adlı gezi yazısında yer alan (Venediklilerin Candia dedikleri) Girit ve diğer Yunan adaları (Venedik, 1606).

Sicilya, Rodos, Korfu, Kıbrıs, Patmos gibi pek çok adayı dolaşmış olan Lawrance Durrell, bu adalar hakkındaki pek çok gözlemini yazmıştı. "Ada kaçıklığı" diye çevrilebilecek insülomani (*islomania/insulomanie*) sözcüğünü unutulmaktan kurtarıp yeniden dile kazandıran odur. "Gideon'un notları arasında tıp biliminin henüz tanımadığı hastalıklarla ilgili bilgilerle karşılaştım; bunlar arasında ender görülen ve az tanınan bir ruh hastalığı da vardı." "Öyle insanlar vardır ki", diyordu Gideon, "adalar onlara karşı konulamayacak derecede çekici gelir, bu adalardan, bu suyla çevrili dünyalardan biri hakkında topladıkları bilgiler onları sarhoş eder. Bu *insüloman* doğanlar Atlantislilerin torunlarıdır ve bilinçaltlarında hep ada yaşamının özlemini duyarlar." Gideon'un bütün kuramları gibi bu da dahice bir düşüncedir... "Bu kitap da bir insülomani anatomisi olarak yazılmıştır" der Durrell *Bir Deniz Venüs'ü Üzerine Düşünceler*'inde (s.15, Londra, 1960). Okumakta olduğunuz bu kitap, ruhları bir zamanlar tutulduğum ve beni hâlâ zaman zaman etkileyen ada kaçıklığı rahatsızlığı gibi Akdeniz hastalıklarından kurtarmak niyetiyle yazılmıştır.

Yarımadalar da adalar gibi ad değiştirir, özellikle de bir adaya dönüştüklerinde ya da kıtanın yalnızca bir parçası olarak görüldüklerinde. İberik Yarımadası'nın Akdeniz kıyılarına eski çağlarda, gündoğumuna atıfta bulunularak *Hesperides* denirdi. İberik Yarımadası'na Romalılar, bugün Akdeniz kıyılarını iç bölgeden ayıran sıradağların ve Gualdalquivir Irmağı'nın eski adı Beatis'ten gelme bir ad vermişti: *Baetica*. Vandalların yaşadığı bölgeye (V)Andalusia (Endülüs) denirdi; Cordoba Emirliği ya da Halifeliği, Almoravides İmparatorluğu ya da Granada Krallığı politik, Costa Blanca ve Costa del Sol gibi adlar, coğrafi ya da şiirsel adlardı. Bu adlar daha çok karalılar tarafından verilmiş adlardı. Burada da adların değişimi, olguların ve kavramların değişimiyle birlikte gerçekleşmiştir. Akdeniz'deki sınırlar, ilişkiler, biçimler ve kavramlar değiştikçe adlar da onlarla birlikte değişmiştir.

Herkül Sütunları da mitolojik devirlerdeki adını kaybetmişti: Cebelitarık adını Arapça bir sözcük olan *cebel* (dağ) ve burayı fetheden komutan Tarık'tan almıştı. Bu ad Kuzey Akdenizliler tarafından Gibilterra/Gibraltar olarak kullanılmıştı.

Kimmerler ve İskitler döneminde Kırım, *Kherson Taurides* olarak bilinirdi. Ifigenia zamanında da *Taurides* adı verilen Kırım, Yunanlılar tarafından bir sürgün yeri olarak görülürdü. Onlar için Karadeniz, Akdeniz'e bağlı ama tamamen başka bir deniz sayılırdı. Argonotlar için bir bilinmeyenler ve macera denizi, Akdeniz'e bir köprü idi.

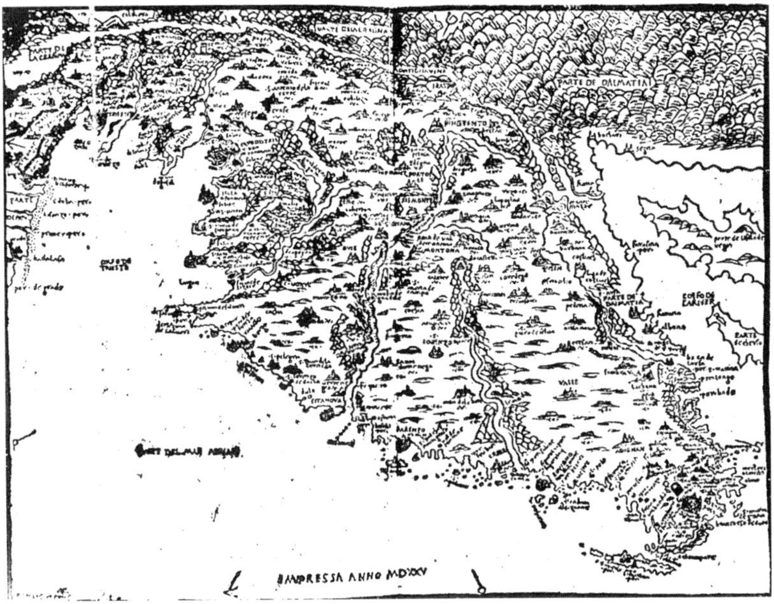

Istria'da Petar Kopić olarak tanınan Pietro Coppo: Istria Yarımadası (Venedik, 1540).

Adalar ve yarımadalar üzerinde düşünmek bizi hep sürgün ve kaçış konularına geri götürüyor. Bu konuyla ilgili kısa bir *midraş*[6] aktarmak isterim. İnanç ve ibadet kavramlarında Museviler, kurumlara ve hiyerarşiye Helenlerden daha eğilimliydi: Sürgündeyken aralarından Davud Peygamber'in soyundan geldiğine inanılan birini sürgün önderi seçer, ona dini ve dünyevi bir otorite verirlerdi. Bu önderlere eski Musevi dilinde *Reş Galutha* denirdi; bu ad Yunanca ve Latinceye de *egzilarh* olarak çevrilmişti. Tevrat'ı yakından bilen Musevi Fransız yazarlar bu önderlere, *princes de l'exil*[7] adını vermişti; aykırı ozan Edmond Fleg'in seçki kitabı *Ecoute, Israël*'de (Paris, 1953) de bu adla anılırlar. Sürgün prensi Rabbi Huna'nın sürgüne gönderilenlerle gönderenlere adadığı *Midraş Rabba* pek çok kişiye esin kaynağı olmuştur. Musevi diasporası da Reş Golutha makamını korumuş ve işlevine saygı duymuştu. Sürgün prensliği kav-

6 *midraş*: İbranicede sonunda bir ders çıkartılan küçük öykü (hisseli kıssa!) (ÇN).
7 *prince de l'exil* (Fr.): Sürgün prensi (ÇN).

ramı Rabbi Ezekhiel zamanında yok oldu. Sonra yeniden canlandırma çabaları da başarılı olmamıştır. Bu konuda topladığım sınırlı bilgiler bu önderlerin sabırları ve yumuşak başlılıklarıyla öne çıktığını gösteriyor; ümit burunlarındaki fener, sürgün adasının kaptanıydılar. Akdeniz'in, böyle bir geleneğin kendi kıyılarında doğmuş olmasından gurur duymaya hakkı vardır.

Denize bakış biçimleri ile kıyılarındaki ibadetler hakkında öğrendiklerimin çoğunu bana, Mısır'da İskenderiye ile Kahire arasındaki bir Kıpti manastırında karşılaştığım Keşiş Ireneos öğretmiştir. Bir kıyıma kurban giden Rum Katoliği bir ana-babadan Odessa'da dünyaya gelen bu keşiş, bu kozmopolit limandaki pek çok Yunanlı aileden birine sığınmıştı. İkinci Dünya Savaşı sırasında daha çocukken onlarla birlikte Selanik'e göçmüştü. Daha sonra Athos Dağı'nda Iviron Manastırı'na katıldı. Sina Dağı'nda Lübnan Yaylası'nda, Kıbrıs ve Ege Adaları manastırlarında Tanrı'nın hizmetine girmişti. Dua ederken yüzü denize dönük olurdu. Aziz Antoine ve Aziz Pacôme'dan, Kıpti keşişlerden ve denize yakın çölde Aziz Makarios tarafından yaptırılan manastırdaki gönüllü çile çekme deneyimlerin-

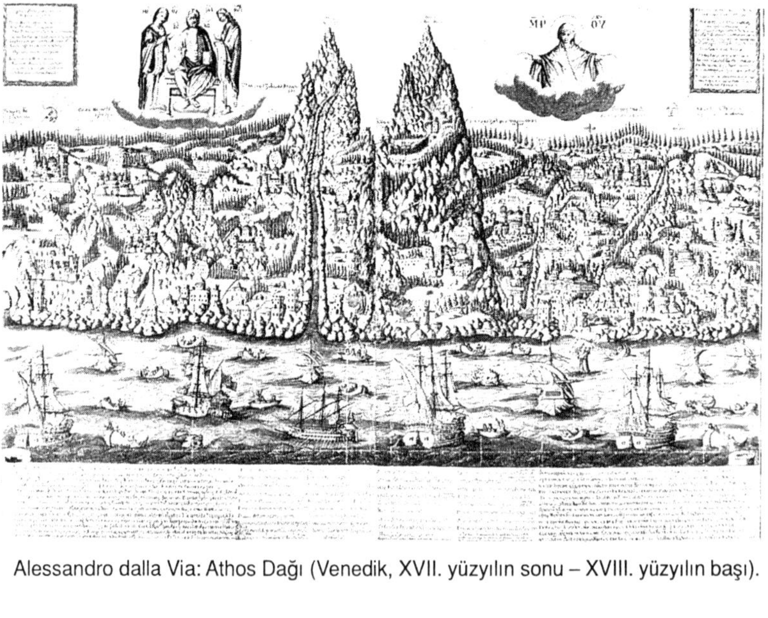

Alessandro dalla Via: Athos Dağı (Venedik, XVII. yüzyılın sonu – XVIII. yüzyılın başı).

den, Aziz Basile tarafından yerleştirilen manastır kurallarından söz etmişti: "Dünyadan kendini sıyırmak, ülkesiz, ailesiz, malsız mülksüz, dostsuz ve işsiz yaşamak" (bunları aklımda kaldıkları biçimde size aktarıyorum). Kendisi de Suriye'de bir adada inzivaya çekilen Aziz Jérôme, Aziz Basile'in bu katı kurallarını Latinceye çevirmişti. Keşiş Ireneos gururla konuşan, gözü uzaklara daldığında yakışıklı, İsa ile birlik olma inançlarını yitirmiş Hıristiyanlara doğru yolu gösterme çabasında inandırıcı olan bir insandı. Bana, dörtgen bir kaide üzerinde tepesinde dev bir fenerin olduğu *tholos*'un bulunduğu Knidos Feneri'nden ve bu yapının eski anıtmezarlara, ilk Roma kiliselerinin çan kulelerine, Bizans bazilikalarının kulelerine esin kaynağı olduğundan söz etmişti. Akdeniz'de ne zaman bir deniz feneri görsem aklıma bu sözler gelir ve fenerleri Akdeniz tapınakları ile karşılaştırırım. Ireneos, zaman zaman arkaik bir havaya bürünen, duru bir Rusça konuşuyordu. Pek çok dil biliyordu, bu arada Kıptice de öğrenmişti. Peygamberlerin ve havarilerinin Akdeniz kıyılarında yaydıkları ruhanilik, ermişlere ve keşişlere miras kalmıştı. Philon'un *De Vita Contemplativa* adlı yapıtı yeni helenizmin en saf biçimlerinden biridir. *Theoria* aynı zamanda inceleme ve görüş anlamına geliyordu: İçgörü ve düşüncelere dalma, teorinin uygulamaya geçirilmesiydi (*praxis kai theoria*). Ireneos bana *anachoresis, koinonia, xenteia, lavra* sözcüklerinin kökenlerini, *apatheia*'nın kendine hakim olma, *diakrisis*'in bir iç karar verme anı anlamına geldiklerini öğretmişti. Bana bütün bunlardan, Doğu Akdeniz'den batıya ve kuzeye yayılan bir ruhani gelenek olarak söz etmişti.

Bu inanışın yolu Kapodokya'ya, Kiev'deki ve Balkanlardaki Sveti Naum ve Sopočani manastırlarına, Bulgaristan'da Kırk Şehitler İbadethanesi'ne, Van ve Sevan gölleri kıyılarındaki Ermeni manastırlarına dek ulaşır. Bana dinsel olan ve olmayan pek çok yapıttan ve yazardan söz ediyordu. Hölderlin'in Hyperion'u "Yunan topraklarında bir ermiş" olmayı düşlüyordu. Antik Çağ kültüründe "izleyici konumu" ortaya çıkıyordu. Felsefe ise bir çeşit "zihinsel inceleme" olan bir bakış açısına sahipti (Irenos, tırnak içine aldığım sözcüklerin üzerine basa basa konuşuyordu). Her gücün, zıddı olan bir tepki gücü yaratması gibi, Helenistik gelenekte "görünür olanın ötesini anlama" tutkusu doğmuştu; bu nedenle bilgelik, yani gizli olanı anlayabilme yeteneği "körlükle bağlantılandırılıyordu". Homeros gibi Tiresias da kördü ama görülebilenin ötesindeki şeyleri anlayabilme yetenekleri gelişmişti. Oedipus ona ihanet eden gözlerini kendi elleriyle kör etmişti. İlk Hıristiyan vaizler, pagan topluluklara "gözlerinizle gördüğünüz şeyler sizi incitiyorsa, oyun gözlerinizi, atın onları" diyordu. Güney güneşi de insanı kolayca kör edebilir. Sha'ul (Paul) Şam yolunda İsa'nın ışığını gördüğünde kör olmuştu. Cennetin sonsuz ışığına ulaştığında Dante de görme duyusunu yitirmişti. Antik Çağ sonlarına doğru sessizlik taraftarları ortaya çıkmıştı. "*Logos*[8]'tan önce sessizlik vardı" demişti neoplatoncular. Platinos "sessizlik içinde anlayış"ı arıyordu. Çilekeşlerin ideali Tanrı'ya "sessiz övgüler" düzmekti. Duada ve konuşmada böylece bir dengeye ulaşılıyordu. Keşiş bunun yalnızca bir Bizans geleneği olmadığını söylemişti. Batı'da Palermo'da (XIII. Yüzılda *Chiostro di San Giovanni di Eremiti*) İspanya ve Fransa'nın pek çok yerinde (sistersiyenler, paulinyenler, trappistler), Adriyatik'teki bazı adalarda (Krk yakınlarında Kosljun ve Rab) ile Akdeniz'in doğu kıyılarında *sufi tarikatlar*ında aynı şeyle karşılaşırız. Akdeniz kıyılarının sınırlarını belirlerken bundan da yaralanmak gerekir.

Irenos'un, Simeon adlı aykırı azizin bir sütun üzerine tırmanıp kendini zincirlemesi ve ölene kadar burada yaşaması üzerine yazdığı yapıtı tamamlayıp tamamlayamadığını bilemiyorum. Pek çok Slav gibi Irenos da mektuplara yanıt vermezdi. Benim mektuplarım da onun eline ulaşmış mıdır, şimdi hangi manastırdadır, deniz kenarında mı, çölde bir yerde mi, Akdeniz'de mi, başka bir yerde midir, bilemiyorum.

Eski ve Yeni Ahit'te, deniz ile vaftiz arasında bir bağ kurulur: "Bütün atalarımız bulutun altındaydı, hepsi denizin ortasından geçti, bulutta ve denizde hepsi Musa tarafından kutsandı" diyordu Paul, Corinthoslulara yazdığı ilk mektupta (I, 10, 1). Dinler, Akdeniz kıyılarının adlarını değiştirmişti. Tüm uluslardan Hıristiyanlar kutsal kitaptaki eski Musevi adlarını aldı,

8 *Logos*: Tanrı kelamı, dünyayı yöneten us (ÇN).

Müslümanlar da aynı kökten pek çok adı Doğu'dan Batı'ya taşıdılar: Abraham ya da İbrahim, David ya da Davud, Salamon ya da Süleyman, Joseph (Jozif) ya da Yusuf, Marie ya da Meryem. Bununla birlikte her inancın kendine göre adları da vardı. Bu adlar genellikle ışık, güneş ve toprakla ilgilidir; denizle ilgili olanları pek azdır. Aziz Pierre adını kayadan almıştı (Jean I, 42). Aziz Jerôme Meryem'in adının *meir* (ışık) ve *iam* (deniz) sözcüklerinden geldiğini öne sürer; *stella maris* bütün denizcilerin çok eskiden beri tanıdığı kutup yıldızıydı. Yazarın aziz olmasına ve kesin bir otoriteye sahip olmasına karşın bu açıklama çok kabul görmemiştir. Günahkar Magdalena adını Magdala kentinden almıştı. Makedonyalı ilk Hıristiyan olan Lidia ise adını *Lydia purpuria*'nın anavatanı Lidya kıyılarından alır (*Martyrologium Romanum,* 111, 8). Denizle ilgili çok fazla ad yoktur ama insanlığın temeli, pek çok şeyin kaynağı Akdeniz'dir.

Bazı kıyılar vaftiz edilip kutsanmıştır. Kutsanmaları insanlarınkine benzer. Genellikle vaftiz adlarını azizlerden ya da Meryem Ana'dan alırlar. Sardinya kıyılarında Santa Maria Navarese, Santa Maria Adası, Santa Caterina di Pittunaria, Santa Lucia, Monte Santu, San Antonio di Santadi, Capo San Marco, Stagno di San Giovanni, Santo Teodoro, Santa Teresa di Gallura, La Maddalena, Porto San Paolo, Costa Paradiso gibi pek çok örnekleri vardır. Başka kıyılarda da azizlerin adlarına rastlarız ama buralardaki kadar değil. Sicilya'nın güneyinde adı Arap egemenliği devirlerinden kalma Marsala vardır: Bu ad *mars* (liman) ve Allah sözcüklerinin birleşiminden gelir. Barselona pazarında balık halinin adı Sant Josep'tir. Antik pagan dönemlerinden kalma pek çok şeyin olduğu bazı Yunan adalarında da, örneğin Girit'te, Hagia Triada, Haghios Nikolas, Hagios Ioannis, Hierapetra, Apofanis gibi kutsal adlar göze çarpar. Thera'nın adası Santorini de adını Aziz Irene'den alır. Adriyatik'te *sveti* (aziz) sıfatı, yer adlarında özel bir biçimde, başka hiçbir yerde görülemeyecek kadar samimi bir biçimde yer alır (Roman dillerindeki *sant* ya da *saint*, slav dillerindeki *su* ve *sut* sözcüklerine karşılık gelir): Su Peter (Aziz Pierre), Supavo (Aziz Paul), Sutivan (Aziz Jean), Sustipan (Aziz Etienne), Sučuraj (Aziz George), Sumartin ya da Sumratin (Aziz Martin), Sutorina (Azize Irene), Sutmiho (Aziz Michel), Sutvara (Azize Barbara), Sutomiščica (Aziz Euphenie), vb. Bunlarla birlikte Punta Križa (Haç noktası), Punta Madonna, Vala Marije (Meryem Koyu), Zaljev Svetog Pavla (Aziz Paul Körfezi) ve zindanlarıyla ünlü Otok Svetog Grgura (Aziz Grégoire Adası) vardı. Pula Boğazı girişinde üç küçük adayla karşılaşırız: Sveti Petar, Sveti Andrija ve Sveta Katarina. Trogir'deki ünlü Sutlija da adını Azize Elie'den alır. Deniz kenarındaki kıyılar böyle kutsanırken Akdeniz için böyle bir şey akla gelmemiştir; ya kendi kutsallığından ya da lanetinden dolayı.

Kıyı kentleri kendilerine koruyucu azizleri seçerdi. Akdeniz'in batı kıyılarındaki koruyucu azizlerin pek çoğunun kökeni Doğu Akdeniz'dir; bu, yalnızca ticari değil, ruhani alışverişlerin de olduğuna bir kanıttır. Cenova, Barselona, Tarragon ve küçük Dalmaçya kenti Senj, Suriye kökenli Aziz George'u seçmişti. Ravenna yöneticileri Bizanslı azizlere öncelik vermişti. Her şeye karşın, doğu ile batının birbirlerine en çok yaklaştıkları yer Adriyatik'ti. Antakyalı Aziz Domnius (Doimo) Split'in, Sebast[9]lı Blaise Dubrovnik'in koruyucusuydu; Bizans ordusunun koruyucusu Aziz Théodore (Theodoros) Korcula'yı, Aziz Jacques Šibenik'i, Aziz Tryphon Kotor'u koruyan azizlerdi. Trogirliler Rönesans döneminde Aziz Côme ve Aziz Damien'in her ikisini de koruyucu olarak kabul etmişti. Zadar'da her ikisi de Anadolulu olan Azize Anastasia ile Aziz Chrysophanes adına iki kilise yapılmıştı. Dalmaçya, Aziz Simon'a değerli madenlerden yapılma bir sandık adamıştı. Akdeniz'in zengin ve güzel kentleri kendilerini barbar akınlarına karşı, azizlerin koruyuculuğu olmadan koruyamazdı.

Eski Yunan'da tuz, yöneticilerin kontrolü altındaydı. Tuzlacılar saygı görür, tuzlalar koruma altında tutulurdu. Homeros "kutsal tuz"un öyküsünü anlatmıştı (*Halos Theio*, İlyada, IX, 214). Aristoteles tuz ile ahlâk ve dostluk arasında bir bağ kurmuştu (*Etica Nicomachea*, 1156b, 27). Yaşlı Plinius tuzun "ruhun zevkleri" üzerine olan etkisini incelemişti (*ad voluptates animi*): "Yaşamın her türlü güzelliğinin, en büyük sevinçlerinin, bir ça-

9 Sebast: Anadolu'da bugünkü Uşak yakınlarında eski bir Frigya kenti (ÇN).

ba sonrası dinlenmelerin tuzlu olduğu söylenir; başka hiçbir sözcük de bu duyguyu bu kadar iyi ifade edemez" (XXXI, 88). Cicero'nun de tuzlaları vardı ve onlardan gururla söz ederdi: *Salinarum mearum possesio* (Ad fam. VII, 32); bu da söz söyleme sanatının tuzla ne derece ilişkili olduğunu gösterir. Sabinilerin Roma'ya tuz taşıdıkları, Roma'nın en önemli yollarından *via Salaria* da adını tuzdan alır (Peutinger'in haritası *Tabula Peutingeriana*'da bu açık biçimde belirtilmiştir). Tuz karayı denize bağlayan yollar açılmasına neden olmuştur. Akdeniz'in her köşesine yayılmış tuzlaların tümünü saymak, tuzlaların yaşamımıza yaptığı etkiye ve tuza adanmış yapıtların hepsine burada yer vermek olanağımız yok.

Zeytincilik, felsefi ve dini çağrışımlar uyandıran adlar doğmasına neden olmuştu; zeytin yetiştirenlere *elaiogos*, zeytin satıcılarına *elaioparokhos*, üretimi kontrol edenlere *elaiokhristes*, zeytinyağı çıkarma işlemine *elaioturgia* denirdi. Musevi dilindeki *getzemani* sözcüğü, yağ presi (*semanim*) olan bir bahçe (*gath*) anlamına gelir. Zeytinin ve zeytin ağacının Kutsal Kitaplar'da ayrıcalıklı bir yeri vardır: Yağı "Tanrı ve insanlar onuruna" verilmiştir (Yargıçlar, IX, 8). *Maşiah* (Mesih) Yunancaya, kutsanmış anlamına gelen Khristos sözcüğü ile çevrilmişti. Kuran "Zeytin ağacının kökeni ne doğu ne batıdır, yağı ateş değmese de ışık saçar: Işık üzerine ışık!" (sure XXIV, 35, an-Nûr) der. Müslümanların kutsal kitabı, zeytin (*al-zeitun*) ve incir üzerine yemin eder: "İncir ve zeytin üzerine, Sina dağı ve güvenli kent üzerine and olsun ki..." (incir adını taşıyan XCV, at-Tin suresi). Akdeniz uygarlığı yalnızca deniz seferleri, ticaret, Akdeniz'in konumu ve iklimi ile değil, buna benzer kurumlar ve tapınma simgeleri ile de biçimlenmiştir. Burada bu konulara bu nedenle bu kadar geniş yer ayırdım.

"Akdeniz çöl sınırına dek uzanır; Akdeniz'in ağacı zeytin ağacıdır; o ekvatorun hırçınlığını kuzeyden ayıran güneş ışığının ağacıdır. İki romantizm arasındaki klasisizmin simgesidir" (Aldous Huxley, *The Olive Tree*, s. 287, Londra, 1973). Zeytin Huxley için bir Akdenizlilik simgesidir; Huxley İngilizleri özel olarak Britanyalı taraflarını keşfetmeye davet eder. "Akdeniz etkisi olmasaydı" der, "ne Chaucer ne de Shakespeare klasik ya-

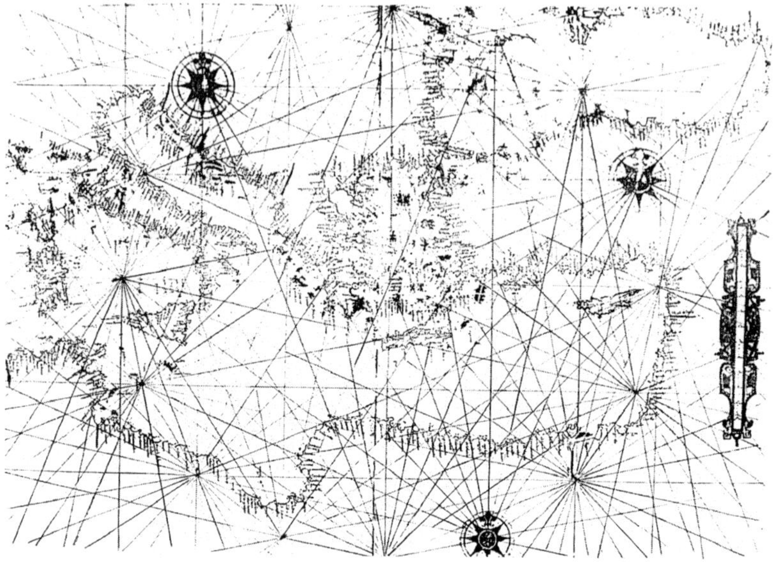

1593'te Vinventius Demetrius Volcius (Vicko Demetar Volčić) tarafından yapılan Akdeniz Portolanı.

zarlar olabilirlerdi" (a.g.e.). Gençliğini Yunan adalarında, yaşlılığını da Languedoc'da geçiren Lawrance Durrell zeytin ağacında Akdeniz'in bir sentezini görür: "Bütün Akdeniz –heykeller, palmiyeler, altın takılar, sakallı kahramanlar, şarap, düşünceler, gemiler, mehtap, kanatlı Gorgonlar, tunç büstler, felsefeciler– hepsi, adeta düşlerimizin arasındaki kara zeytinin buruk tadında bir araya gelmiş gibidir. Bu tat etin ve kırmızı şarabın tadından daha eskidir. Suyun tadı kadar eski" ("Landscape With Olive Trees", *Prospero's Call*, s. 96, Londra, 1976). Bu bölümde, Apicius'un zeytinden ve zeytinin Akdeniz mutfağındaki yerinden söz ettiği *De Re Coquinaria* adlı yapıtından da söz etmek gerek: "Daha sonra yağı çıkarılacak yeşil zeytinler nasıl saklanmalı?" (I, 28). Pek çok yazar ve ozan zeytinden söz etmiştir. Resimlerine konu eden ressam sayısı da az değildir. Akdeniz kent ve devlet yönetimleri zeytini koruma altında tutmuştur.

Zeytinin de Akdeniz'e başka bir yerden getirildiğine ve araştırmacılara bakılacak olursa, zeytin yetiştiriciliğinin üzümden daha önce, incirden daha sonra başladığına inanabilir misiniz? Nar ağacıyla birlikte bu üç ağaçtan hem Tevrat'ta, hem İncil'de, hem de Kuran'da söz edilir. Büyük gövdeli, küçücük meyveli çitlembik ağacının da kökeni Akdeniz değildir.

Elimizde, sirke hakkında pek çok kuramsal ve gündelik kullanıma yönelik yazı var. Güney uygarlıklarında acı, ekşi, buruk ve baharatlı tadlar hakkında pek çok araştırma yapılmıştır. *Acetum Aegyptium, Pharium, Niliacum, Alexandrium* gibi farklı mayalama ve ekşitme yöntemleri Yunanlılar ve Romalılar tarafından ve hattâ onlardan da önce biliniyordu (Plin., Hist. Nat., XXIX, 102). Bu konuda yararlandığım kaynaklar sirkenin (Hırvatça *kvasina, ocat, sirće*) yemek yapımı ve gıdaların saklanmasında önemli bir rolü olduğunu gösteriyor. Sirkenin ana malzeme olarak kullanıldığı, Akdeniz coğrafyasıyla ilgili birkaç yemek adını unutulmaktan kurtarmak üzere burada sayalım: "Pomponne etşeftalisi", "Türk tahılı", "Torino biber yahnisi", "Mağrip çöl çorbası", "Marsilya dört hırsızı". Bu yemeklere ayrıca mercanköşk, biberiye, *nulla-campana* bitkisi kökleri, bir zamanlar balıkyağı gibi kullanılan *garum*, şıra ve az bilinen "*crista-marina*" da eklenirdi.

İtalyan sirkesinin (*Italicum acetum*) buruk tadı tiyatrolarda alkışlanır, Plautus ve Giovenale'nin kabartmalarında özel bir yer alırdı (*Italico perfusus aceto*, Horatius, I, 7, 32). Gravürlerdeki kara ve deniz resimleri, bakır levhalar üzerine bir sirke karışımıyla çizilirdi. İlk haritalar gibi Heredotos'un Doğu Akdeniz'de gördüğü Akdeniz'in tümünü gösteren harita *pinax* da büyük bir olasılıkla bu yöntemle yapılmıştı.

Herkesin tadını yakından bildiği sirke, karada ve denizde pek çok hastalığın tedavisi için kullanılırdı. İsa'nın çarmıhtaki son acılarını sirkeyle dindirmeye çalışmışlardı: "Askerler bir dal üzerine sirkeye batırılmış bir sünger bağlamışlardı ve bunu İsa'nın ağzına uzattılar" (Jean, XIX, 29). Eski Ahit'e göre ekmekle sirke, azla yetinen çiftçilerin gıdasıydı: Boaz Ruth'a ekmekle sirke sunmuştu (Ruth, II,14). Sirke ateş düşürür, migreni geçirir, susuzluğu giderir ve Akdeniz güneşi altında daha da ağır yaşanan akşamdan kalmalığa iyi gelir, Akdeniz güneşinin etkisini hafifletir.

Süngerler hakkındaki sınırlı bilgilerimi kendini tamamen bu nankör işe adayan ve tâ 1852'de *Die Spongien des Adriatischen Meers* adlı yapıtı yazan Alman araştırmacı H. Schmidt'e borçluyum. O zamanlar süngercilik yapılan bütün koyları tanımamasına karşın, Adriyatik'i büyük bir romantizmle "bir sünger bahçesi"ne (*spongiengarten*) benzetmişti; Zlarin yakınlarındaki ünlü Krapanj'ın yanı sıra Žirje ve Murter, Istria'da Rovinj ve Porec yakınlarında pek çok yer, Proizd, Prigradica, Vela Luka, Pakleni (cehennem) Adaları, Premuda, Silba, Olib, Žut, Kornats, Milna, Smrikova, Lavdara, Balabra, Kurba, Kurba Mala, Glavoć da vardır. Süngerciler (Latinlerin *murex* dedikleri) lal rengi deniz kabuklarını aramak için çok eski zamanlardan bu yana denizin derinliklerine dalar. "Corinthos yakınlarındaki Laconia Denizi, kumaşları kırmızıya boyamakta kullanılan deniz kabukları açısından çok zengindir; yalnızca Fenike Denizi'ndeki kabuklar daha değerlidir" (Pausanias, III, 21). Ege ve İyon Denizi adalarında, Rodos ve Girit çevresinde, Tunus'ta Tabarka'da, Gabes Körfezi'nde Kerkennah ile Cerba arasında, Libya'da Tarvah'dan Misurata'ya kadar olan bölgede, Malta kıyılarında, Napoli'de Torre del Greco önlerinde, Türkiye kıyılarında ve özellikle de Antik Çağ ile Ortaçağ'ın en güzel süngerlerinin çıkartıldığı Kızıldeniz ve Eritre Denizi ile yarışan Suriye Denizi'nde süngercilik yapılırdı. Geçtiğimiz yüzyılın ortasında dip taramasında kullanılan ve bir halatla teknedeki bucurgata bağlı bir demir çerçeve içinde bir ağdan oluşan ve *gangave* ya da *gannegava* adı verilen yeni bir alet kullanılmaya başladı. İlk dalış aleti de 1893'te Adriyatik'te kullanıldı. Bundan önce süngerler de, mercanlar ve deniz kabukları gibi çok eskiden beri kullanılan yöntemlerle çıkartılıyordu.

Atheneos'un söz ettiği, balık ve balıkçılıkla ilgili bilgilerin toplandığı ve elimizde yalnızca Opianus'un *Halieutica* adlı bölümünün kaldığı sekiz ciltlik yapıtta kim bilir ne bilgiler vardı. Ovidius da Karadeniz kıyılarındaki sürgün yaşamı sırasında duyduğu balıklardan söz ettiği küçük bir kitap yazmıştı; bu balıklardan çoğunun soyu tükenmiştir. Apicius da yemek kitabının dokuzuncu cildinde bütün Akdenizlilerin düşlerini süsleyen bir çizelge sunar. Akdeniz balıklarından, balık yakalama ve pişirme yöntemlerinden pek çok yazar son derece detaylı bir biçimde söz etmiştir, burada bu konuya girmemize gerek yok. Eski Yunan kentlerinde bulunan bazı paraların üzerinde neden Sicilya yengeci, Siracusa ahtapotu, Oxentum taraksı kabuğu ya da Taranto yunusu gibi bazı deniz canlılarının resimlerinin basıldığını ve neden, hepsi de en az bu canlılar kadar aranan diğerlerinin Akdeniz para basıcılarının dikkatini çekmediğini bilemiyorum.

De Situ Illyriae et Civitate Sibenici (İllirya Bölgesi ve Šibenik kenti üzerine) adlı Latince yapıtında XV. Yüzyılda yaşamış Šibenikli din adamı ve amatör ozan Juraj Šižgorić, tatlı suyla tuzlu suyun birbirine karıştığı Krk Irmağı ağzındaki çeşitli balık türlerinden söz eder: "Burada az bulunur büyüklükte orkinoslar (*thynni*) vardır. Oynaşan yunuslar (*delphines*) görülür, sık sık foklara da (*vituli marini*) rastlanır. Güneş Yengeç, Aslan ve Başak burçlarına girdiğinde (*in Cancro, in Leone et in Virgine*) en lezzetli balıklardan biri olan sinarit (*dentrices cristatae*) avlanır; bu balık bu bölgeden başka yalnız Çanakkale Boğazı'nda (*Hellesponto*) bulunur. Burada ayrıca lezzetini Dalmaçya Denizi'nden alan istiridyeler (*ostreae*) ile kefal (*capitones*), sarpa (*salpae*), lisoz (*scorpenae*), barbun (*muli*), levrek (*nupi*), kaya balığı (*gobiones*), çipura (*auratae*), pavurya (*pagri*), kalamar (*loligines*) ve uskumru (*scombri*) tutulur. Güneş boğa burcuna girdiğinde (*ingrediente Taurum*) derin denizlerde oltayla bol bol izmarit ve karagöz (*copia menarum et sparulorum*) avlanır. Bazen de daha önce hiç görülmemiş deniz canavarlarına (*piscium monstra*) rastlanır" (XIII, 45). Dikkat ederseniz Šižgorić istiridyelerden söz etmiş ama sıradan midyelerden lezzetli kum midyesine, çingene yengecinden soylu istakoza kadar pek çok kabuklu deniz hayvanını es geçmiştir. İstakoz adını Yunanca *astakos*dan alır; kuzeyden gelenler bu deniz canlısını ilk kez boğazına düşkün bölge yerlilerinin tabaklarında görmüşlerdir. Akdeniz mutfağı da pek çok değişikliğe uğramıştır. Akdeniz'in en büyük ve en ünlü balık hallerinin verilerine göre (Barselona, Napoli, Marsilya, Atina, İstanbul, Trogir, Trablus ve Trieste'de araştırmalar yapmıştım) –belki kurutulmuş morina ile somonu saymazsak–

Akdeniz mutfağının yeniliklere açık olmasına karşın, buralarda bölge balıkları dışında pek balık bulunmaz.

Balık adları Vojmir Vinja'nın *Adriyatik Faunası: Adların Kökeni ve Yapısı* adlı yapıtında (Split-Zagreb, 1986) çok özenli bir biçimde sınıflandırılmıştır. Bir çeşit terimler sözlüğü sayılabilecek bu yapıtın giriş bölümünde Dalmaçyalı balıkbilimci Vinja çok ilginç bir gözlemini aktarır: "Bir balık ne kadar lezzetsiz ve az aranan bir balıksa o kadar çok adı vardır; bu neredeyse bir kural haline gelmiştir. *Salpa* (sarpa) ve *tuna* (ton balığı ya da orkinos) neredeyse tüm Akdeniz'de bu adla anılır. Balıkçıların başının derdi olan lezzetsiz starokančić'in (*paracentropristis hepatus*) her yerde farklı bir adı vardır" (s. 24, cilt I). Adların ve terimlerin önem sırası hem karada hem denizde aynı biçimde ortaya konur. Eski resimlerde, özellikle de Ortaçağ'a ait olan resimlerde karşılaştığımız balık biçimlerini de göz önünde tutmak yararlı olacaktır. Yonas'ı yutan balina (ya da deniz canavarı) Akdeniz'in bütün sularını dolaşmış mıydı? Havarilerin tuttuğu balıklar hangi balıklardı ve ne kadar çok tutmuşlardı ki İsa herkesi bu balıklarla doyurmuştu?

Balık ağlarının adları ve boyutları avlanan balık türüne göre değişir: Sardalye ağı, uskumru ağı, orkinos ağı, kefal ağı gibi. Denizcilik ansiklopedileri yüzey ağlarının, tarama ağlarının, dip ağlarının, serpme ağların, farklı genişlikte ve kurşun ağırlığında olan, tek ya da çok cepli ağların kullanıldıkları yerleri ve kullanım biçimlerini en ince ayrıntısına kadar anlatır. Bu konu edebiyatta da kendine yer bulmuştur. *Viaggio in Dalmazia* (Venedik, 1774) adlı gezi yazılarından oluşan ünlü yapıtında keşiş Alberto Fortis, Šibenik yakınlarındaki Zlosela'da "yerli lehçesinde *fruûate* ya da *spaventi* denen ağlar gördüğünü" yazar. "Balıkçıların bağırışları, kürekle suya vurmaları, suya attıkları taşların sesleri kefalleri ürkütür ve panik içinde kaçarken ağlara yakalanmasına neden olur" (s. 161). Bilge keşiş, bu yöntemin tembellere ve denizi tanımayanlara yakışan bir avlanma yolu olduğunu ve "bu insanların mutluluğu, Akdenizlilerin tersine, sopada aradığı" ndan söz eder (a.g.e).

Roma'da İmparator Titus'un sarayının duvarlarındaki fresklerde denize ağ atıp, ağırbaşlı ve ağır hareketlerle topla-

Toscana: Leonardo da Vinci'nin bir haritasından detay; tebeşirle yapılma desen 1502-1503 (Windsor Royal Library).

yanların resimleri vardır. Güzel söz söyleme sanatı da geleneksel şiir mecazlarındaki gibi, bu resimlerdekine benzer betimlemelere yer vermiştir. Romalılar bu stili kendilerinden sonrakilere miras bırakmışlardı (bu hareketler Romalı –grekoromen– stili olarak adlandırılan güreşçilerin hareketlerini anımsatır). Spartalılar balık ağları ve balıkçıların tanrıçası Diktinna onuruna (*diktyion* balık ağı demekti), Giritliler de Britomartides adına bir tapınak dikmişti (Pausanias, II, 12). O zamanlar en ayrıcalıklı balıkçılar orkinos avcılarıydı: Savaşçılar gibi onlar da balık gözcüleri denen gözcüler kullanırdı. Daha sonra Akdeniz'in pek çok yerinde, özellikle Sicilya'da, Korsika'da, Tunus kıyılarında, Balear Adaları'nda, Marmara Denizi'nde, La Valetta yakınlarındaki Saint Paul Koyu'nda bu ünlerini sürdürmüşlerdir.

Kıyılar buram buram ot ve çam kokar. Bazı yerlerde bu kokular denizin kokusunu bastırır. Bazı ağaçlar, bitkiler ya da meyveler ruhumuza işler; diğerlerini fark etmeyiz bile. Üzümden gerek İncil'de (Gen., IX, 20) gerekse Kuran'da (XVI, 273) söz edilir. İncir de kutsal kitaplara kadar girmiş bir meyvedir. Fresklerde, ikonalarda kutsal kitapların kenar süslerinde, antik lahitlerde, heykellerde, erken ve geç Ortaçağ sanatının çeşitli dallarında asma yaprakları ve dalları görülür. Asma kutsal yazılarda da karşımıza çıkar: "Ben bir bağ çocuğuyum, Tanrım da bağcı... Ben bir bağ çocuğuyum, sizler de salkım" (Jean, XV, 1-5). "Dikenli çalıdan incir, yabani ottan üzüm toplanmaz" demişti Aziz Luc (VI, 43). Mikha Morešeth de "herkes kendi asmasının ve incir ağacının altında oturacak ve kimse kimseye karışmayacak" benzetmesini yapmıştı. Kuran'da "palmiyenin meyvesinden ve üzümden, yiyecek ve içecek olarak yararlanılabileceği" (XVI, 67) yazılmıştı; ressamlar da bu nedenle resmini yapmakta bir sakınca görmemişlerdi. Salamon Tapınağı'nın sütunları nar ile süslenmişti (Krallar, I, 7). Kudüs'e gelişinde İsa'nın ayaklarının altına palmiye yaprakları serilmişti. Zeytin gibi palmiye de en sık kullanılan imgelerdendi; o da Akdeniz'in sınırlarını belirleyen öğelerden biridir. Kuzey Akdeniz kıyılarında dar bir şeritte görülür, güney kıyılarında ise çok daha içerilere kadar ulaşır. "Palmiye tuzlu toprakları sever" diye yazar Theophrastos *Bitkilerin Tarihi*'nde (II, 6). Gotik resimlerde ve heykellerde de karşımıza çıkan acıbadem ve badem, ışığı ve güneşi simgelerdi. İsa'nın ve Meryem'in başlarının üzerindeki badem biçimli hareler de Akdeniz'in pek çok kilisesini süsler.

Theophrastos'un yapıtı ile Discorides'in yazıları (*De Materia Medica*) olmasaydı Akdeniz bitki örtüsü üzerine sahip olduğum bilgiler daha da sınırlı kalırdı. Bu bilgiler de, bir Arap bitkibilimcisi beni eğitmeseydi son derece kitabî olurdu. Bu bilgin Kerkennah Adaları'nda doğmuştu ama Houmt Souk yolu üzerinde, eski bir İspanyol kalesi yakınlarında yaşıyordu (belki kale hâlâ orada duruyordur). Herkes ona *tabib* (hekim ya da eczacı) diyordu. Yerleri saz örtüyle kaplı iki küçük odadan oluşan alçakgönüllü bir evde tek başına oturuyordu. Fransa'da, Montpellier'de tıp eğitimi almış ama yarım bırakmak zorunda kalmıştı. İbn Al-Baytar'ın *Tıpta Kullanılan Bitkiler Üzerine* adlı yapıtını Fransızcaya çevirmişti; uzmanlara bakılırsa bu, Discorides'in yapıtını tamamlayan bir yapıttı. Bana Kordobalı cerrah Abulcassis'den ve Arapça çevirisi sayesinde büyük bir bölümü elimizde bulunan Galien'in *Anatomi Uygulamaları*'ndan söz etmişti. Bu önemli Romalı hekime büyük bir saygı duyuyordu ama anatomi bilimiyle popüler olmayı birbirinden ayırmadığı için eleştiriyordu da (dönemin ileri gelenleri Galien'in Bergama ve Roma'da yaptığı ameliyatlara giriyordu). Bizim *tabib* de hastalıkları Akdeniz bitkileriyle iyileştirmeyi öğrenmişti. Bana önce kendi yöresinin bitkilerini tanıttı ve neden birbirine çok yakın bölgelerde aynı bitkilere farklı adlar verildiğini anlattı. Kuran'da geçen *at-tin*'in yanı sıra Cezayir kıyılarında İncir ağacının en az üç adı daha vardır: *Kerma, tagerut, telukat*; katırtırnağına bazı bölgelerde *sedia*, başka bölgelerde *tellegit* denir. Adaçayı da Balkan ve İberik yarımadalarında olduğu gibi pek çok farklı kökenden türemiş adlar alır: *Kusa* ve *takruft* gibi; Mısır'da *sasaf* da dendiğini duymuştum (bu sözcüğün Kıpticeden gelip gelmediğini bulamadım). Biberiyeye *iazir, klil* ve *hasalhan*, naneye *mersit, hana* ve *nana* denir (bu terimi Türkler Bosna'ya kadar getirmişlerdi). *Tabib* bana *snuber* (ya da *senuber*, tam emin değilim) adı verilen çam ağacına Cezayir'in Kabil bölgesinde *azumbei* denildiğini de öğretmişti. Orada Theophrastos'un da söz ettiği, duman verildiğinde bazen siyah, bazen beyaz üzüm veren asmaları da görmüştüm (Bitk. tar. II, 3). Bana palmiyeler arasındaki farkları gösteren de odur; bazıları denize daha yatkındır (Theophrastos'un dediği gibi "tuzlu toprak" ister); diğerlerinin meyvesi yoktur. Hurma palmiyesine *nekla* denir ve her bir bölümünün Berberice ve Arapçada farklı adları vardır. Bodur palmiyeye *dum* denir; cinsiyetlerine göre değişen renklerde uzun parmaklara benzeyen yaprakları vardır; dişi palmiyeler yeşil, erkek palmiyeler sarıdır; hem sarı hem yeşil renkte olanlar çift cinsiyetlidir. Evinin yanında üç mersin ağacı dikiliydi; bu ağaca Sahel bölgesinde *tehan* ya da *mersin*, Sahara'da *tafeltest* adı verilir. Bu ad farklılıkları, bu kitabın önceki bölümlerinde Doğu Adriyatik ile Apeninler arasındaki bitki adı farklılıklarına benzer; sözcüğün tam anlamıyla kökten bir farklılık doğmuş olmalı. Bu duruma Aristoteles de bitki sınıflandırmalarında dikkat çeker. Adlar arasındaki değişiklikler yalnızca köken farklılıklarıyla açıklanamaz; ortak ve tek biçimli terimlere karşı ayrıcalıkları ve çeşitliliği korumak amacıyla da pek çok ad kullanılmış olmalı. Bu olgu kimsenin açıklayamayacağı bir biçimde denizle de yakından bağlantılıdır. *Tabib*'in farklı bitkilerin yetişme sınırı ve yetişme biçimi açısından, Akdeniz'in Avrupa kıyısından çok Afrika kıyısına eğilimli olduğu görüşünü gözü kapalı benimsemiştim. Bu kuramın doğru olduğunu çok daha sonra Afrika bitki örtüsü üzerine araştırmalar yapan bir bilim adamının yazılarını okuduğumda anladım: "Orta Sahra'nın yüksek dağlarında Akdeniz bitki örtüsüne benzer bir florayla karşılaşmak, bu bölgede yapılan bitki araştırmalarının en şaşırtıcı sonucuydu... Hoggar'ın dağlık bölgesindeki *oued*[10] yataklarının çevresindeki bitki örtüsü kuşkusuz Akdeniz bitki örtüsüydü" (Pierre Quézel, *Contribution à l'Etude de la Flore et la Végétation de Hoggar*, s. 155, Cezayir, 1954).

Filistin yağmurları ile çöl pınarlarından söz ederken yararlandığım kaynaklar, Tevrat'ın Kudüs ve Babil yorumlarıdır. Yağmurların "adar" ayını beklediğini, inananların yağmur yağmasını sağlamak için oruç tuttuklarını buradan öğrendim (Tanit, 23a). Tapınak'ın yapımı sırasında çalışmaların yürüyebilmesi için yağmur gece yağıp gündüz dururdu. Tevrat'ta *g'mara*'ya göre "Bir kaynaktan su çekmenin zevkini tatmayanlar yaşama sevincini tatmamış demektir" (516). *T'vuliom* (ya da *iom*) her gün günbatımından önce bir banyo alınmasını ister (Lev., XV, 5). Burada da deniz, göl, ırmak, dere, bütün su kütleleri için kullanılan sami kökenli *iam* sözcüğüyle karşılaşıyoruz. Kuran'da da tatlı su ile tuzlu su, çöl pınarları ile Akdeniz dalgaları aynı sözcükle belirtilir (sure XXXV, 12).

Akdeniz pazarları hakkında yazılanlar genellikle pratik şeylerdir; pazarın kendinden çok alışverişle ilgilidir. Böylece pazarlar hakkında pek çok şey bilinmeden kalır. Antik Yunan'da pazar denetleyicileri *agoranomoi*, önemli insanlardı. Roma'da da meclis üyeleri arasından seçilirlerdi. Arap dünyasında bu denetleyicilere *muhtasibi* ya da *muhtakiri* denirdi. İspanya'da görkemli "Pazar Beyi", *"el Señor del zoco"* sıfatı ile anılırlardı. Pazarların kökenleri, tarihleri, biçimleri ve yapıları konusunda yazılmış pek fazla yapıt yoktur. Bu konuda yazılmış ender yapıtlar arasında Pedro Chalmeta Gendròn'un *El Señor del*

10 *oued* (Fr. ve Ar.): Büyük Sahra'da geçici dere ya da akarsu (ÇN).

Zoco en España: Edades Media y Moderna (İspanyol-Arap Kültür Enstitüsü yay., Madrid, 1973) adlı yapıtı önemlidir. Antik Çağ tarihçileri de yazılarında çok değerli gözlemler aktarmışlardır. Heredotos Mısır pazar yerlerini dolaşmış ve "pazar insanları"nı incelemişti (I,93-94, II,141, IV,183); *Hellades Betimlemesi*'nde Pausanias, sıra sıra birbirine yaslanmış ve iç içe geçmiş dükkanlardan söz eder (VI); Aristophanes *Bulutlar*'ında Pazar yerlerinde gençleri bekleyen baştan çıkarıcı tehlikelerden söz etmişti; Aischylos pazar yerlerinin koruyucusu olan tanrılara *Thea episkopoi agoras* adını vermişti (*Theba'ye Karşı Yediler*, 292). Akdeniz'de bu tanrıların önemli bir yeri vardı.

Sparta gibi Atina'da da *agora* hem bir pazar yeri, hem de halkın toplandığı bir alandı. Aristoteles bu iki işlevin birbirinden ayrılmaları gerektiğini öne sürmüştü; ona göre politikaya ayrılan alanla (*eleuthera agora*) sıradan alışverişe ayrılan alanın (*agora onion*) karışmamaları gerekirdi (Pol., 1331a, 31). Atina'nın altın çağlarında perakendeci pazarları (*kapeleia*) ile toptancı pazarları (*emporia*) ayrı ayrıydı. Pazar yerleri yalnızca erkeklere açık olduğu için kadınlar için de pazar yerleri (*agora gynaikeia*) kurulmuştu. Sonra, yalnızca zeytin ve zeytinyağı için de özel pazarlar (*to elaion*) vardı. Bu pazarları denetleme görevi *elaiokhristia* adı verilen denetçilerindi. Zeytin yetiştiren ya da satanlara da *elaiokapelos* denirdi. Bu terimler pazar yerlerinin Akdeniz'de bir kamu malı olarak görüldüğünü ve Akdeniz'in en önemli kurumlarından biri olduğunu gösterir.

Pazar yerlerine kendilerine özgü kokularını veren kokulu bitkilerin özel bir yeri vardı (lavanta, tarçın, günlük ve kokulu zamkla ile ilgili ilk bölümde yer verdiğim bilgileri Heredetos'un yapıtlarından aldım). Çeşitli otların yanı sıra pazarlarda şifalı bitkiler de satılırdı. Buna ilişkin pek çok kanıt vardır: İncil'de zufaotunun cüzzama iyi geldiği, sedefotunun zehirlenmelerde kullanıldığı, papatyanın ve nanenin sağlığa iyi geldiği yazılıdır; fesleğen kraliyet bitkisi olarak görülürdü; eski Mısır'da *tham* denen kekik (ki kökeni *tamjan*-günlük sözcüğüyle aynıdır) firavunları mumyalarken kullanılırdı. Piramitlerde firavunların sonraki yaşamları için gerekli olduğu düşünülen bitkiler bulunmuştur. Bu bitkiler kıyılarda ve adalarda yetişmeye devam eder ama eskisi gibi şifalı değillerdir, kokuları da Akdeniz pazarlarında gittikçe daha az duyulur olmuştur.

Mısır ve Fenike'nin kokulu merhem kutuları, Libya ve Anadolu'nun renkli pudraları, Eski Yunan ve Roma'nın koku şişeleri, evlere güzel koku veren Suriye ve Asur'un kokulu yağları (*Fragrans Assyrio odore domus, Syrio fragrans olivo,* Catullo, VI, 8 ve LXVIII, 146) tarihe geçmiştir. Venedik kalyonları Rönesans'tan önce tanınmayan güzellik ürünlerini ve baharatları XV. Yüzyıldan itibaren İtalya'ya taşımaya başlamışlardı. Kokular dinlerin izlediği yollardan pazar yerlerine ulaşmıştı: Doğu Akdeniz'den Batı'ya, Akdeniz kıyılarından tâ Avrupa içlerine doğru.

Pazar yerleri birbirlerinden yapı stillerine göre ayrılır: Arkaik stil ya da İyon stili gibi. Her ikisi de dörtgen biçimindedir ama kente ve yola göre konumları farklıdır. Atina agorasının biçimi hem geometrik dönem hem klasik dönem özellikleri gösterir. Pire ve Corinthos pazarlarının yanı sıra bazı adaların ve Anadolu'daki Milet, Foça, Bergama kentlerinin pazarları ünlüydü. Bu pazar yerlerinde Akdeniz metropollerinden farklı olarak koloni stili öne çıkmaktaydı.

Roma *forum*u da (çoğulu *fora*) agora gibi hem bir pazar yeri, hem de halkın toplandığı bir alandı. *Mercatus* terimi başlarda daha alt tabakalara ilişkin bir sözcük olarak kullanılıyordu; bu terim aynı zamanda hem ticaret hem de pazar yeri anlamına geliyordu. *Horrea* (*horreum*un çoğulu) özellikle buğday ve tuz ticareti yapan büyük dükkanlardı: Ostia'daki en tanınmış olanıdır. Tarihçilere göre klasik dönem *macellum*undan önce Tevere Irmağı kenarında küçük balıkçı dükkanları vardı. *Castrum* adı verilen yerleşim planlarında ticaret için de yerler ayrılmıştı. Romalılar, kolonilerinde de pazar yerlerinin kurulmasını teşvik etmişlerdi; buralara su getirmişler ve Roma'dakilere benzer çeşmeler yapmışlardı. Belki burada gereğinden fazla ayrıntıya giriyorum ama bu türden kurumlardan ne kadar çok söz edebilirsem o kadar iyi olur diye düşünüyorum. Akdeniz uygarlığını yaratan, Akdeniz'i Akdeniz yapan bu kurumlardır.

Pompei'nin merkezi farklı kurumların birbirleriyle olan ilişkisini ortaya çıkarır. *Forum*'unda Jupiter, Apollon, ve Augustus tapınakları, bazilika (adalet sarayı), hem politik sorunların tartışıldığı hem yakındaki *portae maritimae* limanlarından getirilen mallara ilişkin sorunların çözüldüğü belediye *curiası*, seçimlerin yapıldığı *comitium, mercatus ve horrea* ile birlikte tartı ve ölçülerin kontrol edildiği bürolar *(mensa ponderaria)* ve banka şubeleri (*argentarii*), ünlü Pompei yününü işleyen atölyeler (*aedificium eumachiae*) ve hamalların satılacak her türlü malı yığdıkları tezgahlar vardı. Merkezden az uzakta, tüccarların işlerini bitirdikten sonra bir araya geldikleri *lupanar* vardı. Doğudan gelen bu kurum da Akdeniz'e özgü bir kurumdur.

Kent yönetimleri farklı kurumların görev ve yetkileriyle ilişkileri konusunda düzenlemeler yapmaya çalışmışlardır. Ortaçağ kentleri, Antik kentleri kendilerine örnek alıyordu. Bu konuda İtalyan ve Dalmaçya kent yönetimleri yol gösterici olmuşlardır. Buralarda balık halleri, tartı ve ölçüler ve hakaretlere verilecek cezalarla ilgili yönetmelikleri incelemiştim: "Balık satıcıları ayakta durmalı, oturmamalı ve başlarını örtmelidir" (*stare debeant in pedibus, nihil tenere debeant in capite*) diye yazar Trogir kent yönetmelikleri (*Reformationum Liber*, I, 11). Balık hallerinin tiyatro sahnesine benzerliği kent yöneticilerinin aklından çıkmamış anlaşılan; oturmuş, hele yüzü örtük bir aktör, ne fark edilebilir, ne de insana güven verir. Bu türden pazar yerleri, burada sahneye konan oyunlar, gündelik ve edebi sahneler tiyatro sanatına katkıda bulunmuştur. Akdeniz pazarları, kamu alanlarının, rıhtımların, hattâ limanların önüne geçmiştir.

Doğu'nun pazarları ve bu pazarlara ulaşan yollar gerçekten olağanüstüdür: Günümüze kadar ulaşan masallara konu olmaları bir rastlantı sonucu olmasa gerek. *Bazar* (pazar) ve *čaršija* (çarşı) Farsça sözcüklerdir (*wazar* Pehlevi lehçesinde meydan demektir; *çar* ya da *cahar* dört, *su* bölüm demektir ve bu iki sözcük dörtgen *–tetragonon–* anlamına gelir). Haçlılar, Doğu'da gördükleri pazarların zenginliklerine ve çeşitliliklerine hayran kalmıştı. Doğu'nun pazar geleneğini Batı'ya taşıyan Araplar ve Türkler olmuştur. Fatih Sultan Mehmet İstanbul'da, gücünün ve zenginliğinin simgesi olan ünlü çarşıyı yaptırmıştı. İstanbul'daki *Kapalıçarşı* bu kentin en önemli kurumlarından biri olmuştur. Ünlü *Bezistan* (ipek çarşısı), Doğu kentlerindeki benzerlerini gölgede bırakmıştı. *Dükkan* (Arapça dukkan) kavramını Türkler Balkanlarda, Araplar da Atlantik kıyılarında yaygınlaştırdılar. Mağaza kavramı da (Fransızca *magasin*, aslen Arapça *makhâzin*) tüm dünyayı dolaşmıştır. Bankalar da Ortadoğu'nun ticaret anlayışının bir ürünüdür; sanki bütün iyilikler ve kötülükler Akdeniz'in bu köşesinde doğmuştur.

Suk[11] sözcüğünün evrimi son derece ilgi çekicidir. Eski dilleri araştıranlara göre gündelik Akad dilinde bu sözcük dar ve sıkışık anlamına gelirdi. Eski Aram dilinde yan yana sıralanmış küçük dükkanlara *suk* denirdi. Al-İdrisi'nin haritalarında Cebelitarık Boğazı *Sukak* olarak belirtilmiştir (dar geçit anlamında; Bosna'da da *Sokak* sözcüğü aynı anlamda kullanılır). Araplar ele geçirdikleri bölgelere *suk* kavramını da götürmüşlerdi; Araplardan sonra da bu kavram yayılmasını sürdürmüş, okyanusları bile aşmıştır. İspanya ve Portekiz'de bu sözcükten üretilmiş *zoco, azoca, azog, azogue, azogueio, açougy, açogue* gibi sözcükler çok eskiden beri kullanılır. Sevilla, Toledo, Navarra, Tervel, Mallorca, Sicilya ve Malta'da ünlü *suk*lar (çarşılar) vardı. Pazarların kurulduğu günler aynı zamanda tatil günüydü. Soluk sarıdan koyu mora kadar bin bir renkte üzüm salkımının tezgahlara sığmadığı üzüm şenlikleri için pazar yerleri yetmez, tüm bir kent, hattâ tüm bir bölge *suk* oluverirdi. Pazarlarda meyveler, tahıllar, ve çevrede yetişmeyen baharatlar satılırdı; bu ürünlerin Doğu'da ve Güney'de nerelerden geldiği konusu, Akdeniz'in gizlerini çözmüş olanlar için bile bir bilmece olarak kalmıştır.

İslam, pazarlara karşı Hıristiyanlıktan daha hoşgörülü olmuştur. Yeni Ahit'te yazılanlara bakılırsa tüccarlar Tapınak'tan kovulmuşlardı (Jean, II, 12). Kuran'a göre Allah'ın elçisi "pazara gider ve yiyecek alır"dı (XXV, 7). Tüm dünyaya yayılmış olan ve tanınmayacak hale gelecek biçimde kılık değiştirmiş olan *suk* kavramının önemi yadsınamaz. Pazar ve çarşı yerlerini anlatan yapıtlar, artık ne yazık ki sıradan yolculuk rehberlerinin insafına emanet edilmiştir. Maupassant'ın kilimler, ku-

11 *Suk* (Fr. *Souk*): Çarşı, pazar, kapalıçarşı (ÇN).

maşlar, deriler, eyerler, altın işlemeli koşum ve dizginler, sarı ve kırmızı terliklerle dolu dükkanlarıyla Tunus *suk*unu anlattığı kitap (*La Vie Errante,* "Tunis") gibi klasik yapıtlar unutulmaya terk edilmiştir. Pek çok insan Akdenizli dükkancılardan çekinir, sattıkları mallarla bu insanların ne kadar haşır neşir olduklarını düşünmezler; dükkancıların harcadıkları bu zamanın değeri kolay kolay paraya çevrilemez. Yalnızca Akdeniz edebiyatının kurban olmadığı egzotizmin tuzağına düşmeden anlamlar üzerine kafa yoran felseficiler de yok değildir. "Çarşıların ne giriş tabelası vardır, ne de gerçek bir giriş kapısı. Burada satılabilecek her şey sergilenir. Malların fiyatları hiçbir zaman bilinmez; ne bir etiket vardır ne de zaten belirli bir fiyat söz konusudur. Burada her şey bulunur, hem de bol bol" (Elias Canetti, *Die Stimmen von Marrakesch*). Bu satırlar başka bir tartışma konusu açabilir. Doğu'nun *bazar*ı daha çok bir alan, bir konum ifade eder; Latince *mercatus* (*merx* = mal) ise bir alışveriş işlemi anlamını yüklenmiştir. Burada da Doğu ile Batı arasındaki çok eskilere dayanan faydacı yaklaşımla hayal gücü arasındaki fark gizliden gizliye kendini hissettirir. Bu ayrım da büyük bir olasılıkla yanıltıcıdır: Akdeniz çoğu zaman bu ayrımları aşmayı becermiştir.

Şenlik ve karnavallardan söz etmeyen kitapların kapağını dahi açmayan okurlar vardır. Bazı yazarlar da bu konulara özellikle değinmeden geçer. Şenlikler, aslına bakılırsa yalnızca Akdeniz'e özgü değildir. Başka yerlerde de, çok doğal olarak farklı biçimlerde şenlik kutlamaları yapılır. Şenlikler her yerde devlet yönetimleri, dinler ve kanunlar için tam bir baş belasıdır. Kostümleri, aktörleri, maskeleri ile, tiyatroyla çok yakından bağlantılıdırlar. Güney kentlerinin sahnelerinde şenlik için her zaman yer, zaman ve gerekçe bulunur. Denizin ferahlatıcı kokusu ruhu uyarır, güneş ve deniz insanı soyunmaya ya da kılık değiştirmeye iter, sonunda akıl ruhun oyununa gelir, kendinden geçmenin ve çılgınlığın çekici çağrısına teslim olur. Bu sahnelere her yerde aynı anlamı yüklemek tehlikeli olur. Akdeniz şenliklerinde ne arzu yalnızca arzudur, ne de maske yalnızca bir maske.

Eski Musevilerin ölçülere karşı özel bir eğilimleri vardı. Ölçüleriyle yasalarını uyumlu hale getirmeye çaba gösterirlerdi. "Lût Gölü Mağaraları'ndaki Kumran Elyazmaları" (The Dead Sea Scrolls, New Haven, 1950) arasında bulunan "Işığın Oğullarının Karanlığın Oğullarıyla Savaşı" (*M'gilat milhemet b'ne or bivne hosheh*) başlıklı ruloda geçen *Ölçü Yönetmelikleri*'nde söz edilen, *ama* (dirsek), *tofah* (karış), *gudal* (başparmak), *ocba* (parmak) gibi ölçüler, ölçü birimleriyle insan bedeni arasında artık yok olmakta olan bir ilişkinin kanıtıdır. Bu elyazmalarının ağırlık ölçüleriyle ilgili bölümleri kayıptır. Ağırlık ölçüleriyle ilgili bilgiler Akdeniz arşivlerinden zaten hep yok edilmişlerdir. Bu nedenle bu konuya bir bölüm ayırmak mutlaka gerekliydi. Bu konuda yazdıklarımın tamamlanması ve düzeltilmesi gerekecektir. Uzunluk ve ağırlık ölçüleri Akdeniz'de hep değişikliklere uğramıştır.

Ragusa'da kullanılan ölçülerin bir listesi 1987'de bu kentin başkanlık sarayında düzenlenen "Dubrovnik'in Altın Çağı" adlı bir sergi kapsamında basılmıştı:

I- Ağırlık ölçüleri: *kalın litra* (XVII. Yüzyılda, 381.6 g) ya da *ince litra* (aynı dönemde ama büyük bir olasılıkla fakir halk tarafından kullanılırdı, 327.9 g); *oka* ya da *okka* (yalnızca Türkiye ile ticarette kullanılırdı, 1.4 kg), *kantar* (55.96 kg).

II- Hacim ölçüleri: *star* (tahıl kabı, XVI. Yüzyıl, 98.41 kg); *spud* (tuz için, Ragusa Cumhuriyeti'nin en parlak devri olan XVII. Yüzyılda, 42.27 kg)

III- Sıvı ölçüleri: *büyük vjedro* (kap, yalnızca şarap için, XIV. Yüzyıl, 21.97 lt., daha sonra artmış olmalı); *küçük vjedro* (aynı zamanlarda ama daha sınırlı bir kullanım, 19.22 lt.); bario (varil, Fransız işgalinden önce XVIII. Yüzyılda, 64.38 lt.) yağ için *star* (9.61 lt.)

IV- Uzunluk ölçüleri: *lakat* (dirsek, büyük bir olasılıkla kente gelen bir Herseklinin kol ölçüsünden esinlenme, 0.512 m); *ped* (karış, 0.256 m); *noga* (ayak) ya da *stopa* (adım, 0.341 m); *sežanj* (tepeleme) ya da *pas* (2.025 m)

V- Alan ölçüleri: *sežanj kare* (XVIII. Yüzyılda, 4.196 m^2); solad ya da zlatica (XII. Yüzyılda, 1680 m^2); ral (849 m^2).

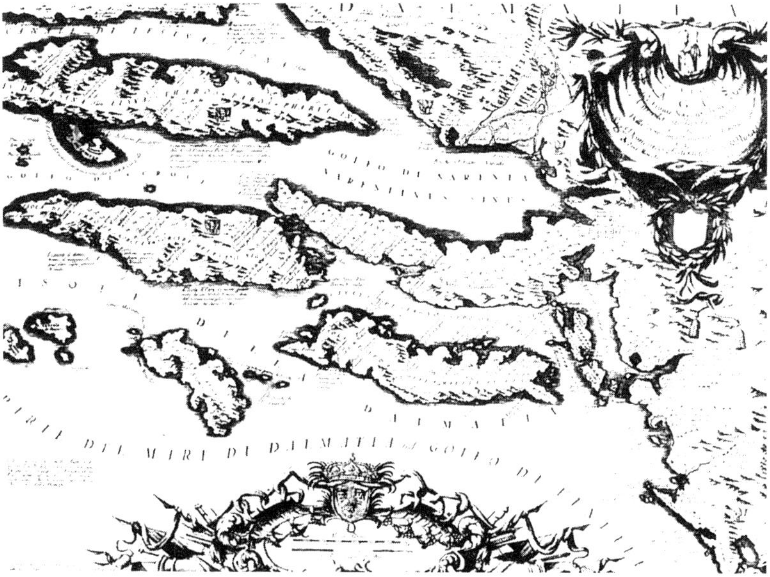

M. V. Coronelli: Ragusa Cumhuriyeti (XVII. yüzyıl).

Ragusa'da sütun ve başlıklarla süslü Sponza Sarayı'nın bir tonozunda Latince olarak şunlar yazılıdır:

FALLERE NOSTRA VETANT ET FALLI PONDERA
MEQUE PONDERO CUM MERCES PONDERAT IPSE DEUS

(Ölçülerimiz ne yanılır ne de yanıltır; Tanrı da bizi, bizim mallarımızı ölçtüğümüz gibi ölçsün). Tanrı'ya çok iş düşmüş olsa gerek; bu konular hakkında Akdeniz'in eski kentlerinin arşivlerinde sayısız belge vardır (özellikle bkz. Venedik'teki Marciana, Cenova ve Marsilya kent arşivleriyle Valencia, Barselona, Napoli, Kahire ve İstanbul'daki çeşitli kaynaklar). Kuran, "hilecilere lanet olsun! Onlar ki bir şey satın alırken ölçünün tam olmasına dikkat eder, kendileri ölçer ya da tartarken hile yaparlar..." (sure LXXXIII, 1-3, al-Mutaffitûn) biçiminde sert bir uyarıda bulunur. Kıyıda yaşayanların pek çoğu iç bölgelerden (belki de tatil için!) gelenleri saf bulur, "bizim işlerden" anlamadıklarını sanır ve onları enayi yerine koyup kandırmanın çok güç olmadığını düşünür. Karalıların gözünde Akdenizlilerin ölçü anlayışından yoksun olmalarının nedenlerinden biri de budur. Eski bilgeler her şeyde bir ölçü tutturmak gerektiğini söylerdi: *Meden agan, ne quid nimis.* Akdeniz bu önerilere gülüp geçerdi.

Dante Floransa'da: XV. yüzyılda yapılmış anonim bir gravürden (Viyana, Albertina).

Sövgülerle birlikte yapılan hareket ve işaretler, ciddi araştırmacıların verdiği önemden daha fazlasını hak eder. Akdeniz'in "gizli sözlüğü"nde önemli yerleri vardır. Camilo José Cela'nın bu bölümün yazılması sırasında bana da çok yardımı olan terimler sözlüğü de bu adı taşır (*Diccionario Secreto*; bkz. Özellikle "Series Coleo y Afines", cilt I ve "Series Pis y Afines", cilt II, Madrid, 1979). Sövgülerin tarihi dilin kendisi kadar eski olsa gerek. Eski Ahit, küfredenlere ağır lanetler yağdırır (Lev., XXIV, 10). Bu konuda elimizde Eski Yunan ve Roma dönemlerinden kalma yazılı belge yoktur. Yalnızca Aristophanes ile Plautos'da bir iki küçük kırıntı buluruz. Pompei'nin duvar yazılarında cinsel ilişki eylemine ilişkin işaretler bulunmuştu; o zamanki sövgüler de bugünkülere benziyormuş demek. Justinianus'un sert yasaları, dine küfredenler için ölüm cezası öngörüyordu. Hazreti Muhammed de, Kuran'da yazıldığına göre, bu konuda çok hoşgörülü sayılmazdı. Dante *Cehennem*'inde (III, 103-105) *ignavi*ler Coronte teknesi içinde ölümcül Styx Irmağı'nı geçerken dine küfredenleri şöyle betimlemişti: "Tanrı'ya ana babalarına, insanlara, doğdukları yere demediklerini bırakmadılar". İlk Hırvat yazarlardan Marko Marulić *Evangelistarium*'unda (Köln'de 1529'da basılan üçüncü baskı) "sövgünün kötülüklerine dair" bir bölüm ayırmıştı (*De Maledicendi nequitia*), bu kötülüğü en ağır günahlar arasında saymıştı (*magnum vitium est maledicentia*, VII, 29). Bu yargısına destek olmak üzere Salomon'u ve Corinthoslulara yazdığı ilk mektupta dine küfredenler için ağır cezalar öngören Aziz Paul'ü örnek gösterir: "Küfredenler, zina işleyenler ve putatapanlarla birlikte (*cum fornicariis et idolorum cultoribus*) Tanrı'nın Krallığı'na kabul edilmeyenlerden olacaklardır (I, Cor., 6, 9). *Split Kenti Yönetmeliği* (1312) bu konuya, aslen Splitli olan Marulić'den daha yumuşak yaklaşır: "Tanrı'ya ve Azizlere küfredenlere dair" özel bir maddede (*Da blasphemantibus Deum et Santos*), bu suçları işleyenlerin 10 libre para cezasına çarptırılacağı yazılıdır. Arşivlerde bu yolla kentin kasasına ne kadar para girdiği belli değil. Curzola Adası'nda küfrün cezası yalnızca bir kuruştu, bunu da ödeyemeyecek durumda olanlar bir bütün gün direğe bağlanırdı (*Curzola Kenti ve Adası Yönetmeliği*, LV). En çok denizde sövülür ama tarihçiler bu yolla kaç kişinin direğe bağlandığı konusunda bize bir bilgi vermiyor. Avusturya-Macaristan İmparatorluğu'nun 1853 tarihli ceza yasasına göre "Tanrı'ya karşı küfür, altı aydan bir yıla kadar hapis" cezasıyla cezalandırılırdı. Yargı arşivlerinde yaptığım araştırmaya göre bu suçtan hüküm giyenlerin sayısı Istria ve Dalmaçya'da (ve Avusturya yönetimi altındaki İtalya kıyı bölgelerinde) Pannonia'dan çok daha fazlaydı. Allahtan bu yasa maddeleri çok sıkı sıkıya uygulanmamıştır, yoksa yıkımları bütün Akdeniz'de asma bitinin zararından çok daha büyük olurdu.

Bazı kuramcılar açık saçık sövgüleri (hani şu içinde cinsel

ilişki eylemi olanları), tescilli sövgücüler olan Türkler ve Macarların getirdiğini öne sürer ama bu, pratik olarak kanıtlanması güç bir savdır. Benim yaptığım alan çalışmaları iki araştırmayla tamamlanmıştır: İlki Giuseppe Carpetza'nın *Bestemmia e Turpiloquio*'su (1923'de Bologna'da yayımlanmıştır ve güncelliğini halen korur), ikincisi de Bosnalı Peder Ignace Gavran'ın *Bludna Psovka* (Açık Saçık Sövgüler) başlıklı çarpıcı doktora tezidir (1962'de Saraybosna'da, yazarın kendisi tarafından bastırılmıştı). Gavran'ın yapıtında, daha çok kadınsı bir edayla söylenen tiyatro ya da pantomimle yakından ilişkili olabilecek Latince bir sövgünün çarpıcı anlatımını okumuştum: *Denudatio partis posterioris* ya da yazarın daha yumuşak bir biçimde belirttiği biçimiyle *ejusdem levis percussio* (s. 13). Bu kitabı okuduktan sonra Peder'i aramaya koyuldum ve ona Hippocrates'in yapıtlarını çevirerek (manastırının kütüphanesinde saklanan *Corpus Hippocraticum*) dinlenmekte olduğu, Hvar Adası yakınlarındaki Makorska kıyılarında yer alan Zaostrog kasabası manastırında rastladım. Bana uzun uzun, öfkenin, taşkınlığın, cinnetin, diğer aşırılıkların ve Akdeniz sövgülerinin sıcaktan ve susuzluktan kaynaklandığından söz etti; "kendini kaybedenleri affetmek gerektiği"ni söylüyordu. İtalya'da *pernacchia*, İspanya'da *el pito Catalan* denen ayıp hareketin (başparmakla işaret parmağı arasından üfleyerek yapılan bir hareket) kitabında yer almamasının tek nedeni ölçülülük olsa gerek. Akdeniz'in tüm kıyılarında en eski çağlardan beri bilinmesine karşın, bu ayıp hareketin kökeni Sicilya ya da Napoli'dir (*pernacchio* büyük bir olasılıkla Napoli lehçesinden bir sözcüktür).

Akdeniz'in ruh halleri ve sahneleri betimlenirken, örneğin *Antologia Palatina*'da (*Resonans cicada, roscidis, guttis inebriata*, 196), Sappho'nun yalnızca bir bölümü kalmış şiirinde (89), Homeros'tan Elytis'e dek eski, yeni pek çok Yunanlı ozanın dizelerinde ("çılgınların gecesinde önemsiz küçük bir ağustos böceği", bkz. *Lakonike*) ve tüm ulusların edebiyatlarında, bu arada doğallıkla Vladimir Nazor'un dizelerinde olduğu gibi Hırvatçada da ağustosböceğinden mutlaka söz edilir.

Aristoteles de bu küçük böceğin "hava sürtünmesiyle" nasıl ses çıkardığını anlatmıştı (Hist. Anim., IV, 9). Bu sesin bir ötüş mü, yoksa bir gürültü mü olduğunu belirlemek güçtür. Yazarlar çok eskiden beri ağustosböceklerinin en dayanılmaz sıcaklara nasıl kafa tuttuğunu, deniz kabarıp dalgalar sahile vurduğunda dalgaların sesini nasıl bastırdıklarını anlatmışlardır. "Kara ardıçların kovuklarında" çamların dalları arasında (çamların kokusu ağustosböceklerini kuşkusuz sarhoş eder), bazen bir incir ya da asma yaprağının altında, makiliklerde, tozlu yollarda, taşlar arasında saklanır ve tek başlarına ya da koro halinde sürekli cırcır eder dururlar. Bazen yazın tam ortasında, en sıcak günlerde onlar bile susar; etrafı ağır bir sessizlik kaplar, her şey durağanlaşır ve herkes birinin ya da bir şeyin her şeyi yeniden başlatmasını bekler. Benzer bir açıklamayı ağustosböceklerini hayranlıkla inceleyen Samoslu (Sisamlı) bir öğretmenden de duymuştum; dediğine bakılırsa Yunan şiir geleneğindeki ölçü ile bir kısa bir uzun ötüşten oluşan ağustosböceği şarkısının ölçüsü arasında bir bağlantı vardı. Adalarda bulunan ağustosböcekleriyle diğerleri arasında belirgin bir fark olduğunu, zamanın, mekanın, günün ve gecenin bir parçası olan ağustosböceği alemlerinin hep değişik olduklarını söylüyordu. Yukarıdaki klasik alıntıları Samoslu bu alçakgönüllü öğretmene borçluyum. Ege'de doğmuş, Ege adalarında büyümüş bu Samoslu ile yaptığım sohbetler beni bu kitapta kıyı boyunca denizin çırpıntısı ya da çalkantısına, gücünü kaybetmiş dalgaların kalıntılarına, rıhtıma ya da gemiye vurduklarında kopardıkları gürültülere yer vermeye itti. Ağustosböceklerinin gürültüsü uykusuz geçirdiğimiz gecelerde bile bizi rahatsız etmez. Bunu, sabahlamanın uyumaktan daha kolay olduğu, ruhların uyanık kaldığı ve Akdeniz'in dört bir yanındaki ruhlarla birleşmeyi özlediği gecelerde ben de yaşadım.

Latin dünyası ile Bizans dünyası, Katolik Kilisesi ile Ortodoks Kilisesi arasındaki sürtüşmeler, Türklerin Balkanları ele geçirmesinden çok önce Balkan Yarımadası'nın gelişimini sekteye uğratmıştır. Tarih, Güney Slavlarının burada bir Yunan-

Latin ve Bizans-Roma sentezi yaratmasına engel olmuştur. Halbuki bu, Hıristiyanlığı bölünmüş ve halen de bölünmekte olan Avrupa için önemli bir fırsat olabilirdi. Akdeniz kıyıları tam burada parçalanmıştır. Leonardo Da Vinci gezi notlarında burası için "doğudan batıya her noktada bir bölünmüşlük var" diye yazmıştı (*Codice Atlantico, Scritti Scelti*, s. 326, Torino, 1966).

Slavlardan önce Adriyatik kıyılarına ve artbölgesine farklı diller konuşan, farklı adları olan pek çok kabile ve halk yerleşmiştir. Balkan ulusları da, tıpkı diğer Akdeniz ulusları gibi bazen birbirleriyle savaşır, bazen de birleşirdi. Aralarındaki farklar bazen yok olmaya başlar, bazen daha da keskinleşirdi. Bazıları bunu anlayışla ve olumlu bir biçimde karşılar, bazıları da bu konuya ürküntüyle yaklaşır. Yazarlar da bazen övgüler, bazen yergiler düzer. Kuran "Her halkın bir sonu vardır ve bu son yaklaştığında halkın yazgısı ne değiştirilebilir, ne de geciktirilebilir" der (VII, 34). Burada bizi ilgilendiren yalnızca denizle olan ilişkidir. Coğrafyacı ve antroplolog Jovan Cvijić (1865-1922) *Balkan Yarımadası* adlı yapıtında (ilk kez Fransızca olarak *Péninsule Balcanique* başlığıyla yayımlanmıştı, Paris, 1918) şu satırlara yer verir: "Güney Slav halkları denizin ve Akdeniz ikliminin etkisiyle değişikliğe uğramıştır; [ancak] bu bölgelerde çok az grup ünlü denizciler çıkaracak kadar Akdeniz yaşam biçimine uyum sağlayabilmiştir. Güney Slavları içinde yer alan bu gruplar denizle kurulan bağlantıyı kullanabilmiş, kıyılarda yaşayanlar ve farklı uygarlıklarla ilişkiye geçebilmiştir. Kıyıda oturanlar, Roma uygarlığıyla yoğrulmuş bir çerçeve içinde yaşıyordu; bununla birlikte, bugün bile, özellikle VII. Yüzyıl ile X. Yüzyıl arasındaki Bizans uygarlığının bazı izleriyle Doğu uygarlığının belli belirsiz etkileri de hâlâ görülür (...) Yaşadıklarının ve özümsediklerinin bir bileşkesi söz konusudur; bu bileşke hem Doğu hem de Venedik kökenli olsa gerek" (Fas. II, s. 86-99, Belgrad, 1931). Yerel halklar üzerindeki Slav etkisi bazen derin, bazen de son derece yüzeysel olmuştur. Slavlar her şeye karşın kendi dillerini benimsetmeyi başarmıştı. Aradaki farklılıklar gene de tamamen yok olmamıştır; bunda Akdeniz'in rolü büyüktür.

Gérard de Jode: Venedikliler ile Türkler arasındaki Hırvatistan ve Bosna (Anvers, 1593).

Adriyatik'in doğu kıyılarının büyük bir bölümü Hırvatlara aittir. Burada komşularının Dalmaçyalı dedikleri Dalmaçya Hırvatları yaşar. Ortaçağ'ın sonlarına doğru burada, tahminen tarihteki ilk Slav devleti olan bir Hırvat krallığı kurulmuştu. Burada adları *-slav* ya da *-mir* ile biten krallar ve seçilmiş prensler taç giyerdi; bu Hırvatların Slav olmadıklarına ilişkin iddiaları çürütebilecek bir kanıttır. Hırvatlar o zamanlar bir filo kurabilecek kadar güçlüydüler ve X. Yüzyılda Bizans imparatoru VII. Konstantin'in dikkatini çekmişlerdi. Tarih, Dalmaçya Hırvatları ile Slavonya Hırvatları arasındaki çok farklı biçimlere bürünen ilişkilere ve onları birbirlerinden ya da diğer Slav halklarından ayırmaya yönelik iç ve dış kaynaklı çabalara tanık olmuştur. Aslında denizcilikte daha ünlü olmak için, ne kendi başımızayken ne de başkalarıyla birlikte elimize geçen fırsatları kullanabildiğimiz söylenemez ama koşullar buna hiçbir zaman çok uygun olmamıştır. Ama ne mutlu ki bu durum yanı başımızdaki denizi sevmemize ve onu Akdeniz'in en güzel denizi olarak görmemize engel olamadı.

Slovenlere Kuzey Adriyatik'te Trieste Körfezi denen yerde dar bir kıyı kalmıştır. Geçmişleri denizden çok, kıyı bölgeleriyle ilişkilidir. Kıyıda, büyük dağlara yakın kalma isteklerine kendi tarihleri tanıktır. Başka dünyalar keşfetmek için yola çıkan "Yakışıklı Vida"ya ancak halk öykülerinde rastlarız. Akdeniz çevresine olan eğilimlerinden de yalnızca ozanları söz eder. En tut-

XVII. yüzyıla ait çizeri bilinmeyen bir çizimde Trieste Körfezi, (Venedik, Biblioteca Marciana).

kulu Sloven ozanlar kıyılarda oturanlar arasından çıkmıştır. Dolenjska ile Gornjska, Stria ile Carinzia bölgeleri arasındaki fark örneklerinde olduğu gibi Kıyı Slovenleri ile Kara Slovenleri arasında da farklar vardır, ama gene de ortak dilleri olan Slovence bu zıtlıkları aşmayı bilmiş, kara ile Akdeniz arasındaki ilişkiden daha güçlü ve daha önemli olabilmiştir.

Sırplar, en güçlü oldukları zamanlarda olsun, en güç dönemlerinde olsun, tüm tarihleri boyunca sıcak denizlere inmişlerdir. "Romanya Beyi" ve Bizans İmparatorluğu'nun varisi Dušan Silni'nin imparatorluğu XIV. Yüzyılda Adriyatik'ten başka Ege ve İyon denizlerine de ulaşıyordu. Gene de kurduğu devlet denizden çok karaya önem vermişti. Silni, güney Adriyatik'in en büyük adası olan Pelješac'ı Ragusa Cumhuriyeti'ne satmıştı. Birinci Dünya Savaşı felaketinde Sırp ordusu Korfu Adası'na çekilmişti. Yenik düşmüş askerler denizi son bir kurtuluş olarak gördü ama deniz pek çoğu için "lacivert bir mezar" oldu. Susamış atları dörtnala denize koştu, tuzlu sudan içip öldüler. Bu örnekler simgesel bir değer taşır. Avrupa kendini doğudan gelen tehlikeye karşı Balkanlarda savunmaya çalıştı. Sırbistan pek çok kez yıkılıp yeniden yapılmış bir kale olmuştur. Sırtını daha çok karaya dayamaya eğilimliydi. Tuna Irmağı gerçekten denizin yerini tutabilirdi. Arkalarında "Belgrad, deniz kıyısındaki kent" başlıklı resimler bırakan ressamlar bile vardır. Yazarlar onu Akdeniz'in bir parçası olarak görüyordu.

Boşnak kralı I. Tvrtko'nun da devleti Split ile Ragusa arasında bir kıyı şeridiyle denize ulaşıyordu. Dük (Herceg) Stjepan, Kotor Irmağı ağzındaki kente kendi adını vermişti (Hercegnovi). Bu garip biçimli ırmak ağzında (ki pek çoklarına koca bir deniz gibi gelir) Rus donanmasında amiral rütbesine kadar yükselen, Slavların en yetenekli, en değerli denizcileri yetişmiştir. Karadağlılar ise dağlara sığınmışlardı. Denize yukarıdan bakıp ona bir gün kavuşabilmeyi düşlemişlerdir. Düşmanlarla sarılı Karadağlılar biraz adalılar gibi yaşardı: Bazı gelenekleri adalarınkine benzer. Müslüman Boşnak Slavlarının bir bölümü de Osmanlı İmparatorluğu'nun yıkılmasından sonra Balkanlarda bir ada gibi kaldı; bu benzetmeyi benden önce *Derviş ve Ölüm* adlı romanında yazar Meša (Mehmed) Selimović yapmıştı. Bu kitapta yer verdiğim Güney Slav dillerindeki, tüm Akdeniz'de rastlanan Arapça ve Türkçe kökenli sözcükleri ondan öğrendim.

Makedonlardan da çok söz etmeyeceğim. Onlar da gerek güneyde, gerek doğuda kendilerini denize yakın hissederler ama aslında çok yakın değillerdir. Tarih boyunca bırakın denize ulaşmayı, onun yakınına bile gelemiyorlardı. Çevrelerinde bulunan daha güçlü halklar buna her zaman engel olmuştur. Ege tarafında bir bölüm Makedon kalmıştır, biraz da Bulgaristan taraflarında. Vardar Irmağı boyunca akıntıya karşı deniz rüzgârları eser. Makedonya'nın asıl denizi Ohrid Gölü'dür. Sveti Naum Manastırı yakınlarında incir, biberiye, badem ve üzüm yetişir. Şarkılarında "güney özlemi" duyulur. Eski Ohrid'deki Santa Sofia Kilisesi'ndeki fresklere ender rastlanır güzellikte bir mavi tonu hakimdir. Pelagonia denen ova, buğday başaklarının dalgalandığı mevsimde denizi çağrıştırır; adını da zaten denizden almıştır. Ova günbatımında gri değil daha çok lacivert görünür, sonra Homeros'un gece denizi gibi derin bir karanlığa gömülür. İç bölgelerde taşlaşmış tuz kalıntıları bulunmuştur; burada da büyük bir olasılıkla eskiden bir deniz vardı. Makedon halk öykülerinde Akdeniz seferleriyle ilgili anılara pek ender rastlanır.

Šižgorić'in devrinden günümüze pek çok şey değişti. Halkların birleşmesine karşın, söz ettiği ayrılıkların ve farkların pek çoğu değişmeden kaldı: Dalmaçyalılar, Morlaklar, Valaklar, Karavalaklar, Kızıl Hırvatlar ile Ak Hırvatlar, Dukljanlar, Ak Karadağlılar ile Yeşil Karadağlılar, eski Ragusalılar ile yeni Dubrovnikliler, gene eski Fiumanlar ile Rijekalılar, Konavlja ile Kotor, Scutoriler, Šibenik ile Slavonya'dan sürülen Splitliler, Bekija, Cista Prova, Imotski, Vrgorac ya da Zagvozd'da oturanlar, Klis, Livno, Duvnolular ya da Yuvarlak Masa Şövalyelerine mensup Sinjliler ile Senjliler, bu bölgeye sığınan Uskoklar, Neretvalılar ile Neretva korsanları, Dubrovnik Beyleri (*gospari*) ile Poljica Cumhuriyeti başkanları, Pelješac kaptanlarıyla Kotor kaptanları, çalgıcılarla Karadağlı askerler (*serdari*), kanun kaçakları (*hajduci*) ve Osmanlı yönetiminin yerel yöneticileri, Kvarnerlilerle Kornatililer, ada ve yarımadaların yerlileri, sonra Hırvat Istrialıları ile Sloven Istrialıları ya da Yugoslav Istrialıları ile İtalyan Istrialıları, İtalyancılar ile İtalyan karşıtları, *Tolomaši* (Bağımsız Dalmaçyacılar) ile *Tolomaši* karşıtları, atalarına benzeyenler ile benzemeyenler, Adriyatik'te çoğunlukta bulunan Katolikler (Hırvatlar ve Slovenler) ile Ortodokslar (Sırplar ve Karadağlılar) ya da Müslümanlar (Bosna-Hersek'in çoğunluğu), Yugos-

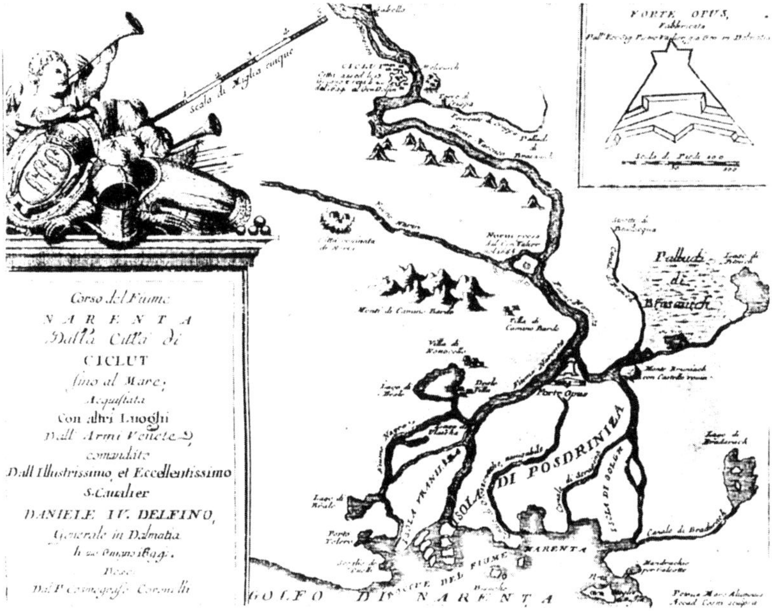

Coronelli'nin bir çiziminde Neretva'nın denize döküldüğü yer (Venedik, 1699).

lav Arnavutları ile ayrılıkçı Arnavutlar, zaman zaman Adriyatik kıyılarına inen Çingeneler (Romi) ve hattâ Akdeniz'in her yerinde olduğu gibi buralarda da bir zamanlar yaşamış olan ve artık az sayıda kalmış Museviler arasında geçmişte var olan ve bugün halen süren ayrılıkları dışarıdan birine anlatmak son derece güçtür.

Vlasi ya da *Vlaji* terimine özel bir yer ayırmak gerekir. Hırvat tarihçi Ivan Lučić (Lucius), Amsterdam'da haritacı J. Blaeu tarafından basılan *De Regno Dalmatiae et Croatiae* adlı yapıtında (bkz. *De Vlahis*, VI, 5, 1666) bu adın farklı anlamlarına dikkat çeken ilk yazar olmuştur. Almanlar Romalılara ve Keltlere; Hırvatlar, Slovenler ve Macarlar İtalyanlara; Sırplar Romenlere; Türkler tüm Hıristiyanlara; Katolikler Ortodokslara; kıyıdakiler karalılara; vadidekiler dağlılara; yerliler sonradan gelenlere bu adı verirdi. *Morlak* (Dalmaçya'nın iç bölgelerinde yaşayanlara verilen ad) sözcüğü de bu terimden türetilmiştir: Maur (Mor = siyah) + (V)lak. Peder Antonio Fortis ile, *Anılar* adlı yapıtı Fransa'dan çok Dalmaçya'da tanınan Napolyon'un asi mareşali, Ragusa Dükü ve İllirya Vilayetleri Başkomutanı Marmont da onlara bu adı vermişti. Bu sözcüğün farklı anlamlarda kullanımı, komşular arasındaki ilişkilere ışık tutucu niteliktedir. Akdeniz'de herkes birbirinin komşusudur; daha önce de coşkuyla belirttiğim gibi Akdeniz bir komşuluk denizidir.

Rüzgârlar konusundaki yorumlar genellikle eski Yunan mitolojisiyle, Homeros'un *Odysseia*'sındaki sınıflandırmalarla başlar (*Euro, Noto, Zefir, Borea*; V, 295-296). Adriyatik kıyısında oturanlar rüzgârları için genellikle yabancı dillerden aldıkları adları kullanırlar: Daha önce değindiğimiz gibi *bura* –karayel ya da poyraz– (Yunanca, Latince ve Roman dillerindeki, *bora*-dan) kuzeyden eser, *levanat* doğudan, *pulenat* batıdan eser, *jugo* (güney) ödünç alınmış bir sözcük değildir; eski Slavları göç etmeye iten neden, güney bölgelerinin çekiciliğidir; *šilok* ve *široko* (İtalyancada *scirocco*) Güney Avrupa ve Kuzey Afrika'da sıcak esen bir rüzgârdır (bu sözcük Arapça *şarki* sözcüğünden gelir, getirdiği bazı yağmurlar ve yağmurun renkleri açısından önemlidir); *burin* zayıf bir *bora*dır, *buratsa* hafif bir meltem, *buraska* da ani ve soğuk bir rüzgârdır; *neverin*, *nevera*nın küçüğüdür ve İtalyanca *neve* (kar) sözcüğünden gelir (bazen Akdeniz kentlerine tatlı tatlı kar yağdırdığı da olur); fırtınaya ya da birden esmeye başlayan rüzgâra *nevrja* denir ve *ihanet* sözcüğü ile yakından ilişkilidir; *garbin* ve *garbinada* güneybatıdan eser ve bazen onlar da insanın başına bela olabilir (Arapça *garbi* batılı demektir); *lebić* ve *lebičada* da güneydoğudan eser – ama her bölgede değil (bu ad Libya'dan gelir –İtalyancası *libeccio*–, aslında yön olarak biraz yanlış bir adlandırmadır bu, ama Akdeniz'de böyle olgulara sık rastlanır); *tramuntana* dağlardan, iç bölgelerden denize doğru eser; bir bakıma Akdenizlilerin karalılar için düşünüp söyledikleri tüm kötü şeylerin intikamını alan bir rüzgârdır.

Dilbilimcilerden çok yazarların *levantić, levantin, levantum, levantarun, levantora, levantorina* gibi çeşitlemeleri göz önünde tutması gerekir. Hemen bütün rüzgârların çeşitlemeleri vardır. Aristoteles'in *Meteorologia*'sına bakılacak olursa fırtınalar "esmekte olan rüzgârların arasına başka rüzgârlar girdiğinde" koparmış (II, 6). Rüzgârların bol ve farklı olduğu yerlerde ruh halleri de sık sık değişir; uluslar ne barışı korumayı ne de uluslarını bir arada tutmayı başarır. Fırtınalarla ulusal efsaneler arasında benzerlikler vardır: "Suyun şiddeti evrenin kızgınlığının ilk belirtilerinden biridir. Bu yüzden fırtınasız bir efsane düşünülemez" (Gaston Bachelard, *l'Eau et les Rêves*, s.239, Paris, 1942). Rüzgârın ve denizin şiddeti Akdeniz uluslarının tarihinde sıklıkla işbirliği yapmıştır.

Homeros, Titaresion gibi, sularının başka sularla karışmasını istemeyen ırmak kaynaklarını anlatmıştı: "Titaresion'un coşkun suları Peneios'un gümüş çırpıntılarına karışmaz, üzerinden bir yağ gibi akar, çünkü akıl almaz lanetin ta kendisi Styx'den doğmuştur" (*İlyada*, II, 752). Platon'un *Phaidon*'unda "kaynar sularla buz gibi suların bir arada olduğu, akıl almaz boyutlarda, hiç tükenmeyen ırmaklar"dan söz eder (II, 60). Aristoteles *Meteorologia*'da Platon'un romantik subilimciliğine gerçekçi bir bakış açısıyla eleştirilerde bulunur (II, 2). Homeros, benim de bu kitapta kullanmaya cesaret ettiğim pek çok soru sorar: "Martı denize nasıl dokunur, gagasıyla mı, ayaklarıyla mı, yoksa kanatlarının ucuyla mı?" *Odysseia*'da bu kendini denize adamış kuş "kalın tüylü kanatlarını deniz tuzuyla ıslatır" (V, 53). Gene aynı yapıtta Odysseus'un gemisini nasıl yaptığı ve denizcilerin mezarlarının üzerine, nasıl biz mezarlarımıza haçlar dikiyorsak, tıpkı genç Elpenores'in mezarında olduğu gibi "arkadaşlarıyla yaşarken yaşamı boyunca çektiği küreğin" dikilmesi geleneği uzun uzadıya anlatılır (XI, 77-78). Homeros yüzmeden de sık sık söz eder; Dyonissos ile Ampelos arasındaki yüzme yarışını, Karpos ile Kalamos'un iddiasını ve Satirlerin su içinde oynaşmalarını anlatır. Erwin Mehl'in *Antik Çağ'da Yüzme Sanatı* konusuna ayırdığı sıradışı ansiklopedisi (*Antike Schwimmkunst*, Münih, 1927), resimler ve değerli bilgiler açısından çok zengindir; bu yapıtta Herculanum'un kadın yüzücüsü (yan yüzermiş), balıklama atlayan bir Etrüsk atlayıcısı, Louvre'daki Akha vazosu ve genç kızların kullandığı banyo teknesinin bir örneği, çeşitli dönemlerden yüzücüler, Pompei fresk ve paraları üzerindeki Eros ve Leandros figürleri, Ovidius'un *Eroidi*'sinde (XVI, 147) ölümsüzleştirdiği Leandros'un "yüzüşleri" (*copia nandi*) gibi pek çok resim ve bilgi yer alır. Burada 1777'de Paris'te "Académie des Inscriptions" yayınlarıyla yüzme sanatının araştırılmasına ilk katkıyı yapmış ve hak etmediği biçimde unutulmuş olan Fransız rahip Ameilhon'a saygılarımızı sunalım. Paul Valéry'nin defterlerinde yüzme hakkında dizelere dökmeye cesaret edemediği notlar vardır (bkz. PPA, *Cahiers*, II, s. 1273). Ben bu kitabın ilk bölümünü yazarken daha çok onun "Akdeniz izlenimleri"nden yararlandım: "Başka hiçbir yerde, bilinçli olarak disiplin altına alınmış ve yönlendirilen sözün gücü, bu denli tam ve işlevsel olarak geliştirilememiştir: Söz mantıkla uyumlu bir hale getirilmiş, soyut gerçeklerin keşfinde kullanılmış, geometrinin ya da adaleti sağlayan ilişkilerin evrenini ortaya çıkarmıştır; *forum*un hakimi ve temel politik araç olmuş, iktidarın ele geçirilmesini ya da korunmasını sağlamıştır" (Pléiade yay., I, s. 1097). Bu alıntı "konuşma disiplini"nin önemi konusunda kuşkuya hiç yer bırakmıyor. Her tür disiplinden uzaklaşan konuşma, belki de en çok Akdeniz'de laf kalabalığına kurban gider.

Camus'nün Akdeniz kültürlerinin üstünlüğü hakkındaki yargısına sık sık atıfta bulunulur: "Ne zaman fikir çatışmalarından doğan bir doktrin Akdeniz havzası ile karşılaşsa, Akdeniz bundan hiç etkilenmez ve bu doktrinleri egemenliği altına alarak başa döner" (*Essais*, Pléiade yay., s.1323). Karşı örnekler vermek olasıdır: Engizisyon da, Faşizm de "doktrin", yani ideolojiydiler, ama Akdeniz havzasının ne bunlardan "etkilenmediği" ne de onları "egemenliği altına almayı" kolaylıkla başarabildiği söylenebilir. Öte yandan Camus'nün Hıristiyanlığın insan bedenini nasıl reddettiği ve tarihi nasıl bir ceza gibi sunduğu hakkındaki görüşleri ilgi çekicidir. Onun Cezayir günbatımlarını gençlik günlerinde "mutluluk müjdesi" olarak gördüğünü unutmadım; Akdeniz'in günbatımları[12] hâlâ usta bir yorumcu beklemektedir.

Italo Calvino benzersiz kitabı *Görünmez Kentler*'de, Marco Polo'nun Kubilay Han'a yolculuğu sırasında gördüğü kentleri

12 Yazar burada bir sözcük oyununa başvurarak, Akdeniz kültürlerinin çöküşüne gönderme yapıyor (ÇN).

nasıl anlattığından söz eder. Bu kitabı yanımdan hiç ayırmadım: "Despina'ya iki yoldan ulaşılır: Gemiyle ya da deveyle. Kent karadan gelene farklı, denizden gelene farklı görünür" (La Città e il desiderio, s. 25). "Kentle onu betimleyen dili birbirine karıştırmamalıyız, ikisi arasında bir bağ olsa bile" (La Città e i segni, s. 6). "Maurilia'da yolcu, hem kenti gezmeye hem de aynı zamanda kentin bir zamanlar nasıl göründüğünü gösteren eski kartpostallara bakmaya davet edilir" (La Città e la memoria, s. 37, Einaudi yay., 1984). Akdeniz'in uzağında, Italo Calvino'nun bildiği, karaya gömülmüş ve denizi olmadığı halde limana sahip kentler vardır.

Kıyıda yapılmış, hattâ deniz manzarası olan cezaevlerinin sayısı hiç de az değildir: Örneklerine Yunanistan, Türkiye, İspanya, Mağrip ve başka yerlerde (Dubrovnik, Rijeka, Napoli, Marsilya, Barselona, Cezayir, Trablus, Malaga'da ve Casanova'nın hapsedildiği Venedik'teki ünlü "dei Piombi" cezaevi vb.) rastlanır. Ivo Andrić'in (1892-1974) *Lanetli Mahkeme* adlı yapıtı, İstanbul'da Boğaziçi'nde, insanlığın yollarının kesiştiği eski bir cezaevinden söz eder. Akdeniz'de hapis cezasına başka yerlerden daha zor dayanılır. Gelmiş geçmiş tüm dillerde bu güçlüğü anlatan sözcükler vardır. Belki de bazı diller yalnızca bu nedenden ötürü kaybolmuştur. Dalmaçya kıyılarında bir zamanlar cezaevinden çok akıl hastanesi yapılmıştı; Šibenik'teki, Rab ve Ugljan'daki akıl hastaneleri ünlüydü. Çok sayıda değildiler. Akdeniz güneşi insanın aklını başından alır.

Apollonculuk ile dyonissosçuluk arasındaki ayrıma bir kez daha girmek istemiyorum. Yalnızca bu konuda çok şey söylendiği ya da Nietzsche'nin anlattıklarına eklenebilecek bir şeyin olup olmadığını bilmediğimden değil. Eğer Apollonculuk kuralcılık, biçimcilik, yaşamımızda bir ölçülülük, bir disiplin, kişisel ve toplumsal bir kararlılık; dyonissosçuluk da kendinden geçme ve içgüdülerle davranma eğiliminin ötesinde bir farklılık, bir ayrıcalık kavramı anlamına geliyorsa, Akdeniz kültürlerinin en büyük yapıtlarında her ikisinden de bir parça vardır demek yanlış olmaz. Bu büyük terazinin kefelerinden biri ne zaman daha ağır bassa, Akdeniz bundan zarar görmüş ve yoksullaşmıştır. Bu kural, kişiliklerden çok uygarlıklar için geçerlidir. Nietzsche buna ek olarak Goethe ve Winckelmann örneklerini verip, Mozart'ın müziğinin duruluğunu "güneye tapma" biçiminde tarif ederek bizi, insanın nerede olursa olsun Akdenizli olabileceği ve Akdenizli doğabileceği düşüncesine itmiştir. Zerdüşt'ün bu büyük çırağı, Mısırlı denizci Tamuz'un teknesiyle Paxos Adası açıklarından geçerken duyduğu gizemli "Yüce Pan öldü" çığlıklarının anlamını aramaya teşvik etmiştir. Bütün bunları gözden kaçırmak Akdeniz'i yoksullaştırmak demektir.

Edebiyat deniz düşlerini, bu düşleri görenlerin yaşına ve cinsiyetine göre ayırıp sınıflandırmaya da çalışmıştır: Örneğin kadın ve erkek düşleri, çocukluk ya da yaşlılık düşleri, kehanet düşleri, sefer ve deniz kazası düşleri, anımsanan ve unutulan düşler, gece ve gündüz düşleri, kıyı, ada ve açık deniz düşleri gibi. Düşler de denizler gibi birbirlerinden çok farklıdır ama onları bu ölçütlerle ayırmak, edebiyat çerçevesi içinde bile olsa çok uygun değildir. Daha önce de belirttiğimiz gibi, Akdeniz kendi edebiyatını da aşmıştır.

İnsanların denizi gördükleri zaman duydukları coşku genellikle haklı olarak alaya alınır. Akdeniz öğesiyle karşılaşıldığında duyulan ruhsal ve fiziksel coşkunluğun abartılı ve komik biçimde anlatılmadığı betimlemeler çok enderdir. Akdeniz'den uzakta doğmuş olmasına karşın, bir yaz Yunanistan'a yaptığı bir yolculuk sırasında tuttuğu gezi notlarında Henry Miller Rodos'u gördüğünde ender parçalardan birini yazmıştır: "Toprak soluklaşır, garip bir hal alır, kurak ve kıraç olur, ıssızlaşır, ne kahverengi, ne gri, ne sarımsı kahverengi, ne grimsi sarı olur, ölümün ışığı yansıtan renksizliği ışığı bir sünger gibi emer, gözleri kör eder, beynin en ücra köşelerindeki dokulara kadar işleyen kızıl kaya görüntüleri en kızgın gözyaşlarının iniltisinin koyuverilmesine neden olur. O zaman aşka gelirim. İnsanın tüm yıkımının üzerinde, en kanlı akınlara hakim olan bir şey söz konusudur. Anlamsızlık evresine girmiş olan bir doğa önünde buluruz kendimizi, öyle bir doğa ki kendi üzerindeki tüm kontrolü yitirmiş, ona kimliğini veren ne varsa hepsi için

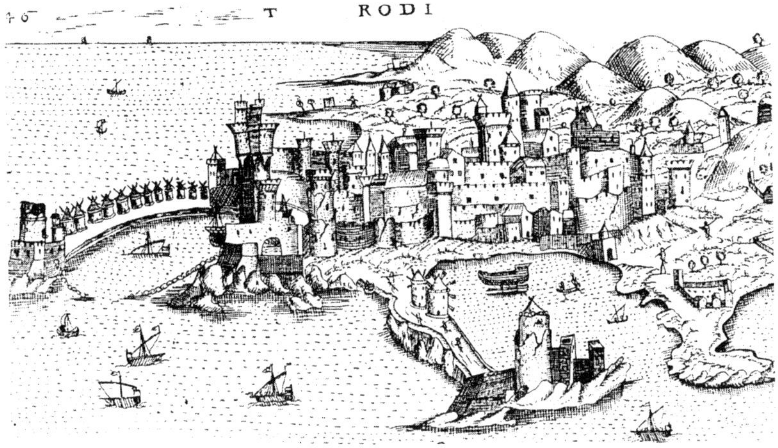

G. Rosaccio: Rodos Adası, *Viaggio da Venetia a Constantinopoli*'den (Venedik, 1606).

umutsuz bir çöplüğe dönüşmüştür. Kaba ihanetiyle tükenmiş, çiğnenmiş ve aşağılanmış bir toprak. Hareketsizliğin kozmik yasasına teslim olarak kutsal olan her şeyden uzak düşmüş bir manzara karşında bulur insan kendini" (*The Colossus of Maroussi*, s. 161, Penguin Books, 1979). Akdeniz edebiyatında dyonissosçuluğa bu denli yakın olan betimlemeler bulmak güçtür.

Akdeniz'de Akdeniz konulu pek çok sempozyum düzenlenir. Bu edebi ve kültürel akımın öncüsü büyük bir olasılıkla Platon'dur. 1973'de Zagreb'de "Zagreb Edebiyat Kollokyumu" çerçevesinde "Akdeniz'in Kültürel Gelenekleri" başlıklı bir sempozyum düzenlenmişti. Bu toplantının tutanakları *Most* (Köprü) dergisinde pek çok dilde yayımlanmıştı (Hırvat Yazarlar Birliği Yayın organı, No: 39-40, Zagreb, 1974; bu sayıda Akdeniz üzerine yazılmış yapıtların kapsamlı bir listesi de vardır, o yüzden bunlara burada tekrar yer vermeyeceğim). Polonyalı davetliler bu toplantılarda Akdeniz tarihi ve mitolojisinin ilginç bir analizini yapan Jan Parandowski'den (1895-1978) söz etmişlerdi: Onun çalışmaları arasında bana esin kaynağı olan pek çok sayfayla karşılaştım (*Mucizelerin Roma'sı, Olimpos'daki Eros, Olimpiyat Diski* vb). Bir Macar katılımcı da Mihaly Babits'in

Gökkuşağının Taçyaprakları (Budapeşte 1909) adlı yapıtında yer alan *"İtalya ve Pannonia"* adlı denemesini sunmuştu: "Pannonia'nın Gizli ve Derin Latinliği", "İtalyan ve Macar Manzaraları Arasındaki Benzerlikler", "Jan Pannonius'un İtalya Sevgisi" gibi konulara değinmişti. Güney, Orta Avrupa kültürünü hep etkilemiş, ona çekici gelmiş ve onu sürprizlere hazırlamıştır. Pannonia Akdeniz'in giriş holüdür. Buğday başakları olgunlaştıklarında, rüzgârla birlikte, özellikle akşamları ya da güneş batarken deniz gibi dalgalanır. Eskiden Karpatlar'ın eteklerine kadar uzanan bir Pannonia Denizi vardı. Bu denizden geriye bir şeyler kalmıştır. (Danilo Kiš, *Clessidra,* Vladimir Vidrić, *Ex Pannonia*). Balaton da denize benzer ama tuzlu değildir. Orta Avrupa'da benzer özelliklerde başka göller de vardır: Onlara uygun bir zamanda, Akdeniz'in yarattığı önyargılardan arınmış olarak bakmak gerekir.

Zagreb toplantısındaki katılımcılardan bir bölümü Akdeniz'de, Trieste, Rijeka, Opatija ile Venedik ve Dubrovnik'te iki üç yerde, yer yer Orta Avrupa ile karşılaştığımız fikrini öne sürdü; burada söz konusu olan yalnızca bir iki rahat eski otel ve Habsburg stili köy değildir. Bu karşılaşma, Avusturya-Macaristan İmparatorluğu'nun çöküş devrinde eskiye özlem duyanların gönüllerinden gizlice geçirdikleri gibi, farklı bir boyuta sahiptir. 1909'da Dubrovnik kapılarının önünde Hermann Bahr şöyle yazmıştı: "Stradun Caddesi'ne bakıyorum ve gözlerimi ayırmıyorum. Sonra içimden bir ses bana şunları söylüyor: Çan sesleri sana kadar ulaştığında Gestreidegasse'de, Prag yakınlarında Hradcani'deki rengarenk kuyumcularda, Krakow'da önünde Mickiewicz'in heykeli bulunan ekmek fırınının önünde, Dante'nin kolunu kuzeye doğru kaldırdığı Trento'da, Bolzano'da Vogelweide Meydanı'nda kendini evinde hissediyorsun; bunların hepsi sensin; Avusturyalıların ne olduğunu şimdi anladın mı? (...) Bir zamanlar Warsberg de buraya gelmiş ve birinin bu görkemli kentin tarihini yazmasını istemişti. Bu kent, kendi tarihinin mührünü taşıyor. Geçmişini bu kadar güzel koruyan belki yalnızca Venedik'tir (...) Warsberg'in bu dileği sonra yerine getirildi. Akdenizli ozan ve tiyatro yazarı Dubrovnikli Kont Ivo Vojnović, kentinin tarihini yazdı" (*Dalmatinische Reise*, Berlin, 1909, V.Bölüm, 6). Aslında Kont Ivo Vojnović (1857-1921) Orta Avrupa'yı Bahr gibi sevgiyle kucaklamamış, onun düşüncelerine Yugoslav birliği fikriyle karşı çıkmıştı. Akdeniz, Avrupa'nın önünde kolay kolay diz çökmez.

Bu sempozyumda dile getirilen fikirler, bu kitapta yer verdiğim bazı konular için esin kaynaklığı etmiştir. Akdeniz'e bakış açılarının ve Akdeniz'den söz etme üsluplarının ne denli farklı olabileceğini bu toplantıda bir kez daha gördüm. Bir yandan Akdenizli katılımcılarla dışarıdan katılanlar arasında, diğer yandan Akdeniz'in yerlileriyle sonradan göç edenler arasında önemli ayrımlar vardı. Dalmaçyalılar bazen Akdeniz'in yerlisi, bazen sonradan gelenler gibi konuşuyor, bazen kıyılı, bazen karalı bir bakış açısı yansıtıyorlardı. En alıngan katılımcılar ise adalardan gelenlerdi. Agrigento'dan bir Sicilyalı şu alıntının okunmasından sonra salonu terk etmişti: "Sicilyalılar Yunanlı, Kartacalı, Romalı, Bizanslı, Arap, Napolili, İtalyan oldular ama hiçbir zaman Sicilyalı olamadılar ya da en azından 'Sicilyalılık'larından artık bir eser kalmamıştır! Bütün dramları kim olduklarını bilememelerinden, pek çok döneme ve ırka ait olmuş olmalarından kaynaklanmaktadır". Bu bölüm yalnızca Sicilya'yı değil, tüm İtalya'yı yakından tanıyan ve tüm Akdeniz'i büyük bir tutkuyla seven Dominique Fernandez'in *Mère Méditerranée* başlıklı kitabından alınmıştı (Paris, 1965, s. 92).

Toplantılar sırasında bazı katılımcılar, "Akdenizli" sıfatının hangi nedenlerden dolayı gittikçe daha kötü anlamlar içeren bir sıfat olmaya başladığı sorusuna yanıt aranmasını önermişti. Katılımcılardan biri, Leonardo Sciascia'nın *Rapporto Sulle Coste Siciliane* adlı yapıtından birkaç bölüm okuyarak, bu İtalyan yazarın karadaki adalılar, her ne pahasına olursa olsun "denize kaçmak isteyenler" hakkında yazdıklarını ve Sicilya'nın aslında bir ada olmadığı yönündeki görüşlerini dile getirdi. Sciascia bunun için adanın kıyılarında yaygın olarak kullanılan deyimleri bir araya getirmişti: *Lu mari è amaru* (deniz acıdır), *Loda lu mari, e afferati a li giumari* (denizi öv ama palamarını sıkı bağla), *Cui pò jiri pri terra, non vada per mare* (karadan gidebiliyorsan denizden gitme), *Mari, focu e fimmini, Diu nni scanza* (Tanrı bizi denizden, ateşten ve kadınlardan korusun), *Cui son sapi prigari, vaja a mari* (dua etmesini bilmeyen denize gitsin) vb. (*Opere*, 1956-1971, s. 1167-1168, Milano, 1987). Bunlara benzer atasözleri ve çeşitlemeler Akdeniz'in her yerinde vardır.

Zagreb toplantısında adları geçen bazı yazarları ve yapıtlarını sıralayarak bu konuyu noktalayalım: Konstantin Kavafis ve onun Yunan ve Bizans dönemi İskenderiyesi hakkındaki yapıtı, Dino Campana (*Canti Orfici*), Salvatore Quasimodo (*Odore di Eucaliptus, Acque e Terre*), Yorgos Seferis'in *le Journal de Bord* ve *la Citerne* adlı yapıtları, Rafael Alberti'nin hem Akdeniz, hem Atlantik'ten söz eden yapıtı (*Marinero en Tierra*; şu ünlü ikilemi de ona borçluyuz: *El mar, la mar / El mar, solo la mar!*); René Char ve Güney'le ilgili yapıtı (*le Soleil des Eaux*), başka denizlerde doğmuş ama kendini tüm denizlere adamış olan Saint-John Perse (*Anabase, Amers, Vents*), Katalan yazar Salvador Espriu (*Centiri di Sirene*), Eugenio Montale ve *Mediterraneo*'su, Nikos Kazantzakis'in *Odysseus*'u, Jean Giono'nun *Odysseus'un Doğuşu* adlı yapıtı, Julien Gracq (*le Rivage des Syrtes*), Mistral (*les Îles d'Or*). Biri Hırvat, biri Sırp, biri Sloven üç Yugoslavın da yapıtları karşılaştırıldı: Akdeniz'den çok Orta Avrupa'ya yakın Miroslav Krleza'nın *Illyricum Sacrum* ve *Zadar'ın Altın ve Gümüşü* adlı yapıtları, denizden çok Slavonia'ya daha eğilimli Milos Crnjanski'nin *Ithaca Şiiri* adlı kitabı ve Adriyatik'e ve Alpler'e vurgun Strečko Kosovel'in *Karst'ın Şarkısı* adlı yapıtı. Her zaman olduğu gibi Arap ve Türk yazarların adı burada da çok geçmedi. Yalnızca Taha Hüseyin, Muhammed Dib (*Denizi Kim Anımsıyor?*), Katip Yasin (*Cerba, Yabancının Adası*), Ahmet Haşim ve Abdülhak Hamit hakkında bir iki küçük yorum yapıldı. Shakespeare'in (*Fırtına*'yı yazarken) İllirya kıyılarına ya da Adriyatik'teki bir adaya geldiği savları öne sürüldü. Elbette Miguel Cervantes y Saavedra'nın, Dante'nin, D'Annunzio'nun Akdenizliliklerini de unutmamak gerek.

Yaptığımız bu deniz yolculuğunun sonunda Akdeniz üzerine yazılmış kitaplardan da kısaca söz etmek istiyorum. Akdeniz hakkında sayısız yapıt yazılmıştır, her gün de yenileri yayımlanmaktadır. "Akdeniz'in tüm tarihi ... akla yatkın tüm sentezlere meydan okuyan bir bilgiler bütünüdür" diye uyarır bizi Fernand Braudel (*la Méditerranée: l'Espace et l'Histoire*, s. 157, Paris, 1985). Akdeniz misyonunu öne çıkarmayı seven Mussolini'nin yükseliş dönemlerinde, Attilio Brunialti ve Stefano Grande devlet desteğiyle, binden fazla sayfadan oluşan iki ciltlik *Il Mediterraneo* adlı dev bir kitap yayımlamışlardı (Torino 1924-1926). Trablus'un (Tripoli) adını *Tripolitalia* olarak değiştirmeye hazırdılar, onlar için Libya *Libia Italiana* idi, Arnavutluk ise *Albania Veneta* (II, s. 1076); Dalmaçya "iklimini, bitki örtüsünü ve ekonomik gelişme öğelerini İtalya'dan almıştı": 1920'de imzalanan Rapallo Anlaşması acı veren bir vazgeçişti (II, s. 1056), çünkü Adriyatik'in tüm kıyılarını ve adalarını İtalya'ya vermiyordu. Bu, Akdeniz'in dev boyutlardaki bilgi kaynağının akılcı bir biçimde yorumlanmasının ideoloji tarafından engellemesine güzel bir örnek oluşturur.

Önceki örnekle karşılaştırılamayacak bambaşka bir yapıt da 1930'larda Emil Ludwig tarafından yazılan ve sonra da göç ettiği Amerika Birleşik Devletleri'nde basılan *Das Mittelmeer – Schicksal Eines Ozeans*'dır (1943'te New York'ta önce Fransızca çevirisi yayımlanmıştı). Bu ünlü biyografi yazarı "insan öğesini öne çıkaran bir biyografik yöntem" seçmişti (s. 12). İki koca ciltlik bu yapıtta Agrippa, Augustus, Pericles, Justinianus, Muhteşem Lorenzo, Muhteşem Süleyman (Kanuni), Lesseps ve Said Paşa gibi tarihi kişilikler, onların Akdeniz'deki yaşamları ve Akdeniz'i yaratma süreci içindeki rolleri anlatılır. Akdeniz'in onlar üzerindeki etkisi, yani Akdeniz'in kendisi ise bu yapıtta yer almaz.

Fernand Braudel dev yapıtında kendini yalnızca II. Philippe dönemiyle sınırlamaz (iki ciltlik *la Méditerranée et le Monde Méditerranéen à l'Epoque de Philippe II*). Yapıtını "uzun dönem kuramı"nı kanıtlamak için Akdeniz'i kullanmadan "insan coğrafyası" üzerine kurar; bu kuram gene de bir sonuç olarak yapıtın sonunda karşımıza çıkar. Üniversite kuralları nedeniyle az çok eğitsel olmasına, anlatımı ve sentezleri açısından Fransız tarihçiliğinin tanıdığı yüksek düzeye ulaşamamasına karşın bu yapıt, Akdeniz hakkında bugün elimizde bulunan en iyi kitaptır. Akdeniz'e tarihsel açıdan yaklaşma çabaları bu yapıtla birlikte rafa kalkmıştır. "Şiirsel anlatım" denen tür de (güneş, deniz, kumsallar vb.) *kitsch*[13] düzeyinde tüketilmektedir. Bu iki egemen anlatım biçimi arasında çok dar bir alan kalır; bunlardan birine kapılmak işten bile değildir.

Her şeye karşın Akdeniz hakkında yazı yazmak için sayılamayacak kadar çok neden vardır. Bunlardan kaçmak çok güçtür. Leonardo Sciascia da renkli resimlerle süslü *Il Mediterraneo* adlı bir kitaba imza atmıştı (Touring Club yay., Milano, 1984); bu kitabın giriş bölümü ona aittir, geri kalan bölümler farklı yazarların yapıtlarından bir seçkidir. O da böylece bu konuda tek başına bir kitap yazmaktan kurtulmuştur. Sciascia da giriş bölümünde "edebiyatla tarih, gerçekle hayal, insanlıkla mitolojiyi birleştiren gerçek bir anlatım"a ulaşmanın güçlüğünden söz eder (s. 10). Bu, göründüğünden de güç bir iştir. Michelet de *la Mer* adlı yapıtında, tarihsel anlatımı bırakıp edebiyat diline geçtiğinde, aynı güçlüğü hissetmişti. Michelet denize iki açıdan bakar, biri okyanus tarafından diğeri Akdeniz tarafından. Deniz fenerlerini denizden daha iyi anlatmıştır: "Deniz fenerlerinin yanında, onların dostça ışıklarının altında, deniz yaşamının gerçek ocağı önünde oturmaktan çok hoşlanırız... Bizi onlara bağlayan pek çok anı vardır; eski öyküler, hem özgün hem çok güzel olan eski efsaneler hep onlar çevresinde gelişir... Gökte hiçbir yıldızın görünmediği zamanlar denizci fenerin ışığını fark eder, onda kendi yıldızını, Kardeşlik yıldızını görür ve cesaretini toplar... Deniz feneri bir sunak, bir tapınak, bir sütun, bir kaledir... Roma İmparatorluğu bir kıyıdan diğerine tüm Akdeniz'i aydınlatmıştı" (s. 91-97, Paris, 1875).

Deniz Terimleri Sözlüğü'nde Jal, tüm yöntem tartışmalarını bir kenara bırakarak kendi araştırmalarıyla başkalarının çalışmalarından alıntılar arasında bağlar kurar. Ben de alıntılara ve bunlardan nasıl yararlandığıma ilişkin olarak bazı kaynaklara daha doğrudan atıfta bulunmak isterdim. Ancak bu kitabın boyutu her birinin üstünde ayrıntılı bir biçimde durmamıza engel

13 *kitsch*: Son derece sıradan ve zevksiz sanat yapıtları ya da anlatım biçimleri (ÇN).

oluyor. Yeni gemilerin resimlerinden çok, eskilerin resimlerine öncelik tanımamızın (ya da bu kitapta olduğu gibi eski haritalara daha eğilimli olmamızın) nedenlerini, Fernando Pessoa *Ode Maritima*[14] (*Denizci Şarkısı*) adlı şiirinde dile getirmişti:

İsterim bir kez daha gözlerimin önünde yalnız
yelkenliler ve ahşap tekneler (barcos de madeira) olsun
Ve başka bir deniz yaşamı bilmek istemem
Denizlerin eski yaşamından gayrı.

Leo Barow'un büyük özverilerle yayımladığı harita dergisi *Imago Mundi*'den çok yararlandım. Nordenskiöld'ün *Periplus*'u da bana çok yardımcı olmuştur: Alıntılarım bu kitabın İngilizce baskısındandır (Stockholm, 1889); eski haritalardaki rüzgâr güllerine ait olan bölüm bu yapıtın ikinci bölümündendir (s. 47). Dante'nin Odysseus'un İç Deniz'i terk edip açık denizlere açılmasını anlattığı dizeler *Cehennem*'den alınmıştır (XXVI); Aziz Augustin'in "dünyanın ters tarafında oturanlar fikrinin saçmalığına" ilişkin görüşleri *Civitas Dei*'de yer alır (XVI, 9). Haritalar bölümünde yer alan Eshkol Vadisi yolculuğunu Eski Ahit'ten alıntılarla yazdım (XI-XXXII). Kitabın pek çok bölümünde kutsal kitaplardan yaptığım alıntıları (Tevrat, Kuran) aynen kopyaladım. Fark eden dindarların beni bağışlamalarını dilerim. Akdeniz'de bile din dersleri kolay unutulur.

Eski dönemlerin bilgeleri ve ozanları, daha önce de değindiğimiz gibi, bir kumsalda bir çakıl taşını elimize alıp oynamamızın ya da kum üzerine resimler çizmemizin ardında yatan nedenleri merak etmişlerdir. Bu kitapta onların bu konudaki yapıtlarını bazen kısaltarak, bazen başka bilgiler ekleyerek kullandım. *İlyada*'da örneğin "deniz kıyısındaki çocuk, kumda kendine çocukça oyuncaklar yaratır, sonra bir tekmeyle ya da elinin tersiyle yıkar" (XV, 363-364). Pindaros *Olimpiyalılar* adlı yapıtında özel bir çakıl taşından söz eder (*psephos*, X, 9). Heraklitos da zamanı "çakıl taşlarıyla (*pessos*) oynayan bir çocuğa" benzetir; "bu, çocuk krallığıdır" (par. 52). Ossip Mandelstam'a göre Kırım'daki Kostebel plajında topladığı çakıl taşları bir çe-

14 *Ode Maritima* Pessoa'nın Alvaro de Campos "heteronim"i ile yazılmıştır.

Martin Behaim'in 1492'de yaptığı ve elimizdeki en eski yerküre (Yeni Dünya'ya yelken açmadan önce Kristof Kolomb'un bu yerküreyi görmüş olduğu söylenir).

şit "zaman günlüğü" idi; *"İlahi Komedya"*yı anlamasında *ve Dante Üzerine Konuşmalar* adlı yapıtının yazılmasında yardımcı olmuşlardır (böl. XI). Bu yüzden Akdeniz'de onlardan çok söz edilmemesine karşın, burada çakıl taşlarına ve kumlara değinmeden geçmek istemedim.

"Üzerinde Rumeli Denizi'nin tüm kıyılarının gösterildiği ama Atlantik kıyılarına yer vermeyen" Arap haritaları (*as-safiha*) ile ilgili bölümü İbn Haldun'un *Al Mukaddima* adlı yapıtından aldım (s. 92, Beyrut, 1967). İbn Batuta'nın İskenderiye'nin dört kapısını betimlediği, kabartmasını kopyaladığım duvar daha sonra yıkılmış; bu yazının tam ve doğru bir kopyası benim de düzeltmeler için yararlandığım İbn Batuta'nın *rihla*sında bulunabilir (I, 37, Beyrut, 1985). Manuel Chrysoloras'ın portresi de hayal ürünü değildir: Onu Louvre Müzesi'nin portreler bölümünde 9849bis sıra numarasıyla bulmuştum. Hazreti Muhammed'in "bir deniz savaşı on kara savaşına bedeldir" ve "denizde *şehit* olanlar karada *şehit* düşenlerden iki kat daha sevap işlemiş sayılır" diyerek denize egemen olmak isteyenleri yüreklendiren sözleri, en titiz *"Hadis"* seçkilerinden birinde bulunabilir (Arapça basım, II, 160, Leiden-Brill, 1934). Arap haritalarıyla ilk tanışmam Konrad Müller'in kendi çabalarıyla yayımladığı, *Mappae Arabicae* başlıklı yapıtı sayesinde olmuştu (I-VI, Stuttgart, 1926-1927, *Selbstverlag des Herausgebers*). Uzun yol kaptanı Albert Schück de kendi çabalarıyla uzun yıllar boyu bölümler halinde, pusulalardaki rüzgâr gülleriyle ilgili bir yapıt yayımlamıştır (*Selbstverlag des Verfassers,* Hamburg, 1911-1918). Prof. O. Schmidt'in Adriyatik süngerleri hakkındaki yapıtı de gene yazarın kendisi tarafından 1852'de Leipzig'de basılmıştı. Nordenskiöld de *Periplus*'un yayımlanabilmesi için varını yoğunu harcamıştı. Bu katkılar üzerinde uzun uzun düşünmeli; burada Nietzsche'nin dikkat çektiği "güneye tapma" kavramı ve Akdeniz'e duyulan bir güven söz konusu olsa gerek.

Capri'de, Katolik mezarlığının yukarısında, Marina Grande'ye hakim tepenin üstünde, Roma Katolik Kilisesi'ne bağlı olmayanların, son arzularına uygun olarak gömüldükleri bir mezarlık daha vardır. Burada gömülü olanların çoğu dünyanın dört bir yanından buraya gelmiş yabancılardır. Bu mezarlık

1878'de, *Cimitero degli a-cattolici* ya da *Non roman-catholic Cemetery* adıyla yapılmıştı. Buradaki mezar taşlarından birkaçını not etmiştim: Harold Goberg, müzik öğretmeni; Eugene Vinke, Rotterdam Konsülü; Poul Geleff, *Det Danske Socialdemokrati*; Baron Jacques Adelsward Fersen; Salvatore Vuolo, liberal düşünür; Oscar Kollar, Hırvat-Macar, Mason, Ernest Neufeld, Berlin'den göç etmiş Musevi; Praglı Maria Vokurka; Göteborglu Pontus Leander; Norman Douglas, ayrıca Moskovalı Prenses Olympia Britkine, Nikita Kozinov, St. Petersburg Kniaz'ı (Prensi), sade mezar taşında yalnızca adı geçen genç bir coğrafyacı ve şair Tolia (Anatoli'nin kısaltılmışı) gibi bazı Ruslar da "burada yatar". "Güney dini"nin bu havarileri kuzeyden kalkıp buralara gelmişler ve Napoli yakınlarında bu deniz kenarındaki mezarlığa gömülmüşlerdir. Akdenizli denizcilerin kullandıkları çapalara, Euripides'in *Helena*'da söz ettiği (s. 277) "iyi ve kötü yazgının çapası" (*ankyra tas tychas*) kavramını da eklemeliyim. Bunu kitabın sonuna saklamıştım.

Akdeniz'de bir iş bitirildiğinde yardım edenlere teşekkür etmek âdettir. Adları eskiden haritaların kenarlarına altın harflerle yazılırdı. Yolculuklarımdaki gemilerde bulunan denizcilere, aradığım kitap ve atlasları bulan kütüphaneci ve kitapçılara, bu kitapta yer alan haritaların fotoğraflarını çeken fotoğrafçılara teşekkürlerimi sunuyorum. Akdeniz'deki yolculuklarımı yaptığım gemilerin mürettebatına özellikle şükran borçluyum. Kitapların yazmadığı, atlasların göstermediği, kütüphanelerde bulunmayan şeyleri onlardan öğrendim. İyon ve Ege denizlerini beraber dolaştığım, Ege Adalarını birlikte ziyaret ettiğim *Hydra* ve *Dodekanessos* teknelerinin mürettebatına özellikle teşekkür ederim: En çok onlara şükran borçluyum. Onlarla anlaşmam çok kolay oldu. Augustin Jal'in sözlerini tekrar edecek olursak "sözcükler farklı olsa da, denizciler her yerde aynı simgelerle, aynı enerjiyle, hep kısa ve öz konuşur. Aynı güçlüklerle başa çıkmak, aynı sahnelere yol açan oyunları seyretmek, aynı aletleri kullanmak, denizcilerin dünyanın her yerinde aynı mecazları kullanmasına neden olmuştur. Şiir bunlardan yalnızca biridir, dile getiriliş biçimi farklı olsa da" (s. 12-13). *Hydra*'nın dümencisi, bana haritalardaki işaretleri gösterip anlamlarını açıklarken, Seferad atalarının Akdeniz'in batı kıyılarından getirdikleri bir atasözünü kendine özgü *ladino* lehçesiyle söylerdi: "*Dame el mazal e etcha me a la mar* – Bana talihimi ver ve beni denize at."

Zamanla pek çok şeyin anlamıyla birlikte denizlerin adları da değişiyor. *Dodekanessos*'tayken ben ekmeğe eski Yunanca geleneğiyle *artos* derken denizciler *psomi* diyordu; ben suya *hidor* diyordum, onlar *nero* diyordu; şaraba eskiden olduğu gibi *oinos* diyordum, onlarsa *krassi* diyorlardı. Yedikleri ekmeğin, içtikleri şarapla suyun bile adları değişmişti. Yalnızca denizin adı aynıydı: *Thalassa*. "Akdeniz tektir, yalnızca dile getiriliş biçimi farklıdır" derdi herhalde Jal.

Akdeniz'de tayfalarla, yol arkadaşlarıyla dolaştım, ırmakları ve ırmak ağızlarını ise tek başıma.